HISTOIRE

MÉTÉOROLOGIQUE ET MÉDICALE

DE DUNKERQUE (NORD)

DE 1850 A 1860.

DU MÊME AUTEUR :

1° Deux Notes sur la propagation du Choléra en 1849, insérées dans le Bulletin de l'Académie de Médecine de Paris, p. 938 et suiv., p. 1,060 et suiv. — 1849.

2° Essai sur l'Épidémie de Variole et de Varioloïde qui a régné à Dunkerque en 1848-1849 (Académie de Médecine. Médaille d'or.) In-8°, 1857.

3° Notice sur l'Épidémie de Rougeole de 1850-1851, in-8°, 1858.

4° Remarques pratiques sur la Vaccination chez les adultes en 1851, in-8°, 1858.

5° Note sur la Vaccine, la Variole, la Varioloïde, et sur quelques cas de coïncidence de la Vaccine avec la Rougeole. — 1855 (Académie de Médecine. Médaille d'argent). Manuscrit.

6° Etude sur la Fièvre Puerpérale qui a régné épidémiquement à Dunkerque en 1854-1855. — In-8°, 1856.

7° Constitution météorologique et médicale de Dunkerque en 1858 (Académie de Médecine. Mention honorable). Manuscrit.

8° Observation d'Otite purulente interne droite, in-8°, 1859.

9° Observation d'accouchement laborieux, in-8°, 1860.

10°. Observations météorologiques faites à Dunkerque de 1850 à 1860, insérées dans les Annuaires de la Société Météorologique de France. Tome II et suivants.

HISTOIRE

MÉTÉOROLOGIQUE ET MÉDICALE

DE DUNKERQUE (NORD)

DE 1850 A 1860

Par le Docteur ZANDYCK

EX-CHIRURGIEN MILITAIRE, MÉDECIN EN CHEF DE L'HOSPICE CIVIL, MEMBRE DU CONSEIL D'HYGIÈNE ET DE SALUBRITÉ, MEMBRE TITULAIRE RÉSIDANT DE LA SOCIÉTÉ DUNKERQUOISE POUR L'ENCOURAGEMENT DES SCIENCES, DES LETTRES ET DES ARTS, ETC.

(Mémoire honoré en 1860 d'une Médaille d'argent, par l'Académie Impériale de Médecine de Paris).

Scribo hæc sub aere romano.
BAGLIVI.

Chaque localité doit être étudiée en elle-même...
D' FOISSAC. *De la Météorologie*, etc.

DUNKERQUE.
CHEZ TOUS LES LIBRAIRES.

PARIS.
Chez P. ASSELIN, successeur de LABÉ, libraire de la Faculté de Médecine de Paris,
Place de l'École de Médecine.
—
DUNKERQUE.
TYPOGRAPHIE BENJAMIN KIEN, RUE NATIONALE.
1861.

SOCIÉTÉ DUNKERQUOISE

POUR

L'ENCOURAGEMENT DES SCIENCES, DES LETTRES ET DES ARTS.

EXTRAIT du 7ᵉ volume des Mémoires de la Société).

HISTOIRE
MÉTÉOROLOGIQUE ET MÉDICALE
DE DUNKERQUE (NORD),
DE 1850 A 1860,

PAR LE DOCTEUR ZANDYCK,

EX-CHIRURGIEN MILITAIRE, MÉDECIN EN CHEF DE L'HOSPICE CIVIL,
MEMBRE DU CONSEIL D'HYGIÈNE ET DE SALUBRITÉ, MEMBRE TITULAIRE
RÉSIDANT DE LA SOCIÉTÉ DUNKERQUOISE POUR L'ENCOURAGEMENT
DES SCIENCES, DES LETTRES ET DES ARTS, ETC.;

Lu dans la Séance du 13 Janvier 1861.

(Mémoire honoré en 1860 d'une Médaille d'argent, par l'Académie Impériale de Médecine de Paris).

Scribo hæc sub aere romano.
BAGLIVI.

Chaque localité doit être étudiée en elle-même...
D' FOISSAC. *De la Météorologie*, etc.

INTRODUCTION.

Il y a cent ans, en 1760, Tully, médecin irlandais, pensionné de la ville de Dunkerque, publiait un volume in-12 de 266 pages, sur les maladies de Dunkerque. Dans un avertissement bien fait, l'auteur justifie l'utilité de son travail, en faisant l'énumération des avantages qui résulteraient pour la France de l'application de ce genre d'étude à toutes les villes du royaume. Ainsi, la connaissance exacte des saisons, de leurs variations, du climat, du tempérament du peuple, permettrait de prévoir les maladies, peut-être même de les prévenir.

Les médecins, surtout ceux qui s'établissent nouvellement dans une ville, trouveraient un plan de pratique tout tracé, sans être obligés d'employer plusieurs années à s'en former un particulier, et ils n'auraient plus qu'à s'occuper à le perfectionner.

Après l'exposé de ces principaux avantages et d'autres qu'il serait trop long de relater ici, l'auteur entre en matière par une courte description topographique de la ville de Dunkerque et de ses environs, dont le sol est humide, marécageux, inondé en hiver et desséché en été ; il examine ensuite la nature des eaux et de l'atmosphère du pays, la qualité des aliments, le tempérament des habitants, leur manière de vivre, et il donne des détails intéressants sur chacun de ces sujets.

Il résume ensuite ses observations météorologiques faites jour par jour pendant l'espace de quatre années complètes, depuis le mois d'août 1754 jusqu'au même mois inclusivement de l'année 1758.

Enfin vient l'historique des maladies qui ont régné pendant chaque mois, historique accompagné d'observations et de réflexions judicieuses sur la nature des affections qui ont coutume de régner, ainsi que sur la manière de les traiter.

Le volume est terminé par une série de tableaux indiquant, mois par mois, la météorologie de Dunkerque, pendant ces quatre années d'observations journalières.

Quarante-deux ans plus tard, en 1802, parut une statistique du département du Nord faite par le Préfet, M. Dieudonné. L'importance de ce genre de travaux n'avait pas échappé à Napoléon Ier, et il chargea les Préfets de rédiger les statistiques particulières de leurs départements. Celle du Nord devait occuper une grande place dans cette vaste entreprise, aussi l'ouvrage exigea-t-il trois volumes in-8°.

En 1802, le chef-lieu de notre arrondissement était

Bergues ; Dunkerque n'était qu'une tête de canton, malgré son importance comme topographie, comme ville de commerce, comme population.

Le chapitre consacré à l'appréciation du climat, des météores, de la température, etc., résume plutôt la météorologie de tout le département, que celle de chaque ville en particulier; il n'y est nullement question de Dunkerque, par conséquent.

Quant aux maladies les plus habituelles dans le département, l'étude en a été faite par le citoyen Tarenget, médecin à Douai. Ce mémoire ayant été imprimé dans un recueil de médecine, l'éditeur de la statistique du département du Nord a cru n'en devoir insérer qu'une analyse succincte. Ainsi le 1er paragraphe de ce chapitre indique, sans commentaires, les maladies en général les plus habituelles dans le département, et le 2e s'occupe des affections particulières à chacun des arrondissements.

Ce qui a trait à Dunkerque est très-court, ce n'est qu'une simple énumération en quelques lignes des maladies principales. Pas la moindre notion de l'influence que peuvent avoir sur la santé des habitants, leur manière de vivre, le climat, les météores, la température, etc., etc. Ce silence est regrettable dans un ouvrage aussi important pour l'époque.

En 1815, nous trouvons un nouveau document relatif à Dunkerque, au point de vue topographique et médical. Bien que la rédaction datât de plus de dix ans, ce travail n'a été inséré qu'à cette époque dans le premier volume du *Journal de Médecine, de Chirurgie et de Pharmacie militaires*. Il est intitulé : *Essai sur la topographie physique et médicale de la ville de Dunkerque*, par M. Gigot, ancien chirurgien en chef d'armée et de l'hôpital militaire de Dunkerque.

Cette œuvre peut se résumer ainsi : topographie incomplète, données très-sommaires sur la météorologie du pays.

Quant au tableau des maladies qui règnent ordinairement à Dunkerque, il est beaucoup trop raccourci ; d'ailleurs l'auteur n'en dit rien qui ne se trouve partout.

En 1816, M. P.-J. Cavalier, chevalier de la Légion-d'Honneur et ex-chirurgien en chef du 1ᵉʳ corps d'armée de réserve, fit imprimer à Nancy un manuscrit intitulé : *Topographie médicale et historique de la ville de Dunkerque*. Malgré toutes nos recherches, nous n'avons pu trouver cette brochure in-8° de 95 pages.

Il faut maintenant arriver à 1830 pour découvrir des renseignements utiles : ils marquent le point de départ de Rapports officiels rédigés par les Conseils de Salubrité de chaque arrondissement, créés par un arrêté préfectoral en date du 25 Juin 1828.

En instituant ces Conseils, M. le Préfet du Nord fit connaître qu'un de ses désirs les plus vifs était de voir recueillir par les Conseils de Salubrité des divers arrondissements toutes les données propres à former une topographie médicale du département.

Ce travail demandé ne pouvait être que le fruit du temps : il fut commencé aussitôt. Plusieurs médecins attachés aux Conseils communiquèrent des renseignements précieux. Bien qu'ils dussent faire partie d'un travail d'ensemble, les aperçus principaux furent insérés dans le premier rapport du Conseil central de salubrité publié en 1830.

Le document relatif à Dunkerque, signé par le docteur Zandyck père, vice-président du Conseil de Salubrité, avait pour titre : *Etat sanitaire de cette ville, et sur les travaux entrepris dans l'intérêt de la salubrité publique*. Nous n'en trouvons qu'une analyse succincte, quoique substantielle. Pas un mot de la météorologie du pays.

Dans les rapports généraux du Conseil central publiés en 1832-1837-1840-1842-1845-1849, pas la moindre mention de la constitution médicale, sanitaire de Dunkerque, et cependant, chaque année, le médecin des épidémies a dû adresser un rapport officiel sur la santé publique, la salubrité générale.

Les études topographiques, commencées dans les premières années, offraient beaucoup d'intérêt ; il est à regretter qu'elles n'aient pas été continuées.

La nouvelle formation des Conseils d'hygiène en 1849, leur règlementation nouvelle qui a étendu les attributions de ces comités, donneront-elles plus d'activité, stimuleront-elles davantage le zèle des membres dont la pratique a permis à quelques-uns depuis long-temps de réunir, d'accumuler des documents intéressants, et qui pourraient être consultés un jour avec fruit pour établir l'histoire médicale de Dunkerque ? C'est ce que nous allons sommairement examiner en parcourant les volumes publiés chaque année depuis juillet 1849.

Celui de 1854 contient des extraits des rapports du docteur Lemaire, médecin des épidémies, sur la variole, la varioloïde et le choléra, qui ont sévi épidémiquement en 1848-1849 ; puis une topographie extrêmement superficielle de l'arrondissement de Dunkerque par le docteur Bobilier.

La fièvre puerpérale de 1854 a donné lieu à un mémoire intéressant, par la forme épidémique de cette maladie exceptionnelle à Dunkerque, rédigé par le docteur Lemaire, et inséré dans le tome XIII-1855.

Le volume XIV-1856, renferme les renseignements complémentaires de cette épidémie qui a sévi jusqu'au mois de Mars 1855.

Le tome XVII-1859, contient un nouveau travail du médecin des épidémies.

Le docteur Brigandat (1), chargé de coordonner les

---

(1) Rapport sur les travaux du Conseil central de Salubrité et des conseils d'arrondissement du département du Nord, tome XVII, page 153.

documents fournis par les médecins relativement aux épidémies qui ont régné dans le département, dans le courant de 1858, s'exprime ainsi :

« L'arrondisssement de Dunkerque qui, les années
» précédentes, n'avait eu à enregistrer aucune maladie
» présentant un caractère général et épidémique, n'a pas
» été aussi heureux dans l'année 1858. Dunkerque, Gra-
» velines, Bourbourg, Hondschoote, ont fourni au docteur
» Lemaire la matière d'un rapport dans lequel il a con-
» signé des observations intéressantes sur les faits très-
» nombreux de grippe, de rougeole, de coqueluche, de
» fièvre intermittente qui ont régné dans ces localités.
» Cette dernière maladie surtout a sévi pendant cinq
» mois sur la population de Dunkerque dont les deux
» tiers en ont reçu les atteintes . . . .
. . . . »

Enfin, notre médecin des épidémies a consigné dans le tome XVIII-1860, le dernier publié jusqu'à ce jour, un nouveau rapport sur l'épidémie de fièvre intermittente qui a persisté en 1859.

Tous ces volumes, indépendamment du Rapport annuel du médecin des épidémies, publié tantôt en entier, tantôt par extraits, renferment, chaque année, un résumé des observations météorologiques entreprises par nous, régulièrement chaque jour, avec des instruments incomplets d'abord, primitivement défectueux, mais réformés progressivement et marchant bien depuis plusieurs années.

En 1848, M. Dehous, chirurgien sous-aide à l'hôpital militaire, rédigea un mémoire sur les épidémies de fièvre intermittente qui décimèrent la garnison en 1846-47.

Son opuscule est précédé d'un aperçu très-sommaire sur la topographie de Dunkerque.

En 1849, deux notes, sur la propagation du choléra, adressées par nous à l'Académie de Médecine de Paris, ont été insérées dans son Bulletin de cette époque.

Notre Essai sur l'épidémie de variole et de varioloïde, qui a régné en 1848-49, a été publié en 1858.

Dans la même année parut notre Notice sur l'épidémie de rougeole de 1850-1851.

Enfin notre Etude sur la fièvre puerpérale de 1854-1855 fut publiée en 1856.

Tel est, jusqu'à ce jour, le bilan météorologique et médical des livres, mémoires, notes, rapports, relatifs à notre pays. — L'ouvrage le plus complet, sans contredit, celui qui donne le plus de détails sur la topographie de Dunkerque, la constitution météorologique et médicale surtout, est celui de Tully, et cependant il date de cent ans!!!... Depuis cette époque, que de progrès obtenus! que d'améliorations introduites dans l'hygiène publique et privée!!...

Bien que n'ayant pas trait directement au sujet qui nous occupe, nous mentionnerons, comme un véritable monument élevé à la gloire de notre pays, l'*Histoire de Dunkerque,* par M. Victor Derode, qui a paru en 1852.

Ce livre, des plus complets, puisque M. Derode a non seulement fait des emprunts aux écrivains qui se sont occupés de la localité, à Faulconnier (1) principalement, mais aux sources qu'il a su découvrir, renferme sur la topographie de Dunkerque des indications qui nous été précieuses, ainsi qu'on pourra en juger plus loin.

En résumant la constitution météorologique et médicale de Dunkerque de 1850 à 1860, nous n'avons nullement eu la prétention d'achever une œuvre irréprochable. Notre but a été, tout en cherchant à connaître les causes pathogéniques de notre localité, d'étudier comparativement l'empire qu'exercent sur l'homme les nombreuses influences dont il est entouré, qu'elles proviennent du sol, de la chaleur, de l'atmosphère, des végétaux, etc., etc.,

---

(1) Faulconnier. *Description historique sur Dunkerque*, 1730.

influences d'autant plus énergiques, que notre organisation complexe, délicate, nous rend de tous les êtres organisés, les plus impressionables à l'action des modificateurs extérieurs.

Peu après notre installation à Dunkerque (1846), nous avons considéré comme un de nos premiers devoirs d'étudier le pays où nous étions appelé à pratiquer. Nous avons amassé de nombreux documents, et nous utilisons aujourd'hui ceux qui peuvent servir à la topographie médicale. Nous avons cru pouvoir être utile en venant, après nos prédécesseurs, soit compléter leurs renseignements, soit en donner de nouveaux, au moyen de notions plus étendues, dues à des observations météorologiques et médicales journalières.

Les dix derniers volumes publiés par le Conseil central de Salubrité du Nord renferment, avons-nous dit plus haut, les rapports officiels du docteur Lemaire, médecin des épidémies pour l'arrondissement de Dunkerque; nous y puiserons quelquefois afin de n'omettre aucun détail de nature à élucider la question.

Nous adopterons le plan suivant.

PREMIÈRE PARTIE.

I Géographie de Dunkerque. II Vents régnants. III Orages. IV Brouillards — eaux tombées — pluies — neige — grêle. V Hygromètre. VI Thermomètre, température. VII Baromètre. VIII Ozone. IX. Lieux et temps d'observations. X Phénomènes météorologiques divers.

DEUXIÈME PARTIE.

I Constitution des maladies. II Maladies selon les saisons. III Maladies endémiques ou stationnaires. IV Maladies épidémiques et contagieuses. V Fréquence des maladies selon les âges, les sexes, les saisons, les conditions de fortune, l'acuité. VI Mortalité.

PREMIÈRE PARTIE.

I

GÉOGRAPHIE DE DUNKERQUE.

A l'extrémité septentrionale de la France et du département du Nord, s'élève la ville de Dunkerque, dont le nom formé de deux racines tudesques (Duyn et Kerk) signifie *Eglise des Dunes*. Vers le milieu du VIIe siècle, époque à laquelle St-Eloi vint annoncer l'Evangile aux peuples de nos contrées, cette ville n'offrait qu'un faible assemblage d'habitations pauvres et rustiques, établies par les pêcheurs de la côte sur la rive orientale du hâvre naturel, que la mer formait en cet endroit.

DUNKERQUE est la forme que l'usage a définitivement consacrée pour la désigner.

A son côté Nord, bordé par la mer, s'élève une série de dunes ou de monticules de sables étendus de l'Est à l'Ouest le long de la mer. Le demi-cercle méridional de l'Est à l'Ouest est coupé par plusieurs canaux et routes publiques qui y viennent aboutir.

Elle se trouve située sous le 51° degré 2 minutes 11 secondes de latitude Nord, et au zéro degré 2 minutes 23 secondes de longitude Est, calculée du méridien de Paris.

L'élévation de Dunkerque au-dessus de la basse mer (1), de vive eau moyenne, est de dix mètres au maximum, et cette cote ne se trouve que sur une étendue superficielle extrêmement restreinte correspondant au carrefour des rues de l'Eglise et des Pierres.

---

(1) Les renseignements qui suivent sont dus à l'obligeance de M. Plocq, ingénieur des ponts et chaussées à Dunkerque.

Les points les plus bas de la ville sont dans les quartiers auxquels ils ont donné leurs noms, dits *la Basse Ville*. Ils sont compris entre les cotes 6 et 5, et plus généralement un peu au-dessous de 6 par rapport au même zéro de repère.

Enfin, en jetant un coup-d'œil sur un plan où se trouvent les courbes du niveau du terrain, on voit que la ville, proprement dite, est presque tout entière au-dessus de la courbe cotée 7 par rapport au même zéro.

La haute mer moyenne de vive eau est de 5 mèt. 45, et les hautes mers maximum d'équinoxe sont de 6 mèt. 70.

Le sol sur lequel elle repose est un terrain sec, d'une perméabilité parfaite. Dans toute cette région de la plaine qui avoisine la mer, on ne rencontre que du sable.

Chez M. Angellier.(1), scieur de bois à Dunkerque, rue David-d'Angers, on a creusé, à cette époque, un puits qui offre la coupe suivante :

Sable	4^m 50
Terre glaise.	1 00
Sable aquifère.	2 00
Profondeur. . . .	7 50

Ce puits donne de l'eau douce dont le niveau se maintient à 4^m 50 au-dessous du sol. Il paraît que la couche de glaise traversée est très-régulière, et qu'on la retrouve partout à Dunkerque (2).

---

(1) Essai de géologie pratique sur la Flandre française par M. Meugy, ingénieur des ponts et chaussées. (Mémoires de la Société Impériale des sciences, de l'agriculture et des arts de Lille. Année 1852, page 98.)

(2). Meugy. Ouvrage cité page 111.

Voici la coupe du sondage qui a été entrepris à Dunkerque en 1836:

— 15 —

La portion de la ville habitée peut être enveloppée dans une ellipse, dont le grand axe, orienté Nord-Sud, aurait à peu près 1,800 mètres de long, et le petit axe 1,000 mètres de largeur.

Elle comprend, entre ses remparts, une superficie de 260 hectares environ.

Les diverses parties du territoire de Dunkerque, composées du Jeu-de-Mail, de l'Ile Jeanty, la Basse-Ville, la ville proprement dite, et coupées par des canaux, sont reliées entr'elles par plusieurs ponts.

La plupart des rues, sans être tirées au cordeau, sont parfaitement percées et régulières : quelques-unes des principales traversent la ville dans ses plus grands diamètres. D'autres, également bien ouvertes, viennent couper ces grandes artères sous différents angles, et sont disposées de manière à assurer à la ville non-seulement une libre et ample circulation, mais à prévenir et à détruire, dans ces grandes voies aériennes, toutes les causes qui pourraient rendre l'air stagnant, malsain, ou briser son courant.

	Terrain rapporté.	6^m	66
	Sable fluide	6	66
Sable de mer	Sable avec coquilles analogues à celles vulgairement connues sous le nom de St-Jacques et renfermant des veines très-minces de limon vaseux	7	66
	Sable mouvant de couleur noirâtre. . . .	5	00
	Sable mouvant jaunâtre, mélangé de coquilles brisées	5	66
	Sable noirâtre aussi mêlé de coquilles. . .	4	33
Système Yprésien	Glaise compacte . . . . On y a trouvé quelques petits cailloux à la profondeur de 314 à 320 pieds.	80	66
		116^m	63

La profondeur à laquelle on a commencé à rencontrer la glaise, coïncide avec la partie la plus profonde de la pleine mer à Dunkerque, (22 brasses de 5 pieds ou 110 pieds).

Les améliorations introduites successivement dans le service de la voirie ont fait pénétrer la salubrité dans tous les quartiers. Enfin le sol est très-sec et perméable, disions-nous tout à l'heure, ce qui facilite l'écoulement des eaux, rend la ville propre et rarement boueuse. Ce dernier résultat est dû surtout à la vigilance de nos édiles.

Généralement les maisons sont bien construites, elles n'ont qu'un étage, ce qui permet à l'air de circuler librement. Çà et là, on en voit à deux étages, et quelques-unes en ont trois. Dans presque toutes, il y a des cours plus ou moins grandes, facilitant la circulation de l'air et permettant au jour d'arriver aux habitations. Un certain nombre possèdent des jardins.

Sans entrer dans les nombreux détails d'aménagement, nous dirons que la disposition générale des habitations est assez favorable, bien qu'elle ne puisse être applicable à la ville entière. Et cependant, quelles améliorations obtenues depuis la démolition de centaines de vieilles masures aussi mal construites que mal distribuées intérieurement ! Des appartements étroits, sombres, peu ou point accessibles aux rayons du soleil, recevaient le jour par des fenêtres qui ne s'ouvraient pas ou ne s'ouvraient qu'à demi, et ne pouvaient ainsi être habités sans danger.

Ces sortes de réduits, tels que les impasses donnant sur la rue des Vieux-Remparts, rue du Collége, rue des Arbres, rue des Pierres, rue St-Gilles, au Marché au Poisson, etc., etc., obscurs, d'autant plus malsains encore, que les soins de propreté y étaient souvent négligés, étaient habités par des familles appartenant à la classe ouvrière et pauvre, la plupart nombreuses et ainsi entassées dans un appartement resserré, situé tantôt au rez-de-chaussée, tantôt sous le toit, et dont un poêle et quelques mauvaises couchettes en paille, très-rarement renouvelées, constituaient tout l'ameublement.

Non-seulement les habitations de ce genre abondaient à

Dunkerque, mais nous devons y ajouter les caves, séjour humide, obscur, souvent malpropre et malsain.

Malgré les efforts faits par toutes les administrations depuis 400 ans, l'habitude s'était établie et s'était invétérée de constituer ces fosses en demeures humaines (1)...

Ainsi resserrés, privés de l'influence bienfaisante des vents nécessaires au renouvellement de l'air, et de l'action non moins utile de la lumière solaire, des milliers de citoyens vivaient facilement exposés à des maladies diverses, à des prédispositions constitutionnelles plus ou moins fâcheuses, etc., etc. Heureusement encore que la plupart d'entr'eux menaient par état ou par nécessité une vie active et laborieuse qui les exposait presque toujours au grand air, ne retournaient chez eux qu'aux heures destinées aux repas ou au sommeil, et par conséquent devenaient moins impressionnables aux effets de l'insalubrité de leurs habitations.

La majeure partie des caves ont aujourd'hui disparu, grâce à l'exécution d'un arrêté municipal et à la sévérité de la commission des logements insalubres qui les a appréciées *de visu*.

Dunkerque possède quelques belles promenades plantées et de belles places dont la plus remarquable est celle dite *place Jean Bart;* elle est grande, régulière, véritablement tirée au cordeau.

En somme, d'après cet aperçu sommaire, Dunkerque offrirait toutes les garanties possibles de salubrité, se trouverait dans les meilleures conditions hygiéniques, si

---

(1) Victor Derode, *Histoire de Dunkerque*, page 42.

Dans sa géographie du département du Nord publiée en 1855, M. Quiquet dit en parlant de Dunkerque : « Il est à regretter que dans » toutes les rues, des caves, ayant ouverture sur la voie publique, et » servant ou de magasins ou d'habitations, interdisent parfois aux pié- » tons la circulation sur les trottoirs. »

des circonstances de localité ne venaient détruire tous ces avantages.

Arrêtons-nous un instant à la question des eaux et à leurs qualités.

Et d'abord, on a lieu d'être surpris que, dans une ville aussi importante, quand survient une longue sécheresse, il y ait une disette d'eau assez complète pour réduire la population à la ration, alors que, au pied même de l'une de ses portes, on voit couler en abondance une eau de rivière dont les qualités sont excellentes, alors que depuis long-temps il eût été facile de multiplier les fontaines publiques, d'établir un système d'irrigation générale, au moyen duquel on eût pu constamment laver les rues, et par lequel chaque ménage aurait eu, au besoin, moyennant une faible rétribution, de l'eau en abondance.

A Dunkerque, les eaux sont de différentes espèces : celles de pluie, réunies dans des citernes, servent de boisson, avec celles du canal de Bourbourg, employées toutefois avec défiance à cause des préjugés constants de la population contre l'eau de ce canal.

EAUX DES PUITS ET CITERNES. — Les puits sont tellement communs à Dunkerque, qu'il y a peu de maisons qui n'en possèdent un, comme si la ville n'avait pas d'autre ressource. La qualité de ces eaux, leur degré de salubrité, dépendent, comme on le sait, de bien des choses : de la propreté des toits, des gouttières, des citernes et de leur profondeur, de la nature de la pierre qui a servi à leur édification, du mode de construction lui-même, etc., etc. Toutes ces conditions favorables n'existent malheureusement pas toujours, et l'eau de pluie, sans contredit de toutes les eaux la plus pure, privée d'air dans les citernes, ne tarde pas à se désoxygéner ; on la laisse généralement se souiller par des impuretés de toute espèce, par un limon qui séjourne au fond, et qui, remué lors de l'abaissement du niveau de l'eau, met en liberté des animalcules, des végétaux en décomposition qui, introduits dans l'économie, deviennent très-souvent nuisibles à la santé.

Il est évident que si les épidémies de fièvre intermittente qui ont désolé le pays à diverses époques, ont eu pour cause principale de grands remuements de terrain, alors que la sécheresse était prolongée, elles ont certes eu aussi pour puissant auxiliaire la mauvaise qualité de la seule eau employée aux usages domestiques.

Disons cependant que, dans les maisons bien tenues, les eaux sont bonnes, et que si leur qualité offre quelque différence, c'est en raison du plus ou moins de chlorures de soude ou de chaux qu'elles tiennent en dissolution.

Un grand nombre d'habitants font filtrer leur eau avant de la consommer.

EAUX DE L'AA PRISES DANS LE CANAL DE BOURBOURG. — Le canal de Bourbourg, situé au Sud-Ouest de la ville, fournit des eaux potables à la population qui ne les emploie qu'avec défiance, disions-nous tout à l'heure. Elles sont amenées à Dunkerque au moyen d'une dérivation qui part d'un endroit dit le *Grand-tournant*, à deux kilomètres et demi, en traversant par des syphons les canaux de Bergues et de ceinture. Les eaux sont dirigées par des rigoles découvertes et des aqueducs jusque dans un réservoir pratiqué dans l'intérieur de la ville, d'où elles sont élevées par des pompes à la hauteur nécessaire pour être conduites aux fontaines de quelques quartiers de la ville.

Ces eaux, analysées par M. Thélu, pharmacien à Dunkerque, et plus tard à l'école des mines de Paris, ont été reconnues d'une limpidité parfaite, d'une saveur agréable, n'ayant aucune odeur, supérieures, en un mot, à celles de nos citernes. L'analyse qualitative que M. Thélu en a donnée, prouve que l'eau du canal de Bourbourg ne contient rien qui la rende impropre aux usages domestiques. Sa seule imperfection est de ne dissoudre que médiocrement le savon ; mais on y obvie facilement par l'addition d'un peu de lessive ou d'une faible proportion de cristaux de soude.

Du jour où la population aura secoué ses préjugés, elle la trouvera excellente (1). Cette question des eaux à Dunkerque est depuis longtemps l'objet des préoccupations de l'administration municipale. En 1856, une commission, composée de membres du Conseil municipal, fut chargée d'étudier le travail fourni à M. le Maire par les ingénieurs des Ponts et Chaussées, afin de donner une prompte satisfaction aux besoins du pays et de doter la ville d'un approvisionnement en eaux salubres. Le rapport de la commission fut lu et adopté dans les séances des 18 Août et 6 septembre 1856. Ses résolutions ont été les suivantes : (2) . . . .

« Après examen des différents moyens d'approvision-
» nement, le Conseil adopte le projet de distribution en
» ville des eaux de la rivière d'Aa, prises pour le moment
» dans le canal de Bourbourg, à l'endroit du Grand-Tour-
» nant.

» Il laisse à l'avenir à reporter la prise d'eau et à pous-
» ser les tuyaux de conduite, d'abord jusqu'au dessus des
» écluses de Bourbourg, et ensuite jusqu'à la rivière d'Aa
» même, pour que les eaux de cette rivière ne subissent
» plus aucune altération dans leur parcours à travers le
» territoire des Wateringues. . . . .

» Est-il besoin de dire que cette eau jaillissant de

---

(1) Le Conseil de Salubrité a plusieurs fois déclaré cette eau excellente sous le rapport de l'hygiène, et notamment dans un savant et minutieux rapport rédigé en 1852 par son secrétaire, M. le docteur Faucon. Ce rapport, remis à l'autorité municipale et porté à la connaissance de la population, est inséré dans le tome XII des Rapports sur les travaux du Conseil central de Salubrité du département du Nord. — Pages 394 et suivantes.

(2) Rapport au Conseil municipal de Dunkerque par M. Cuel, au nom de la commission. — Page 13.

» nombreuses bornes-fontaines, pour nettoyer pendant
» plusieurs heures par jour tous les ruisseaux de notre
» ville, qui servirait à arroser les principales rues, les
» quais, et les environs des ateliers de salaison, dans les
» temps de sécheresse, répandrait dans Dunkerque un
» agrément et une beauté joints à l'hygiène et à la salu-
» brité la plus désirable, et écarterait à tout jamais, de
» nos yeux, ce triste spectacle de femmes et de filles de
» tout âge condensées, pendant de longues heures, con-
» trairement à toute économie et à toute morale, autour
» de nos citernes publiques ? (1) »

Il est fâcheux que les lenteurs administratives relatives aux voies et moyens n'aient pas permis jusqu'ici de commencer l'exécution de ces travaux déclarés de première urgence en 1856. Espérons que prochainement on se mettra à l'œuvre ! ! ...

Si l'on jette un coup d'œil sur les environs de Dunkerque, on verra que l'arrondissement forme un quadri-
» latère (2) « dont l'Aa au Midi, la mer à l'Ouest, la
» frontière belge au Nord, déterminent trois côtés. C'est à
» peu près la moitié de la Flandre maritime d'autrefois.
» C'est un terrain de plaines dont l'uniformité n'est guère
» interrompue que par les dunes et les hauteurs de Watten.
» Il est sillonné par plus de 270 canaux, rivières, cours
» d'eau, etc., etc., traversé par un grand nombre de che-
» mins, trois grandes routes et une voie ferrée. . . . .
» La Colme et le canal d'Hondschoote divisent l'arron-
» dissement en deux parties d'une physionomie contraire.
» Au Nord, pas ou du moins peu d'arbres. Au Sud, au
» contraire, beauté remarquable de hautes futaies. »

Les principaux canaux et cours d'eau qui entourent, traversent Dunkerque ou sillonnent l'arrondissement, sont:

(1) Rapport cité. — Page 4.
(2) Victor Derode, Histoire de Dunkerque, page 20.

1° *Canal de la Cunette.* — Il prend son origine au sas octogone des Quatre Écluses, longe l'esplanade Ste-Barbe du Sud-Sud-Ouest au Nord-Nord-Est, passe sous la porte d'eau du génie militaire près du pont du Rosendael, où il change de direction pour traverser les fortifications de l'Est de la place, d'abord du Sud-Sud-Est au Nord-Nord-Ouest jusqu'en face de l'extrémité de la rue des Vieux-Remparts, puis, à ce point il se dirige de l'Est-Sud-Est à l'Ouest-Nord-Ouest jusqu'à l'écluse de la Cunette dite écluse Magloire, où il débouche. — Parcours total : 2,400 mètres.

2° *Canal de Mardick.* — Il commence à l'écluse du Jeu-de-Mail, en se dirigeant de l'Est-Nord-Est à l'Ouest-Sud-Ouest jusqu'à l'écluse du fort Mardick où il s'arrête. Ce canal ne sert plus que de réservoir pour les chasses et pour une certaine partie des eaux des terrains compris dans la 1re section des Wateringues.

3° *Canal de jonction.* — Ce canal, qui réunit les deux premiers, commence aussi à l'écluse du Jeu-de-Mail, et se termine au sas des Quatre Écluses. Il est dirigé de l'Est-Nord-Est à l'Ouest-Sud-Ouest; à 550 mètres de la passerelle de la porte de Calais, ce canal est coupé à angle droit par le prolongement du canal de Bergues qui réunit ce dernier à l'écluse de l'arrière-port.

Longueur totale du canal de jonction — 1300 mètres. Celle du prolongement du canal de Bergues est de 300 mètres.

4° *Canal de dérivation.* — Les eaux du pays, qui viennent se jeter dans les fossés de la place au pont éclusé de la porte de St-Pol, se rendent à la mer par le canal de dérivation qui emprunte les fossés dans une partie de son parcours sur environ un kilomètre, et se trouve creusé ensuite en dehors du périmètre de la place, depuis l'emplacement dit la *Samaritaine* jusqu'à l'écluse du fort Revers, où il débouche à la mer. Direction : Sud-Ouest au Nord-Est. — Longueur totale : à peu près 2 kilomètres.

5° Au Midi, est la *rivière d'Aa*.

6° Obliquement, du Sud à l'Ouest, le *canal de Bourbourg* qui établit, pour la navigation intérieure, la grande ligne de communication de Paris avec le port de Dunkerque, d'une part, et avec la Belgique, d'autre part, par l'intermédiaire du canal de Ceinture, et au moyen du canal de Furnes.

7° Au centre et à peu près dans la même direction, le *canal de la Colme*, qui n'est qu'une dérivation de l'Aa.

8° Au Sud, la *petite rivière l'Yser*.

De ces divers cours d'eau partent d'autres canaux d'une moindre étendue, qui divisent le sol dans tous les sens.

La partie de l'arrondissement de Dunkerque située de l'Est au Sud entre Furnes, Bergues et Dunkerque, était autrefois presque toute marécageuse, inondée l'hiver et desséchée l'été, excepté deux lacs nommés les Moëres. Le plus petit de ces lacs est tout entier dans l'arrondissement de Dunkerque; il n'est que la seizième partie du grand avec lequel il communique par un canal particulier.

Les parties inférieures du sol de ces Moëres sont à peine à 60 centimètres au-dessus des basses mers de vive eau, aussi n'a-t-on pu les assécher que par des moyens mécaniques. Ces Moëres avaient une étendue de 3,200 hectares qu'on a desséchés et rendus à la culture, en élevant l'eau dans les canaux au moyen de vis d'Archimède, mues par des moulins à vent. Ces travaux sont dirigés avec habileté par la Commission des Moëres.

Le reste de l'arrondissement constitue ce qu'on appelle les Wateringues, c'est-à-dire une portion de territoire sillonnée d'innombrables canaux creusés pour le desséchement du pays, qui s'opère ainsi spontanément et par intermittence pendant la durée des basses mers. On compte de 250 à 270 canaux dits watergangs qui se jettent dans les grandes artères dénommées plus haut, pour conduire définitivement leurs eaux à la mer.

Cette portion du pays, dite Wateringues, est divisée en quatre sections, ayant chacune une administration particulière.

Autrefois l'influence pernicieuse de ces marais, dont l'asséchement, aux approches du solstice d'été, donnait lieu à tant de fièvres intermittentes, opiniâtres, décimait la population des campagnes, celle des villes et surtout la garnison qui se trouvait enfermée dans le fort Français et le fort Louis, tous deux situés le long du canal de Dunkerque à Bergues, sur la rive gauche, et entourés de larges fossés.

Aujourd'hui il n'en est plus ainsi : le desséchement a eu pour résultat non seulement l'assainissement du pays, mais encore il a rendu ces terrains à l'agriculture, et en a fait une des plus fertiles contrées du département. Toutefois, ce desséchement spontané semble devoir être maintenu dans certaines limites, telles que le plan d'eau général de la vallée ne soit plus désormais abaissé au-dessous du niveau auquel les perfectionnements actuels semblent l'avoir réglé. Cette opinion est motivée par l'expérience des sécheresses des années dernières, ainsi que l'a plusieurs fois exposé et démontré M. Plocq, dans le sein du Conseil de Salubrité.

II

VENTS RÉGNANTS.

Les vents qui soufflent le plus fréquemment sont ceux d'Ouest et de Nord-Ouest; telle est l'opinion générale. Voici, d'après nos relevés de 1850 à 1860, dans quelle proportion ils ont régné :

Ouest . . . . 671.
Nord-Ouest . . . . 621.
A reporter. . 1,292.

                    Report. . 1,292.
Sud-Ouest . . . . 543.
Nord-Est . . . .   523.
Est. . . . .   397.
Nord . . . .   320.
Sud. . . . .   296.
Sud-Est. . . . .   281.
                             3,652.

On remarque, dans ce résumé, la prédominance des vents d'Ouest, de Nord-Ouest et de Sud-Ouest, conformément à ce qui toujours a été constaté par les habitants de Dunkerque et indiqué par les historiens.

Les vents d'Ouest, de Nord-Ouest et de Sud-Ouest sont généralement très-humides, s'étant saturés de vapeurs aqueuses provenant des évaporations de l'Océan. Ces vapeurs se condensent, forment les nuages, couvrent l'atmosphère et se résolvent en pluie en entrant dans une température plus froide : aussi, le règne de ces vents dominant à Dunkerque, les pluies y sont fréquentes, mais peu abondantes. Ils soufflent principalement en hiver, et assez fort. Par leur violence, ils occasionnent la plupart des ouragans et des tempêtes dont nous sommes souvent témoins en hiver, et qui rendent le pays si sujet aux variations climatériques.

Comme exemple, nous consignerons ici avec certains détails que, dans la nuit du 25 au 26 Septembre 1853, et toute la journée du 26, Dunkerque fut le théâtre d'un affreux ouragan qui restera comme un souvenir de désolation dans la mémoire des Dunkerquois, car LL. MM. l'Empereur et l'Impératrice devaient venir le 26 Septembre visiter notre pays. Depuis le samedi 24, il y avait perturbation dans l'atmosphère, annoncée par un vent impétueux de Nord-Ouest, accompagné de pluie, d'éclairs, de tonnerre. La pluie est tombée avec abondance pendant près-

que toute la journée du lendemain, et néanmoins la décoration des rues s'est continuée avec ardeur. Le soir, la pluie cessa, et tout faisait espérer pour le lundi un temps calme et serein. Vain espoir ! Dans la nuit, le vent Sud-Ouest s'est transformé en tempête ; il grondait avec une violence sans exemple peut-être depuis bien des années. Le vent déchaîné faisait autant de bruit que les plus forts coups de tonnerre. Des tuiles étaient enlevées des toits, des briques détachées des cheminées, des arbres rompus dans les jardins, et l'on devait redouter les plus déplorables ravages dans les décorations, fruit de tant de soins et de patience. Au jour, en effet, tout fut trouvé dans le plus triste état, nos arcs de triomphe étaient presque tous renversés, et leurs débris jonchaient au loin les rues ; les tentures étaient détachées et flottaient en lambeaux ; la verdure, les fleurs étaient flétries et dispersées : c'était un spectacle de désolation ! ! ! . . . .
. . . .

Un temps atroce a signalé aussi la fin d'Octobre et le commencement de Novembre 1859. Ainsi, le 25 Octobre, une véritable tempête s'est déclarée, la mer était tellement mauvaise que le service des paquebots a été suspendu jusqu'au lendemain 27. Malgré la violence des vents, leur variabilité à chaque instant, Sud-Est, Sud-Ouest, Sud-Sud-Est, et l'agitation de la mer, ces bâtiments sont partis. Leur départ offrait un spectacle dangereux, effrayant même, et les difficultés qu'ils ont éprouvées pour franchir les brisants et gagner la haute mer ont vivement ému la population.

En même temps que la tempête grondait, de singuliers phénomènes atmosphériques se sont produits. Ainsi, à des bouffées de grêle et de neige très-froides, se sont mêlés des éclairs et du tonnerre. Les fils électriques donnaient des étincelles. Ces caprices de la nature étaient complètement inaccoutumés.

Une tempête plus affreuse encore par un vent d'Ouest a régné pendant 48 heures les 1er et 2 Novembre 1859. Elle a aussi été accompagnée d'éclairs, de tonnerre et de grêle. Elle a occasionné des sinistres nombreux et des pertes énormes. C'est par centaines que l'on compta les navires de toute espèce perdus sur les côtes de France et d'Angleterre. Partout la grandeur des pertes et le nombre des victimes ont été incalculables.

A l'appui de cette prédominance habituelle des vents d'Ouest, nous signalerons quelques phénomènes particuliers à notre contrée (1).

« On se rappelle que tous les ormeaux, que l'on voyait
» naguère sur la route de Calais, avaient leurs bran-
» ches inclinées du côté opposé aux vents les plus fré-
» quents, et que ces branches conservaient cette incli-
» naison après la cessation de ces vents, indices de leur
» constance. Ces arbres ayant été abattus et leur tronc
» scié, on a remarqué que les couches de ligneux, du
» côté du tronc sur lequel avaient frappé les vents froids,
» étaient moins épaisses que celles du côté opposé, quoi-
» que en même nombre, et qu'elles étaient comme atro-
» phiées et moins développées que celles du côté qui
» n'avait point été exposé au contact de l'air froid.

» La formation des dunes sur le bord de la mer est
» aussi un témoin qui atteste la direction des vents les
» plus fréquents à Dunkerque. A marée basse, quand la
» plage est à découvert, les sables se dessèchent et les
» vents les portent sur les dunes, déjà formées dans la
» direction d'où ils viennent, en sorte qu'elles s'accrois-
» sent de plus en plus vers l'intérieur du pays, en laissant
» entr'elles des intervalles comme de petites vallées qui
» donnent à leur ensemble l'aspect de petites montagnes. »

(1) Mémoires de la Société Dunkerquoise, 1855. Notice sur les influences des vents à Dunkerque, par M. le docteur Bobilier, page 85.

Les vents de Nord-Est, de l'Est, viennent ensuite dans l'ordre de fréquence. Ils règnent en hiver et au printemps, ils refroidissent la température et retardent les chaleurs à tel point, qu'on arrive quelquefois au solstice d'été sans en avoir encore éprouvé les effets. Ils sont ordinairement secs et froids; ils dessèchent, s'opposent à l'exhalation cutanée, et fatiguent beaucoup les personnes nerveuses. Bien qu'ils soufflent d'une manière assez périodique au printemps, ils se montrent ensuite assez souvent le reste de l'année. Ordinairement ils durent peu dans ce pays; mais quand en hiver, ils tiennent longtemps, les gelées arrivent, le froid est des plus rigoureux, comme nous l'avons constaté en 1850-1855; il l'a été un peu moins en 1857, en 1858; mais sous l'influence de ces mêmes vents d'Est, il a été violent et prolongé pendant l'hiver de 1859 à 1860.

S'ils persistent en été, ils dissipent les nuages, amènent la sérénité du ciel, il est vrai, mais ils ont pour conséquence le refroidissement de l'atmosphère, une sécheresse parfois bien funeste pour ce pays.

Les vents de Sud, de Sud-Est, et tous les autres intermédiaires, ne sont que des vents de transition; ils ne durent jamais au-delà de quelques heures, même quelques instants. Quand, par hasard, ils sont moins éphémères en été, ils sont accompagnés d'une chaleur énervante; de même, en hiver, s'ils prédominent, la température est douce, nous n'avons pas de gelées.

Les vents de Sud, de Sud-Est, sont fréquents en automne à Dunkerque, et, malgré cette époque avancée de l'année, on l'a toujours remarqué, cette saison est très-belle et se prolonge même plus que dans tout autre pays.

En somme, la direction des vents n'a rien de très-constant dans notre climat, de tout temps cette observation a été faite; ils règnent et se succèdent sans aucune régularité dans leur apparition et leur durée; leur variabilité est parfois si grande, qu'il n'est pas possible de prédire si leur influence donnera du beau ou du mauvais temps.

N'oublions pas de mentionner une observation faite bien souvent chez nous : les époques des solstices et des équinoxes ne sont marquées par aucun phénomène physique bien appréciable, si ce n'est par de très-grands vents. Ces grands vents, quand ils règnent dans les parages de Dunkerque, sont d'autant plus impétueux, d'autant plus actifs, que l'horizon est à découvert.

Quant au calme qu'on rencontre dans les zones équatoriales, nous ne le connaissons pas à Dunkerque ; toujours il y fait du vent, toujours on y éprouve des brises plus ou moins fortes. Cette circonstance explique pourquoi, ici, les hivers sont tempérés, alors qu'ils sont quelquefois très-rigoureux ailleurs ; de même, pourquoi les chaleurs ne sont jamais aussi intenses que dans l'intérieur de la France.

III

ORAGES.

Les orages sont assez fréquents en été : quelquefois le tonnerre gronde avec un épouvantable fracas. Il est rare, néanmoins, que la foudre fasse des ravages à Dunkerque; les nuées orageuses se dirigent assez souvent vers la mer, sorte de paratonnerre qui préserve la ville de ces effets extraordinaires de l'électricité, dont l'homme est le témoin ou la victime.

Pour justifier la direction des orages vers la mer, résumons ceux qui ont eu lieu depuis dix ans : nous trouvons, d'abord par ordre de fréquence :

Qu'en 1852, il y a eu 26 orages.
En 1857, » 22 »
-En 1851, » 18 »
A reporter. . 66

Report. . 66
En 1853, » 17 »
En 1856, » 17 »
En 1858, » 16 »
En 1859, » 15 »
En 1850, » 9 »
En 1854, » 9 »
En 1855, » 7 »

156 jours d'orages; puis, qu'ils se sont manifestés par le vent de Sud et les intermédiaires Sud-Sud-Ouest, Sud-Ouest, Sud-Sud-Est, Sud-Est, 58 fois, c'est à dire plus du tiers du chiffre total, 156.

Fn prenant la moyenne des orages pendant la période de 1850 à 1860, nous en comptons à peu près 15 par an.

Récapitulation faite du moment de leur apparition en 24 heures, nous voyons qu'ils ont surgi 105 fois entre midi et minuit; les orages du matin sont donc fort rares.

En jetant un coup-d'œil sur nos tableaux météorologiques journaliers, nous avons constaté, ainsi qu'il suit, leur fréquence suivant les saisons en dix ans :

HIVER.... Décembre — Janvier — Février,   8 orages.
PRINTEMPS. Mars   — Avril   — Mai,   25   »
ÉTÉ...... Juin   — Juillet — Août,   93   »
AUTOMNE.. Septembre — Octobre — Novembre, 30   »
                                         156

chiffre égal au nombre indiqué plus haut.

Les orages, on le voit, sont presque inconnus en hiver; plus de la moitié surviennent en été; un nombre à peu près égal éclate dans les journées les plus chaudes du printemps et de l'automne.

Les observations précédentes nous permettent d'appliquer à Dunkerque l'assertion du docteur Foissac : (1)

---

(1) Docteur P. Foissac, De la Météorologie dans ses rapports avec la science de l'homme, etc., 1854; tome Ier, page 159.

« De même que nous voyons les jours, les saisons, et
» les années se renouveler avec les mêmes caractères,
» ainsi les orages se reproduisent, dans les mêmes
» saisons, aux mêmes heures, avec une régularité remar-
» quable. »

Quelques particularités relatives aux phénomènes électriques, pendant les orages, sont assez intéressantes pour
trouver place ici.

Le 29 Août 1851, à quatre heures et demie du soir, le
tonnerre est tombé, rue des Arbres, sur le toit de la
maison occupée par M. Dewulf, armateur. Il en a détruit
une partie; la portion du mur attenant à l'une des habitations voisines a été démolie complètement : on aperçut
distinctement sur ce mur les zig-zags formés par la foudre dans sa marche. L'extrémité d'un tuyau en zinc, sur-
montant une cheminée voisine, a été coupée en bizeau.
Une heure après ces dégâts, nous avons parcouru le gre-
nier, toute la maison, et partout l'odeur de soufre était
extrêmement prononcée.

Le 22 Novembre de la même année, à une heure du
matin, orage affreux, accompagné de grêle et d'un vent
impétueux.

Depuis long-temps nous n'avons eu, autant qu'en 1852,
d'anomalies dans les saisons. D'abord, pendant les mois
qui, d'ordinaire, nous amènent des pluies abondantes, il
a régné une sécheresse telle que toutes les citernes de la
ville étaient épuisées. Un froid très-vif, une sorte de
recrudescence d'hiver, a succédé à cette période de sécheresse, et s'est prolongé bien au-delà du printemps. Puis
sont survenues des chaleurs insupportables et inaccou-
tumées dans notre climat, avec accompagnement de
nombreux jours de pluie, de violents orages quotidiens.
Enfin, pendant tout l'automne, il est tombé des pluies
diluviennes qui ont causé de désastreuses inondations et
entravé les semailles.

La température a été, en outre, très-variable, plus souvent froide que chaude, et cependant l'air était toujours chargé d'électricité; le temps lourd ou tempétueux.

Des dix années que nous examinons, 1852 nous a fourni le plus d'orages (vingt-six).

Le 17 Juin, grêle, orage et pluie en même temps dans la matinée.

Le 17 Décembre, pendant la nuit, tonnerre, pluie, grêle, tempête affreuse, rien n'a manqué.

Le 28 Juin 1853, après plusieurs journées d'une température médiocre, le thermomètre s'est élevé à 23 degrés centigrades. L'atmosphère était très-chargée d'électricité. Pendant la soirée et une partie de la nuit, de très-nombreux éclairs, sans tonnerre, provenant du rapprochement de nuages superposés, n'ont cessé d'illuminer le ciel. Le lendemain, la chaleur a diminué, et nous avons eu de véritables giboulées de Mars.

En Octobre, trois orages, les 13, 14 et 27. Celui du 14 a été accompagné de grêle et de tonnerre, éclairs à peine appréciables, et pendant trois jours la température s'est abaissée. Ceux des 13 et 27 n'ont duré que quelques instants, il n'y a eu que de très-nombreux éclairs.

Le 18 Février 1854, un orage épouvantable a éclaté pendant la nuit, en même temps qu'il tombait de la grêle et que grondait une effroyable tempête.

Le 18 Décembre, au soir, des phénomènes identiques à ceux du 18 Février ont été observés.

Le 15 Mai 1856, grêle, tonnerre, grand vent, forte pluie, à huit heures du matin.

Le 23 Septembre, grande pluie pendant la nuit et toute la matinée. A deux heures du soir, éclairs nombreux pendant une heure, puis tonnerre à plusieurs reprises, auquel ont succédé la grêle et beaucoup d'éclairs.

Le 24 Mai 1857, très-forte grêle et des éclairs sans tonnerre vers le milieu du jour.

Le mois de Juin s'est fait remarquer, cette année-là, par les orages. C'est sur l'Ouest de l'Europe, et particulièrement en France, en Belgique et en Angleterre, que se sont concentrés ces phénomènes météorologiques. Celui qui régna sur Dunkerque le samedi 20 Juin, à neuf heures du soir, a été des plus violents. L'atmosphère avait été, toute la journée, d'une chaleur excessive; pas un souffle dans l'air, même sur le port. A six heures du soir, les vapeurs qui déjà chargeaient l'horizon dans le Sud-Ouest se condensèrent en nuages sombres, où vers sept heures et demie brillèrent les premiers éclairs ; les nuages s'élevèrent alors avec rapidité, la foudre gronda ; un vent frais surgit dans les couches supérieures de l'atmosphère, et la pluie tomba presque aussitôt en larges gouttes. Un instant après, l'orage éclatait dans toute sa force.

Le 16 Juillet, à quatre heures de la nuit et jusqu'à sept heures du matin, alternativement grêle et tonnerre, peu d'éclairs.

Le 22 Octobre, vers sept heures du soir, pluie douce, peu abondante; beaucoup d'éclairs venant du côté de la mer, pas de tonnerre.

Le 16 Avril 1859, temps très-orageux, vent très-violent, ouragans même par moments ; neige vers une heure de l'après-midi. A huit heures du soir, la neige tombe par gros flocons; en même temps paraissent à l'horizon de nombreux éclairs, puis une demi-heure après, le tonnerre gronde pendant une heure. Enfin, cette journée bizarre est terminée par une pluie abondante.

Le 28 Juin, très-forte pluie de neuf heures du soir à trois heures du matin. Pendant ce temps un orage, que l'on peut, sans exagération, qualifier d'effrayant, et plus fort que tous ceux qui ont grondé depuis plusieurs années, a éclaté sur la ville, et de splendides éclairs l'illuminaient de magnifiques couleurs.

Enfin, le dernier mois de notre période d'observation, Décembre 1859, a eu un orage très-remarquable pour la saison. Nous copions textuellement notre journal météorologique :

Grêle, neige pendant la nuit. Couvert tout le jour, neige, pluie abondante, grêle alternativement. De quatre à six heures du soir, le ciel s'obscurcit, et tour à tour de très-nombreux éclairs accompagnés de grêlons énormes et de coups de tonnerre très-forts, très-prolongés, tiennent la population dans une stupeur indicible.

IV

BROUILLARDS. — EAUX TOMBÉES. — PLUIES. — NEIGE. — GRÊLE.

BROUILLARDS. — Il y a eu, en moyenne, par année, 83 fois des brouillards plus ou moins épais. Le maximum a été atteint, en 1857, avec le nombre 166 ; le minimum, en 1851, avec 43 brouillards bien caractérisés.

Ils ont été infiniment plus fréquents en automne, à partir du mois de septembre, par exemple, qu'au printemps ; en hiver qu'en été.

Généralement les brouillards d'automne coïncident avec les beaux jours de cette saison qui se lient à ce que l'on appelle l'été de St-Martin, et les habitants se trouvent alors indemnisés, à la fin de l'année, de l'absence du printemps qui leur fait ordinairement défaut au commencement.

Peu de brouillards obscurcissent complètement le ciel pendant une journée entière : ils s'élèvent le matin de bonne heure, puis sont peu à peu dissipés par la ventilation presque constante à laquelle Dunkerque est surtout redevable de l'état de salubrité, en général, assez satisfaisant dont jouit la population. Au printemps et à l'automne, ils reparaissent aussi le soir.

La cause de ces brouillards, si nombreux dans ce pays, n'est autre que la grande humidité dont notre atmosphère est saturée.

Quand l'air est très-chargé d'électricité, que des brouillards épais enveloppent la ville, chacun peut apprécier leur odeur pénétrante, infecte, empyreumatique.

Eaux tombées. — Pluies. — La position géographique de Dunkerque, au bord de la mer, les vents maritimes d'Ouest et leurs intermédiaires qui n'arrivent à nous qu'après avoir parcouru une grande étendue de mers, et après s'être chargés d'une énorme quantité de vapeurs, l'absence complète de forêts, de montagnes (celle de Cassel, la plus voisine, se trouve à vingt-six kilomètres de distance), devraient engendrer annuellement des pluies plus fréquentes, plus considérables que dans l'intérieur de la France, que dans l'Est surtout.

Depuis 1850, nous avons noté régulièrement le nombre de moments de pluie tombée, pendant le jour, par les divers vents (courants inférieurs), la pluie tombée nuit et jour, pendant le croissant et le déclin de la lune ; mais nous ne l'avons mesurée que depuis le 1er Janvier 1857.

A partir de cette époque, la pluie a été recueillie et mesurée au moyen du pluviomètre de Pixii. Cet instrument est composé d'un récipient de forme conique renversée, au sommet duquel est soudé un tube ayant un mètre de longueur. Ce tube plonge dans un cylindre muni d'un robinet à son extrémité inférieure. A la partie latérale du cylindre est adapté, au moyen d'un ajutage, un tube en verre communiquant à l'intérieur par son extrémité inférieure. Derrière ce tube, sur la surface cylindrique, est construite une échelle graduée indiquant la capacité de ce dernier.

Le rapport de la surface du récipient et de celle du cylindre est de 1/10. Après chaque observation, il suffit d'ouvrir le robinet de ce cylindre pour faire écouler le liquide qu'il contient.

En dix ans, le nombre des jours ou moments de pluie a varié selon les années, ainsi qu'on peut en juger par le tableau suivant :

En 1850. . . . 130
» 1851. . . . 104
» 1852. . . . 98
» 1853. . . . 116
» 1854. . . . 142
» 1855. . . . 122
» 1856. . . . 151
» 1857. . . . 128
» 1858. . . . 100
» 1859. . . . 127

Total. . . 1,218 jours ou moments de pluie, ce qui donne une moyenne de 121, plus une fraction, par an.

Quant aux vents qui ont coïncidé avec la pluie, et qui peuvent certes être considérés comme une des causes occasionnelles, nous constatons que ces 1,218 jours sont répartis de la manière suivante :

Ouest 339
Sud-Ouest. 270
Nord-Ouest 165
Sud 124
Nord-Est 110
Nord 107
Sud-Est 62
Est 41
                          1,218

Le résultat de nos annotations précises vient donc

prouver la justesse de l'opinion généralement admise, formulée plus haut quant à la prédominance des vents d'Ouest et à leur action sur la détermination de la pluie.

Un autre élément de la question nous a paru intéressant, essentiel à étudier ; c'est l'influence exercée par le croissant et le déclin de la lune sur la chûte des pluies pendant notre temps d'observation. L'appréciation, l'interprétation de cette influence lunaire sont une étude très-compliquée, difficile à bien saisir ; nous ne tenterons pas de la faire aujourd'hui ; nous nous bornerons ici à présenter la statistique du nombre de jours de pluie pendant ces deux périodes lunaires.

	Déclin.	Croissant.
Année 1850	86	73
» 1851	58	73
» 1852	64	66
» 1853	82	74
» 1854	90	85
» 1855	115	101
» 1856	150	135
» 1857	68	60
» 1858	65	42
» 1859	67	54
Total	842	763

On trouve donc pendant la lune décroissante 842 jours et nuits de pluie,
Pendant la lune croissante 763 id.

79 excès des jours et nuits de pluie pendant le déclin de la lune.

Dans un pays comme le nôtre, où règnent de si grandes irrégularités dans les phénomènes météorologiques, il est impossible de calculer *avec précision* la quantité de pluie qui tombe dans le cours d'une année. Tantôt nous avons des sécheresses désastreuses qui durent vingt, trente jours, quelquefois plus ; tantôt nous avons des averses très-abondantes, épouvantables, de véritables pluies diluviennes. Tout calcul fait cependant, les quantités de pluie restent à peu près les mêmes chaque année.

Si nous pouvons raisonner ainsi d'après nos remarques antérieures, les hauteurs des trois années 1857-1858-1859 ne fournissent guère de preuves à l'appui de cette assertion; mais, probablement, quand nous aurons observé une période quinquennale, par exemple, à peu près normale surtout, notre opinion primitive acquerra une valeur réelle.

Quantité de pluie recueillie à Dunkerque comparée à celle qui a été mesurée à Lille, à Paris, à Strasbourg, pendant la même période météorologique (1).

DUNKERQUE.			LILLE.		
1856-57	1857-58	1858-59	1856-57	1857-58	1858-59
291m44	237m83	467m7	560m31	390m17	672m50
PARIS.			STRASBOURG.		
1856-57	1857-58	1858-59	1856-57	1857-58	1858-59
547m2	497m7	613m3	48m17	638m80	754m80

Quels résultats inattendus ! D'après ces observations comparatives, il est tombé beaucoup moins d'eau à Dunkerque qu'à Lille et à Paris, sans parler de Strasbourg, dont la position géographique diffère entièrement, il est vrai.

En 1857-1858, la quantité d'eau tombée a été insignifiante ; on peut s'en convaincre d'abord par la hauteur

(1) Ce sont les seuls documents que nous ayons pu recueillir. Ils nous ont été transmis pour Paris par M. E. Renou, membre de la Société Météorologique de France ; pour Lille, nous les avons puisés dans les recueils des travaux des Conseils de Salubrité du Nord, tomes XVI, XVII, XVIII ; puis, dans la *Gazette médicale* de Strasbourg, Janvier 1858, Janvier 1859, Janvier 1860.

totale de l'année, 237ᵐ83, puis en jetant un coup-d'œil sur le résumé mensuel de cette année-là (1).

Si maintenant nous recherchons la distribution des pluies selon les saisons, notre ville fournit les quantités suivantes :

	1856-57	1857-58	1858-59
HIVER....	46ᵐ91	33ᵐ35	81ᵐ9
PRINTEMPS.	79ᵐ92	58ᵐ27	107ᵐ2
ETÉ.....	62ᵐ31	72ᵐ81	87ᵐ7
AUTOMNE..	102ᵐ30	73ᵐ4	190ᵐ9
	291ᵐ44	237ᵐ83	467ᵐ7

Ainsi, d'après cet examen, l'hiver et le printemps sont les deux saisons où il pleut le moins, l'été et l'automne celles des pluies les plus abondantes. L'automne est souvent la saison prédominante.

Nos remarques sont en tous points conformes à ce qui se passe dans l'intérieur de la France. Il est impossible de dire quel est le mois qui produit le plus d'eau en général, car il règne, sous ce rapport, une extrême variabilité dépendant d'une foule de conditions accidentelles inhérentes à notre climat, à notre pays.

Les pluies les plus fortes ont été, depuis l'époque de nos observations, en 24 heures :

1857	1858	1859
012ᵐ le 8 Août	015ᵐ le 15 Janvier	011ᵐ5 le 24 Avril
013ᵐ5 le 9 »	013ᵐ le 25 Avril	015ᵐ le 25 »
017ᵐ1 le 8 Septembre	013ᵐ5 le 8 Juillet	031ᵐ2 le 28 Juin
010ᵐ le 9 Septembre	011ᵐ3 le 21 Août	010ᵐ1 le 19 Septembre
015ᵐ le 10 »	011ᵐ le 25 »	022ᵐ1 le 21 »
025ᵐ le 11 »	024ᵐ le 8 Octobre	018ᵐ5 le 21 Octobre
012ᵐ5 le 28 »		011ᵐ5 le 30 »
		016ᵐ9 le 2 Novembre
		011ᵐ2 le 30 »
		018ᵐ5 le 1ᵉʳ Décembre
		011ᵐ9 le 23 »

(1) Voir les tableaux météorologiques de 1858.

Cette récapitulation prouve une fois de plus que la plus grande quantité de pluie est tombée en été et en automne.

La plus forte averse a été constatée le 28 Juin 1859, le pluviomètre a indiqué 0З1^m2. Certes, elle ne résultait pas d'une trombe, mais elle a coïncidé avec un orage épouvantable qui a grondé sur toute la ville de 9 heures du soir à 3 heures du matin. La journée avait été nuageuse, le vent soufflait S.-S.-O., le thermomètre ne marquait à 9 heures du soir que 17,5 centig.; rien ne faisait donc prévoir un orage aussi effrayant et cette pluie torrentielle.

Neiges. — La quantité d'eau provenant de la couche de neige ou grêle n'a pu être appréciée d'une manière suivie et exacte à l'aide du pluviomètre; puis, comme cette neige ou cette grêle, fondant souvent au fur et à mesure de sa chûte, ne formait sur le sol qu'une couche trop minime pour pouvoir en constater l'épaisseur, nous ne signalerons que les années pendant lesquelles ces météores aqueux ont présenté quelques particularités intéressantes, et les phénomènes principaux avec lesquels ils ont coïncidé.

Depuis 10 ans, sauf une fois en Avril 1852, une fois en Mai 1856, et une autre fois en Avril 1859, la neige s'est toujours produite, en hiver, à l'époque des basses températures. Les années caractérisées par une abondante neige ont été 1853 (30 jours) et 1855 (26 jours). 1854, au contraire, a été remarquable par la très-petite quantité tombée, cinq jours seulement et presque constamment de la neige fondante.

Les autres années ont eu cependant 11, 6, 5, 12, 13, 14, 7 jours, en flocons plus ou moins épais, plus ou moins agglomérés. Plusieurs fois elle est tombée si abondamment dans les rues de Dunkerque que les communications furent momentanément interceptées. Dans certaines circonstances, elle a coïncidé avec la tempête, la grêle, le verglas, l'orage, etc., etc.

Le 17 Décembre 1853, elle fut abondante par un froid de — 11,5 centig. Dans la nuit du 19 au 20 Janvier 1855, elle tomba en véritable averse, le thermomètre marquait — 14,5 centig. Enfin, le 20 Décembre 1859, après un abaissement progressif de température qui fut de — 15,6 centig., le vent soufflant S.-O., la journée fut belle, commencée par un brouillard infect, qui reparut le soir ; survint ensuite une avalanche de neige alternant avec la grêle ; tout le sol fut recouvert d'une nappe compacte, blanche, ondulée. Elle s'accumula toute la nuit du 21, puis, le vent ayant complètement passé à l'O.-S.-O., la pluie commença le dégel. Du 20 au 21, du reste, le thermomètre avait monté de 9 degrés.

Nous avons signalé tout à l'heure 1853 comme ayant eu 30 jours ou moments de neige ; cette année l'a emporté, sous ce rapport, sur les neuf autres. En parcourant nos notes météorologiques, nous lisons :

« On a rarement vu d'hiver accuser autant d'excentri-
» cités que celui de 1853 pendant le mois de février.
» Que de singulières variations de température ce mois
» a présentées !. . . . .
» La neige, la grêle sont tombées fréquemment, beau-
» coup plus que d'ordinaire en pareille saison. Plusieurs
» fois la couche de neige était de 10-15 centimètres.
» Pendant ce mois, il est tombé de la neige et de la grêle
» sans pluie, 13 jours sur 28. Les deux journées les plus
» mauvaises ont été les 17-23 ; nous avons constaté tour
» à tour de la pluie mêlée de neige, un vent très-fort, un
» ciel couvert, un vent modéré ; dans d'autres moments
» un vent tempétueux, soufflant du N. et de l'O., des
» éclairs, du tonnerre éloigné, puis encore de la neige et
» de la grêle, puis du dégel. En somme, les vents d'E.
» ont été les plus fréquents. »

D'après les météorologistes, l'année 1850 a été signalée dans toute l'Europe par une chûte de neige tout à fait insolite. A Dunkerque, pendant neuf jours du mois de Janvier, il en est tombé plusieurs fois une couche assez épaisse, mais elle ne nous a pas paru constituer un phénomène exceptionnel.

Grêle. — Dans nos contrées, le volume des grêlons ne dépasse guère celui d'un gros pois ; ils ne sont dangereux que pour les récoltes, surtout quand ils sont nombreux et qu'ils tombent avec violence. Chaque année nous avons de la grêle en plus ou moins grande quantité. Elle n'est pas toujours en rapport avec les jours de neige ; toutefois, vérification faite, les totaux ne diffèrent guère. Ainsi, nous comptons en dix ans 129 jours de neige, et 135 jours de grêle.

« On a prétendu, dit le docteur Foissac (1), qu'il ne » grêlait jamais la nuit, mais cette assertion n'est point » exacte. » Et en effet, nous avons annoté que, chaque année, sauf en 1850, il est tombé plusieurs fois de la grêle pendant la nuit.

La distribution de la grêle durant les saisons varie, elle présente un certain intérêt, aussi la donnons-nous exactement :

1850 à 1860.

Hiver. . . .	46	jours ou moments de grêle.
Printemps . .	47	»
Eté.	5	»
Automne . .	37	»

C'est en hiver et au printemps que ce phénomène a lieu principalement, l'automne vient après, et il grêle très-rarement en été. D'après nos relevés, il est facile de cons-

---

(1) Docteur Foissac. De la Météorologie dans ses rapports avec la science de l'homme, etc., etc. P. 74; tome II.

tater que les mois les plus mauvais, sous ce rapport, sont Novembre et Mars ; Décembre et Avril comptent ensuite le plus de jours. Pendant les orages et à l'époque des grandes chaleurs, la grêle tombe aussi assez souvent. Ailleurs, (1) nous avons indiqué les moments de grêle qui ont coïncidé avec les orages, nous ne reviendrons pas sur ces contrastes bizarres.

Nous pourrions encore signaler certaines tempêtes pendant lesquelles la grêle tomba avec intensité ; nous n'en relaterons que trois, et assez rapprochées de nous pour que chacun puisse se les rappeler.

Le 20 Janvier 1858, par exemple, vers le soir, après une journée de pluie d'averse, accompagnée du vent N.-O., apparut une violente tempête qui dura toute la nuit. Le 21, vent impétueux, ciel nuageux ; vers 11 heures du matin, flocons de neige sans suite. De 1 heure à 2 heures du soir, de gros grêlons, chassés par un vent des plus intenses, fondirent sur le pays, ce fut un véritable ouragan. Peu après, le ciel devint nuageux, mais la grêle reparut à 8 heures du soir, dura une partie de la nuit, et la tempête, moins furieuse que la veille, gronda de nouveau. La journée du 22 fut une série d'alternatives de grêle, de pluie, de neige.

Nous rappellerons enfin la tempête des derniers jours d'Octobre et celle du 1ᵉʳ au 2 Novembre 1859, pendant lesquelles tombèrent des grêlons énormes (2).

V

HYGROMÈTRE.

Indiquer la quantité d'humidité invisible contenue dans l'air est un élément important en météorologie ; mal-

---

(1) Chapitre III. Orages, p. 87 et suivantes.
(2) Chapitre II. Vents régnants, p. 25 et 26.

heureusement les moyens d'appréciation n'ont pas toujours été suffisants et à l'abri de très-sérieuses objections. En général, les degrés d'un hygromètre marquent, non la quantité absolue de l'humidité de l'air, mais bien l'état plus ou moins avancé de saturation de la partie de l'atmosphére où cet instrument est situé ; par cela même il est précieux pour l'indication des changements du temps, car il peut faire connaître l'humidité ou la sécheresse, sans que la quantité de vapeur ait varié, mais parce qu'en raison de l'abaissement ou de l'élévation de température, son point de saturation, c'est-à-dire de précipitation, s'est approché ou éloigné.

L'hygromètre dont nous nous sommes servi pendant la période décennale est celui *à cheveu de Saussure*; ses nombreux défauts, et la facilité avec laquelle il s'altère par le temps, nous l'ont fait abandonner à partir du 1er Janvier 1860 ; et, depuis lors, nous apprécions la tension de la vapeur d'eau contenue dans l'air, l'humidité relative de ce fluide élastique, à l'aide du *psychromètre d'August*.

Les observations fournies par l'hygromètre à cheveu n'ont qu'une valeur comparative entr'elles. L'échelle est de 100 degrés, maximum d'humidité. Malgré leur peu de précision, nous allons cependant exprimer sommairement le résultat des moyennes annuelles, et indiquer à quelles époques de l'année le maximum et le minimum sont d'ordinaire atteints. Et d'abord, disons que l'humidité régnant constamment dans notre climat, le minimum de l'instrument ne doit jamais être bien bas. L'aiguille, au contraire, se dirige souvent vers le maximum.

La moyenne annuelle générale est de 69,07 pour le maximum, et de 37,07 pour le minimum. Nous croyons ce chiffre de 37,07 un peu au-dessous de la réalité, le degré de sécheresse ne peut être aussi bas à Dunkerque. Nous l'avons néanmoins donné, parce qu'il est la conséquence d'observations prises avec un instrument dont les défauts, en général, ont été signalés tout à l'heure. Le maximum de 100 degrés a été souvent atteint, notamment en automne et en hiver. Quant au minimum, il est très-rare : un certain degré d'humidité est toujours indiqué par l'aiguille.

VI

THERMOMÈTRE. — TEMPÉRATURE.

Dans sa Notice sur le climat de Dunkerque, le docteur Bobilier s'exprime ainsi (1) :

« Dunkerque se trouve sous l'ysotherme ou ligne
» d'égale température, de dix degrés, dans la région des
» climats Séquaniens. Cette région s'étend le long des
» côtes de l'Océan depuis l'embouchure de la Loire jusqu'à
» la Belgique ; elle doit la douceur de sa température au
» voisinage de la mer, tandis que la région des climats
» Vosgiens, quoique sous la même latitude, mais plus à
» l'Est et plus élevée au-dessus du niveau de la mer,
» offre des extrêmes de température bien plus éloignés.
» A Dunkerque, on passe d'une saison à l'autre sans
» éprouver de grandes transitions. Les hivers n'y sont pas
» froids ; les étés sont peu chauds ; le printemps est
» tardif ; la première partie de cette saison n'est que la
» continuation de l'hiver ; les beaux jours n'arrivent
» qu'en Juin ; les chaleurs n'ont lieu qu'en Juillet et
» Août ; et même vers la fin de ce mois, elles commencent
» à diminuer. L'automne est ordinairement beau ; les
» froids ne se font ressentir qu'en Janvier et Février, et ne
» sont pas longs. »

. . . .

« Les hivers sont quelquefois très-rigoureux dans
» l'intérieur de la France, pendant qu'ils sont tempérés à

(1) Mémoires de la Société Dunkerquoise. Tome 1ᵉʳ, 1853, p. 188.

» Dunkerque ; il en est de même des chaleurs, elles ne
» sont jamais aussi intenses que dans l'intérieur ; et si les
» froids ne sont pas assez forts pour faire périr les plantes
» vivaces, les chaleurs ne sont pas assez longues pour
» faire arriver plusieurs fruits à une parfaite maturité. »

Dans notre pays, les extrêmes de température sont donc atténués, comme dans les climats maritimes, à proximité d'une grande masse de fluide, par l'influence de la mer et par la brise qui est incessante, pour ainsi dire ; de là cette différence notable entre le climat de Dunkerque et celui de l'intérieur.

Le nôtre présente encore ceci de particulier, du reste comme conséquence de sa position géographique, que la constitution atmosphérique y est d'une variabilité extraordinaire : les transitions sont si fréquentes et si soudaines, qu'il n'est pas rare de voir changer la température, non-seulement d'un jour à l'autre, mais encore du matin au soir, et même plusieurs fois dans la journée. L'été n'est point exempt de ces brusques variations : on éprouve souvent, au milieu de cette saison, des alternatives de chaud et de froid très-sensibles, très-funestes pour la santé lorsqu'on ne s'en méfie pas.

La température moyenne annuelle de Dunkerque est de 9,58 centig. calculée d'après celles du 1ᵉʳ Janvier 1850 au 1ᵉʳ Janvier 1860, dont voici le tableau :

1850. . . .	9,2
1851. . . .	10,5
1852. . . .	10,9
1853. . . .	9,5
1854. . . .	9,3
1855. . . .	6,3
1856. . . .	9,6
1857. . . .	10,4
1858. . . .	9,7
1859. . . .	10,4
Moyenne. . .	9,58

Cette moyenne est celle de la cour de notre habitation.

Malgré toutes les précautions prises pour que le thermomètre ne soit pas exposé aux rayonnements du sol et des murs voisins, les radiations solaires, etc., etc., la colonne mercurielle est plus élevée que si l'instrument se trouvait en dehors de la ville, en pleine campagne, à l'ombre, et il doit nécessairement exister alors une différence entre ces deux températures.

Un météorologiste distingué, M. E. Renou, de Paris, dont nous avons déjà parlé, nous écrivait en Novembre 1856 :

« . . . . . La température observée à la campagne
» diffère, d'une manière notable, avec celle de l'intérieur
» de la ville. La comparaison de ces deux températures
» vous permettra seule de conclure la vraie température
» de Dunkerque. Les cours donnent des différences quel-
» quefois considérables, surtout quand la température
» s'abaisse beaucoup et rapidement. Si, par exemple, le
» thermomètre descendait promptement à — 15°, il est
» probable que, dans votre cour, il serait — 11° ou —
» 12°. En été, il se produit souvent des différences en sens
» inverse. »

Ces justes réflexions nous frappèrent par leur importance ; aussi, à partir du 1er Janvier 1857, un bon thermomètre a été installé à 1 kilomètre de la ville, et observé par un aide intelligent.

La température à la campagne n'ayant été notée qu'à 7 heures du matin et à 9 heures du soir, nous ne la comparerons qu'aux moyennes de la ville, aux mêmes heures.

Moyenne annuelle de la ville	Moyenne annuelle à la campagne
7 heures du matin et 9 heures du soir.	7 heures du matin et 9 heures du soir.
1857. . . . 9,2	1857. . . . 8,3
1858. . . . 8,8	1858. . . . 7,1
1859. . . . 9,1	1859. . . . 7,6
Moyenne. . 9	Moyenne. . 7,6

— 48 —

7,6 cent. exprimerait donc *à peu près* la température moyenne annuelle de Dunkerque pendant les années 1857-1858-1859. Sera-ce la température réelle du pays ? C'est ce que nous proüveront, un jour, nos expériences poursuivies avec persévérance.

La moyenne des extrêmes de température offre beaucoup d'intérêt, elle a été recherchée ; voici les résultats obtenus :

Moyenne des maximâ de température = 24 centig.

Moyenne des minimâ de température = — 3,4 centig.

Enfin, la moyenne des différences de température ne peut être passée sous silence; comme donnée complémentaire, elle est égale à 20,3 centig.

Le minimum arrive, en général, d'après Kaemtz, une demi-heure avant le lever du soleil.

Le maximum de chaleur a lieu, tantôt *à une heure*, tantôt vers *trois heures*, mais le plus ordinairement vers *deux heures du soir*, ainsi que nous l'avons souvent constaté.

La température moyenne des diverses saisons se décompose ainsi :

ANNÉE MÉTÉOROLOGIQUE.

HIVER	PRINTEMPS	ÉTÉ	AUTOMNE
Décembre Janvier }3,3 Février	Mars Avril }8,09 Mai	Juin Juillet }17,2 Août	Septembre Octobre }10,6 Novembre

On retrouve pour Dunkerque cette remarque consignée par le docteur Th. Bœckel dans sa Météorologie du département du Bas-Rhin, (1) « que la température moyenne du » printemps et celle de l'automne sont assez sensiblement » les mêmes et à peu près égales à celle de la température » annuelle générale, » savoir : 8,09 centig. pour le

---

(1) Gaz. méd. de Strasbourg — 1859. Janvier, n° 1 — p. 5.

printemps, 10,6 centig. pour l'automne, celle de toute l'année météorologique étant égale à 9,74 centigrades.

Nous avons aussi voulu rechercher quels ont été les mois les plus chauds et les plus froids. Depuis dix ans, la plus haute température a été observée en Juillet, puis le plus souvent en Août et Juin. Le plus grand abaissement de la colonne mercurielle a eu lieu en Janvier; Février et Novembre ont ensuite fourni le plus de froids.

Si nous examinons quelles années et quelles saisons ont présenté des chaleurs insolites, nous trouvons dans nos résumés mensuels que l'hiver de 1853, par exemple, a été remarquable par sa douceur. La constitution météorologique de Janvier y est ainsi résumée : « Pendant ce mois,
» la température a été ici, comme partout ailleurs, telle-
» ment extraordinaire que les circonstances méritent d'être
» mentionnées. Le froid a été si modéré que, de tout
» l'hiver, le thermomètre n'est descendu qu'une seule fois
» au-dessous de zéro, et encore n'indiquait-il que — 0,5,
» c'est-à-dire un froid insignifiant. Le 12 Janvier il mar-
» quait 11 centig. au-dessus ; depuis très longtemps, à
» cette époque, on n'avait vu une température aussi éle-
» vée. Au reste, si cet hiver n'est pas rigoureux, il est
» remarquable par une extrême humidité.

» Depuis le 21 Novembre, il n'a pas neigé une seule
» fois ; sept fois, au contraire, il est tombé de la grêle,
» mais elle s'est fondue aussitôt. Bien que cette tem-
» pérature puisse être regardée comme anormale, il y
» en a cependant des exemples, et même on a vu des
» hivers plus doux. Dans les années 1287, 1289, 1290,
» 1301, 1420, 1426, 1473, 1494, 1586, d'après M. Ga-
» briel Peignot de Lille, qui a fait ces recherches, les
» arbres étaient en fleurs au mois de Février, et en 1290
» on put se passer de feu tout l'hiver. En 1607, hiver
» très-doux; 1617, la douceur de cet hiver fut encore très-
» remarquable ; 1651, dans cet hiver, l'on n'éprouva aucun

» froid, il n'y eut ni gelée, ni neige. En 1622, le mois de
» Janvier fut si chaud, même dans le nord de l'Allemagne,
» qu'on n'y alluma pas les poëles, et que tous les arbres
» furent en fleurs au mois de Février. 1807, on peut met-
» tre encore au rang des hivers doux celui de cette année-
» là. »

Le mois de Février a été tout autre que Janvier. Que de bizarreries dans l'atmosphère ! Que de singulières variations de température ce mois a présentées ! La moyenne de Février a été de + 1,5 centig. Quelle différence entre le minimâ absolu qui a été de —6,5 et le maximâ + 7,5 ! Cette différence a été relativement aussi grande entre le maximum et le minimum du baromètre.

Les accidents de température du mois de Mars ont déjoué toutes les conjectures de la science, et les observations en apparence les mieux fondées. Nous avons mentionné, tout à l'heure, les irrégularités de température de l'hiver de 1853 dont la douceur était tout à fait insolite ; aujourd'hui nous devons constater que cette douceur première s'est changée en une rigueur qui, pour être tardive, ne s'est fait que plus vivement sentir. Ainsi, le thermomètre est descendu 21 fois au-dessous de zéro, et à midi souvent il marquait + 2, 4, 5, centig. — Comme maximum, le 31, il s'est élevé à 13,5 centig. A cet abaissement de température se sont joints de la neige, de la grêle et surtout les vents du Nord, d'Est.

Les années 1851, 1852, 1857, 1858, 1859 ont donné à Dunkerque, comme dans plusieurs contrées de la France et de l'Europe, des chaleurs tout à fait exceptionnelles. Si, en 1851, la température maximâ n'a pas dépassé 27,5 le 1ᵉʳ Juillet, à 2 heures du soir, elle s'est maintenue, le reste du mois, assez égale au milieu du jour, et son élévation constante a été sensible. — En Août, le thermomètre a peu varié, et son élévation a été presque identique à celle de Juillet.

En 1852, le 7 Juillet à 1 heure du soir, il atteignit 35,7 centig., et le 1ᵉʳ Août, à la même heure, il s'éleva encore à 33 degrés. Pendant tout le mois de Juillet, chaleur très-intense, nous trouvons notée une moyenne de 21,3 centig. Chose assez singulière! cette chaleur exagérée a coïncidé avec les vents d'Est.

Au point de vue météorologique, les caractères dominants de 1857 ont été une température atmosphérique au-dessus de la moyenne des quatre années précédentes ; une très-minime quantité de pluie ; une évaporation très-considérable, et, par conséquent, une grande sécheresse. Dans la journée du 28 Juin, le thermomètre marqua 33,2 centig.; il régnait en même temps un vent de Sud-Est brûlant ; la journée se termina par un orage et une forte pluie. En Juin, Juillet, Août, la chaleur fut plus remarquable par sa continuité que par son intensité.

Si la moyenne annuelle de 1858 a été un peu inférieure à 1857, et s'est rapprochée de la moyenne normale, nous avons eu, en Mai, Juin, Juillet et Août, des maximums très-élevés.

Depuis le 1ᵉʳ Juin, sauf de légères oscillations, la chaleur, qui déjà était forte, continua sa marche ascensionnelle jusqu'au 16 où le thermomètre, à l'ombre, marqua 34 degrés. A partir de ce jour, décroissance sensible qui continua jusqu'au 12 Juillet, puis la chaleur revint forte, et nous eûmes des maximums de 25,8 le 14 Juillet, de 34 degrés le 15.

Ce qui caractérise surtout l'année 1858, c'est une sécheresse inconnue, pour ainsi dire, dans le Nord de la France. Le nombre de jours de pluie a été très-inférieur à celui des années précédentes. Quant à la quantité d'eau tombée, elle a été certes bien petite; mais nous ne pouvons l'apprécier comparativement, n'ayant pas les hauteurs antérieures.

Les conséquences de l'influence exercée par cette sécheresse exceptionnelle qui dure presque depuis 1857, ont été désastreuses pour l'agriculture, pour l'industrie, pour tous les êtres organisés, végétaux ou animaux.

Cette sécheresse de 1858 a tari, ou à peu près, toutes les citernes : partout les puits, les mares, les fossés étaient à sec. Les classes laborieuses étaient forcées de boire de l'eau malsaine. Enfin l'abaissement des eaux dans les canaux a laissé leurs berges à découvert.

Ces chaleurs anormales ont déterminé des conditions générales très-préjudiciables à la santé : les maladies ont été extrêmement multipliées, et des épidémies diverses, de fièvre intermittente spécialement, se sont développées sous cette influence jointe à des travaux de terrassements et de curages.

Cette constitution médicale, si nuisible à la population Dunkerquoise, a continué pendant la majeure partie de 1859 dont la météorologie, du reste, a peu différé de celle de 1858. En effet, la moyenne thermométrique de l'année a été de 10,4 centig.; celle de 1858 de 9,7 centig., celle de 1857 de 10,4 centig., comme 1859 par conséquent. C'est encore le mois de Juillet qui a fourni la moyenne la plus élevée +23,6 centig. à midi. La plus forte élévation de toute l'année a eu lieu le 12 Juillet avec 34 centig., même hauteur qu'en 1858. Le mois de Mars 1859 a été beaucoup plus chaud que celui de 1858. (1859 + 8,6; 1858 + 3,9). Il en a été de même du mois de Novembre des deux années (1859 + 4,9; 1858 + 3,5).

L'été a donc commencé plus tôt comme il a fini plus tard, et l'automne a été exceptionnellement chaud. La sécheresse n'a pas persisté. Il est tombé un tiers de plus d'eau que l'année précédente.

L'expérience prouve combien ces températures élevées peuvent devenir funestes à la santé. Dans nos régions tempérées, elles engendrent des hyperhémies, des congestions de toute nature qui asphyxient les individus, et viennent augmenter le nécrologe annuel.

L'influence de ces chaleurs excessives nous rappelle qu'en 1841, en Afrique, pendant une marche forcée que fit, sur un terrain très-accidenté, une colonne commandée par le général de brigade Baraguay d'Hilliers, (1) vers le mois de Juin ou de Juillet, plusieurs militaires furent foudroyés, ne pouvant résister à une chaleur intense et d'autant plus insupportable que régnait en même temps un vent brûlant, le sirocco. Ils succombaient exténués de soif, de fatigue, et atteints de congestions cérébrales. D'autres, en proie à ces horribles tortures physiques, se cachaient derrière un massif quelconque, et se suicidaient.

De service à l'arrière-garde, nous fîmes prévenir aussitôt le chef de la colonne, et des mesures énergiques furent prises pour suspendre la marche, secourir les malades, pour remonter le moral des hommes et arrêter le nombre des victimes.

Les désastres causés par une température élevée ne se rencontrent pas seulement dans les climats très-chauds d'ordinaire, on les constate également dans les pays dont la latitude ne diffère pas beaucoup de celle de Dunkerque. — Le docteur Foissac (2) raconte, par exemple, que le « 7 Juillet 1853, la sécheresse et des chaleurs brûlantes
» firent éprouver des pertes cruelles à l'armée belge.
» Deux bataillons du 3° régiment des chasseurs à pied se
» rendaient du camp de Beverloo à Hasselt ; vers midi,
» la chaleur étant devenue insupportable, plus de la moi-
» tié des soldats restèrent en route, exténués de fatigue
» et de soif ; onze avaient succombé, on transporta sur
» des brancards à l'hopital de Hasselt vingt-deux malades

---

(1) Aujourd'hui Maréchal de France.

(2) Docteur Foissac. — De la Météorologie, etc, etc. — Tome II, p. 276.

» atteints de congestions cérébrales. Le 8ᵉ de ligne,
» parti de Namur dans d'excellentes conditions, n'eut pas
» moins à souffrir que le régiment de chasseurs. Au mo-
» ment d'atteindre le camp de Beverloo, cinq hommes de
» la 13ᵉ batterie d'artillerie tombèrent également comme
» foudroyés. On dit qu'en proie aux horribles souffrances
» de la chaleur, les soldats mordaient jusqu'à leurs armes
» dans un accès de rage et de folie . . . . »

Les effets des froids rigoureux entraînent des malheurs aussi grands que ceux qui sont produits par une extrême chaleur. L'histoire en fournit des exemples, heureusement sans analogues à Dunkerque.

Voici, depuis dix ans, les froids les plus violents pendant l'hiver. En Décembre 1853, le thermomètre descendit à — 11,5 centig. En Janvier 1855, nous eûmes —14,1 centig. En Février,—14. En Décembre, le froid fut encore bien vif; pendant la nuit du 21 au 22 Décembre, nous notâmes — 13,6 centig. Le 5 Janvier 1858, — 11 degrés, puis diminution progressive. Enfin, en Décembre 1859, le froid fut vif, continu, et nous eûmes à supporter un minimâ de — 15,6 centig., le 20 Décembre.

Pendant l'hiver de 1855, notre port présenta l'aspect le plus étrange qu'il soit possible d'imaginer.

Le Journal de la localité, l'*Autorité*, du 22 Février 1855, dépeint d'une façon si vraie et si poétique cet aspect du port, que nous ne pouvons mieux faire que de rapporter *in extenso* ce tableau palpitant d'intérêt :

« Depuis dix jours, chaque nuit donnait 11, 12, 13,
» 14 degrés de froid; les glaces avaient tout envahi, et
» maintenant encore les bassins sont gelés. Le chenal,
» qui a un kilomètre de long, est gelé; l'entrée du port
» est gelée, la rade elle-même est gelée! Dunkerque,
» pendant quelques jours, n'était plus un port d'Europe :
» c'était la copie d'une des baies du Kamtschatka. Disons
» en passant que Calais, Douvres, la Tamise, Anvers,

» Rotterdam, tout le littoral de la mer du Nord enfin,
» n'avaient rien à nous envier, et qu'ils ont eu peut-être
» plus que nous à souffrir du froid.

» On ne se figurera jamais, du reste, le coup-d'œil
» magique qu'offrait la mer, ces jours derniers, après les
» grandes neiges. Aussi loin que le regard pouvait
» s'étendre, il ne découvrait qu'un vaste horizon blanc,
» uni, que les navires pris par les glaces et rendus immo-
» biles parsemaient de points noirs. A nos estacades
» étaient attachées des lames entières qui, en se brisant,
» s'étaient, pour ainsi dire, solidifiées instantanément, et
» qui, étincelantes sous le soleil, ressemblaient à de
» monstrueux morceaux de strass de plus d'un mètre
» d'épaisseur, pendants çà et là aux robustes étais de la
» charpente.

» Le 12, vers cinq heures du soir, une gigantesque
» auréole a illuminé le ciel et venait se refléter sur les
» glaces qui ressemblaient à une immense plaine étince-
» lante d'or et de pourpre. Le halo a duré plusieurs
» minutes, et l'on ne peut se figurer les splendides effets
» de lumière qui se sont produits pendant ce phénomène.

» Chaque jour, de onze heures à trois heures, des
» nuées d'oiseaux de mer passaient à quelques pieds du
» sol : les grands cygnes blancs, l'oie brune d'Ecosse, la
» grande oie de Norwége, la mauve, les mille variétés des
» serrirostres, depuis le grand canard à tête émeraude
» jusqu'au plongeur, les goëlands au manteau noir, les
» grandes bécassines de mer, les aigles même, volti-
» geaient pêle-mêle, ou venaient s'abattre sur la neige à
» quelques pas de vous. Leur engourdissement était tel
» que des matelots se risquant sur la banquise, allaient
» les assommer à coups de bâton et rapportaient triom-
» phalement leurs nombreuses victimes. Depuis 1829,
» notre population n'avait rien vu de pareil.

» Si la plage offrait un spectacle vraiment grandiose

» par son étrangeté, si le peintre y trouvait un magique
» panorama qu'on ne revoit qu'à de longs intervalles,
» nos pauvres marins étaient, en revanche, cruellement
» éprouvés.

» Les bâtiments qui essayaient de rentrer étaient tout à
» coup pris par les glaces, et ceux mêmes qui étaient
» arrivés jusque dans le chenal étaient quelquefois
» emportés prisonniers, à la marée descendante, à plus
» d'une lieue du port. De malheureux bateaux pêcheurs
» ont été ainsi condamnés à l'immobilité, les uns pendant
» 24, les autres pendant 36 heures, après avoir con-
» sommé tous les vivres du bord. D'autres, enlevés au
» contraire par la marée montante, ont été s'échouer sur
» la plage. Le brick l'*Alma*, en sortant le 13 dernier, a
» manqué se briser contre l'estacade ; il n'a dû son salut
» qu'à la banquise qui a été assez forte pour le soutenir
» et le déborder.

» Si un temps semblable avait duré quelques jours de
» plus, on aurait pu craindre les plus dangereux sinistres ;
» toute inquiétude a cessé aujourd'hui. Depuis hier, le
» dégel s'opère lentement, et l'on n'aura à redouter aucun
» des accidents qui naissent ordinairement d'une débâcle
» de glace instantanée. »

VII

BAROMÈTRE.

Le véritable usage du baromètre se borne à mesurer la pesanteur de l'atmosphère, et à donner par suite l'altitude du lieu où l'on se trouve au-dessus du niveau de la mer.

Cet instrument de météorologie est, après le thermomètre, le plus important, bien que la science soit encore impuissante à ramener à des lois positives les variations journalières si universellement consultées pour la précision du temps, quelques heures ou quelques jours à l'avance.

La pression atmosphérique ne donne guère lieu à des indications pratiques pour la météorologie : toutefois, sans vouloir prétendre expliquer le phénomène d'abaissement plus ou moins marqué du mercure quand le temps se met à la pluie, surtout à l'approche de violents ouragans, de la tempête, ou bien au contraire celui d'élévation de la colonne quand le temps paraît fixé au beau, et toutes ces oscillations accidentelles qui dépendent d'une foule de circonstances multiples, incertaines, fréquemment obscures, il est nécessaire de tenir note exacte de toutes les indications ; elles doivent être considérées comme sérieuses.

Sous le rapport de la constitution médicale, nous pensons, malgré l'opinion trop exclusive de certains observateurs, que la pression atmosphérique exerce une influence sensible sur le développement des maladies. En effet, sans aborder une discussion qui ne peut trouver place ici, ne constatons-nous pas chaque jour ce fait fondamental que les fonctions s'exécutent avec plus d'énergie lorsque le baromètre s'élève, et qu'elles se troublent, deviennent parfois pénibles, quand il baisse d'une manière notable ?

En présence donc des nombreuses contradictions et incertitudes qui obscurcissent ce point de la météorologie, nous énoncerons tout simplement, sans commentaires, les résultats de nos observations barométriques journalières depuis dix ans.

Ainsi, par exemple, la moyenne barométrique annuelle est à peu près de 761^m8, et cette hauteur moyenne n'éprouve annuellement que de faibles différences.

Depuis 1850, la plus forte moyenne a été de 765^m8 en 1858, et c'est en 1853 qu'elle a été la plus basse ; nous trouvons pour cette année-là 755^m.

Une seule fois nous avons noté une élévation extraordinaire: le 11 Janvier 1859, à midi, le baromètre s'est élevé à 787^m, le thermomètre marquait 7 degrés au-dessus de zéro, le vent soufflait Ouest, le ciel était serein, et l'aiguille de l'hygromètre indiquait 100 degrés. Le soir de la même journée, il était descendu à 777^m.

Douze fois, en dix ans, la colonne a atteint 782^m, hauteur déjà fort élevée pour notre pays.

La pression la plus basse, pendant cette période, a été de 731^m, les 21-29 Mars 1851; cependant elle n'a pas coïncidé avec des conditions atmosphériques si mauvaises. Ainsi, notre journal météorologique ne relate qu'un vent très-prononcé du Sud et de l'Ouest, et de la pluie par intervalles. Ces remarques sont applicables au minimum 732^m du 26 Décembre 1859, et à celui de 735^m du 6 Février 1850.

Le maximum moyen de dix années égale 775^{m}3 ; le minimum moyen a été 747^{m}3 ; différence entre les extrêmes de 28^m.

Voici maintenant la moyenne de chaque saison :

HIVER	PRINTEMPS	ÉTÉ	AUTOMNE
759^{m}1	762^{m}2	763^{m}8	762^{m}2

Cette similitude de la pression atmosphérique du printemps et de l'automne rappelle l'analogie très-grande, indiquée ailleurs, avec les températures moyennes de ces deux saisons.

Nous aurions voulu déterminer l'influence de la direction des vents sur l'ascension ou l'abaissement de la colonne barométrique. Nos recherches ont été nombreuses, patientes; nous avons certes constaté que le mercure monte pendant le règne des vents du Nord et de l'Est, et que les vents du Sud, de l'Ouest et de leurs intermédiaires le font baisser; mais nous sommes arrivé à cette conclusion que l'influence des vents n'a rien de fixe, de régulier ; qu'elle ne peut être démontrée rigoureusement ; que, de plus, les différences dans la pression atmosphérique sont le résultat de causes très-complexes qui échappent à l'observation le plus minutieusement faite.

VIII

OZONE.

Ce corps n'étant pas encore généralement connu, arrêtons-nous y un instant.

Pour M. Schœnbein, inventeur de l'expression, l'ozone fut d'abord un principe odorant, émanant d'un corps simple, élémentaire ; plus tard, il le considéra comme un composé d'oxygène et d'hydrogène ; puis vinrent les belles recherches de MM. Marignac et de la Rive, Frémy et Ed. Becquerel, qui constatèrent que l'ozone est de l'oxygène électrisé ; enfin, au commencement de 1855, M. Aug. Houzeau a présenté à l'Académie des Sciences de Paris des recherches sur l'oxygène à l'état naissant. Il a cru découvrir un nouvel état de l'oxygène ; mais on ne peut mettre en doute l'identité de cet oxygène naissant avec l'ozone (1).

(1) Pour plus de détails, consulter :

1° Le Mémoire sur l'ozone par le D^r Th. Bœckel. Strasbourg. 1854.

2° Les recherches électro-chimiques sur les propriétés des corps électrisés par MM. Becquerel et Frémy. — Ann. de chimie et de physique. — Tome 35, 1852.

3° Les recherches sur l'oxygène à l'état naissant par Houzeau. Comptes-rendus de l'Académie des Sciences de Paris, n° 17. T. 40, 1855.

4° La thèse inaugurale du Dr E. Bœckel, sur l'ozone. — 1856.

5° Les divers Mémoires du Dr A. Bérigny, de Versailles. — 1856-1857-1858.

6° Les travaux des docteurs Grellois, Simonin, de Nancy, les comptes-

On produit artificiellement l'ozone en électrisant l'oxygène; il peut néanmoins se former naturellement dans l'atmosphère lorsque l'air se trouve dans des conditions particulières.

Il revêt certaines propriétés dont la principale est de décomposer l'iodure de potassium ; c'est sur cette décomposition que M. Schœnbein a fondé l'étude des observations ozonométriques.

Pour les faire, on prépare des bandes de papier qui sont recouvertes d'un mélange d'iodure de potassium et d'amidon dans des proportions qu'il fixe ; ces bandes sont exposées à l'air libre pendant douze heures, mais elles doivent être soustraites à l'influence du soleil ainsi qu'à l'action de la pluie et des miasmes.

Suivant que l'air contient plus ou moins d'ozone, ces bandes se colorent d'une nuance plus ou moins foncée, d'un bleu violet ; on les trempe pendant quelques instants dans l'eau distillée, puis on les compare aux nuances de l'échelle chromatique de M. Schœnbein, échelle dont la nuance *zéro* représente l'absence de l'ozone, tandis que la nuance *dix* donne la teinte la plus foncée.

Ce procédé opératoire est suivi par quelques observateurs depuis la découverte de l'ozone.

M. le Dr Bérigny, de Versailles (1), l'un des plus zélés, des plus infatigables, ayant constaté les nombreuses anomalies fournies par le papier ozonométrique de M. Schœnbein, entreprit, dès le mois d'Avril 1856, une série d'expériences comparatives avec divers papiers préparés par des chimistes et des observateurs. Son intention, en se livrant à ce

---

rendus de la *Gazette Médicale,* de Strasbourg, par le D[r] Th. Bœckel.
7° Le livre de l'ozone par le docteur Scoutteten, de Metz.
8° Enfin de nombreux articles de journaux.

(1) Président actuel de la Société météorologique de France.

travail, était de faire sentir la nécessité d'un ozonomètre plus sûr, plus exact que celui de M. Schœnbein, et de hâter les recherches nécessaires pour doter la science d'un moyen précis, nnique, plus facile à se procurer, et moins dispendieux que celui du savant chimiste de Bâle.

De l'ensemble de toutes les comparaisons entreprises par le Dr Bérigny avec des papiers diversement préparés (nous ne croyons pas utile de rapporter ici, même sommairement, ces nombreuses expériences), il résulte que :

Le papier de M. Jame, de Sédan, doit être mis en usage à l'exclusion de tout autre. Il est le plus sensible et surtout le plus facile à apprécier à cause de la teinte uniforme qu'il donne.

Le papier Schœnbein présente cette cause d'erreur notable, que l'état hygrométrique de l'air, ou l'eau, lorsque le papier vient d'être immergé, détermine des marbrures, des nuances embarrassantes, qui rendent son appréciation difficile.

Le D^r Th. Bœckel, de Strasbourg, a eu, l'un des premiers en France, la pensée de soumettre à une observation suivie les variations de la quantité d'ozone contenue dans l'air. Il s'est servi, pour cette recherche, de l'ozonoscope de M. Schœnbein, c'est-à-dire de l'échelle comparative de coloration fournie par le papier ioduré et amidonné bleui. De son côté, le Dr Simonin père, de Nancy, se livrait à la même époque à ce genre d'études.

L'exemple donné par les D^{rs} Th. Bœckel et Simonin n'a pas tardé à être suivi, et, en ce moment, un grand nombre de personnes, s'occupant d'observations météorologiques, y joignent l'examen des variations de l'ozone, dont la recherche a réellement pris sa place dans les observations météorologiques régulières. Ainsi, ces études sont poursuivies à Berne, à Prague, à Versailles, à Paris, à la Saulsaie (Ain), à Amiens, à Thionville, à Metz, à Montpellier, en Amérique, à Constantinople, à Athènes, à Alger, en

Italie, en Allemagne, à Munich, à Kœnisberg, à Vienne, etc., etc.; et chaque jour apparaît un travail nouveau, ou des notes résumant des observations nouvelles, en divers lieux, sont insérées dans la presse scientifique.

A Dunkerque, nous apprécions l'ozone depuis Juillet 1856. Les papiers successivement employés ont été ceux de Schœnbein, de Fabre et Kuhneman, de Jame, de Sédan. Ces moyens d'investigation n'ayant ni une préparation identique, ni l'ozonoscope une échelle semblable, n'ont pu fournir des résultats comparables; aussi nous ne donnerons aujourd'hui que les moyennes de chaque année.

Jusqu'à la découverte d'un ozonomètre à l'abri de tout reproche, nous continuerons à employer le papier Jame, de Sédan, d'après le conseil du Dr Bérigny. De cette façon, les années, à partir du 1er Janvier 1860, seront comparables entre elles, et une période quinquennale, par exemple, permettra de calculer la moyenne générale du pays.

MOYENNE DE L'ANNÉE MÉTÉOROLOGIQUE.

1856-1857 — 2,53
Papier Schœnbein
1857-1858 — 1,95
Fabre et Kuhneman
1858-1859 — 2,7
Jame de Sédan

La comparaison des annotations prises avec les papiers ci-dessus indiqués nous a prouvé que des trois mis en expérience, celui de Schœnbein est le moins sensible; vient ensuite celui de Fabre et Kuhneman; enfin le papier de Jame, de Sédan, est celui qui atteste l'impression la plus minime. Ses nuances sont, de plus, très-uniformes, autre avantage sur le papier Schœnbein, Fabre et Kuhneman, surtout lorsqu'ils viennent d'être immergés dans l'eau distillée.

Enonçons maintenant les autres résultats obtenus depuis trois ans.

L'ozone a beaucoup plus coloré le papier pendant la nuit que pendant le jour, et d'une manière assez notable, ainsi que le prouvent les moyennes ci-dessous.

Si nous additionnons celles de chaque saison correspondante dans le tableau suivant :

MOYENNES DE L'OZONE ET DE LA TEMPÉRATURE PAR SAISON.

SAISONS	OZONE		TEMPÉRATURE
	matin	soir	
1856-1857 Hiver	2,78	0,43	3,3
1857 Printemps.	3,4	1,8	9,2
Eté	3,6	3,7	18,3
Automne..	2,9	1,7	11,3
1857-1858 Hiver	2,2	0,8	2,9
1857 Printemps.	3,8	1,3	7,1
Eté	2,36	1,	18,1
Automne..	3,2	1,	10,7
1858-1859 Hiver	3,2	1,	5,0
1859 Printemps.	4,	2,	6,8
Eté	3,5	2,7	18,1
Automne..	3,6	1,8	10,7

nous trouvons que, pour le matin, c'est au printemps qu'il y a eu le plus d'ozone en trois ans, puis vient l'automne; il y a eu peu de différence entre l'automne et l'été, enfin l'hiver en a marqué le moins.

Les observations du soir diffèrent des précédentes. Ainsi, en tête de notre récapitulation est l'été, puis le printemps, l'automne, et l'hiver en dernier encore une fois.

Ces résultats ne concordent pas tout à fait avec ceux qui ont été fournis par les D^{rs} Th. Bœckel, Grellois, Bérigny; nous ne soupçonnons pas la cause de cette divergence. Nous avons cependant opéré régulièrement, et avec toutes les précautions indiquées par ces observateurs. Quoiqu'il en soit, nous constatons des faits sans les interpréter pour le moment.

Quant aux relations entre la marche de l'ozone et celle du baromètre, de la température, l'humidité de l'air, le degré de sérénité du ciel, l'action du soleil, les vents, les orages, etc., etc., elles existent dans des rapports presque identiques à ceux qui sont exprimés par les météorologistes de tous les pays.

Ainsi, malgré les variations du baromètre, aucune influence sur le papier; lorsque la température s'élève, promptement surtout, l'ozone diminue, l'inverse a lieu lors de l'abaissement du thermomètre; l'humidité, les brouillards si fréquents à Dunkerque, ne colorent pas toujours l'ozonoscope en raison de leur intensité; quelquefois même nous avons été étonné, en le comparant à l'échelle, de le trouver si faiblement impressionné alors que l'hygromètre marquait 100°; moins le degré de sérénité est prononcé, plus la quantité d'ozone est considérable; cette quantité est en raison directe de l'intensité des vents, permanents dans notre contrée. Lorsque les vents de Nord-Ouest, de l'Ouest, sont violents, par exemple, nous sommes certain de constater une teinte plus foncée des papiers; du reste, lors des tempêtes, des ouragans, des perturbations atmosphériques, quel que soit le vent qui domine, toujours d'après nos relevés, nous avons observé une teinte se rapprochant de plus en plus du maximum.

Les orages fournissent constamment une augmentation d'ozone; seulement la coloration de l'ozonoscope est plus ou moins accentuée selon que l'orage est plus ou moins rapproché du lieu d'observation.

Notable quantité d'ozone pendant la chute de la neige. Quand la pluie est forte, continue, beaucoup d'ozone; peu, au contraire, si la pluie ne tombe que par intervalles et surtout inappréciable.

En Août et Septembre 1859, le Dr Bérigny, de Versailles, voulant mettre en évidence la nature électrique de l'aurore boréale, a fait des observations concernant les proportions d'ozone contenues dans l'air du 28 Août au 2 Septembre.

Il a remarqué, pendant cette période, une quantité d'ozone relativement considérable, plus grande la nuit que le jour; preuve assez concluante de la nature électrique de ce météore.

A Strasbourg, le D^r Th. Bœckel a constaté aussi qu'aux approches de l'aurore boréale, l'électricité atmosphérique est allée en croissant ; elle a atteint son summum d'intensité au moment de ce remarquable phénomène, pour décroître de nouveau après sa disparition. Ainsi, la somme des chiffres fournis par l'ozonoscope a été égale.

Nos observations à Dunkerque n'ont pas donné des résultats aussi significatifs que ceux de M. Bérigny; cependant nos papiers étaient les mêmes, ceux de M. Jame, de Sédan. Du 28 au 31 août, notre papier a été moins coloré le matin et le soir que pendant tout le reste du mois. Chose plus bizarre encore ! le papier du 1er Septembre marquait zéro; celui de la nuit du 1er au 2 a été plus coloré relativement. Il a donné 4 à l'échelle. Cette teinte plus foncée a coïncidé avec cette intensité des phénomènes plus marqués, constatés à Dunkerque comme partout ailleurs.

Pour compléter notre étude sur l'ozone, nous exposerons brièvement le résultat des expériences *faites en pleine mer*. Il nous a paru intéressant de savoir si le voisinage direct de la mer a une influence très-sensible sur la production de ce gaz.

Du 11 Novembre 1857 au 30 avril 1858, soixante-sept observations ont été recueillies le matin et le soir en pleine mer, à plusieurs lieues du rivage, par le capitaine Boone, commandant une des corvettes du pilotage, homme intelligent et qui a bien voulu suivre en tous points nos instructions. Elles n'ont été continuées chaque fois que pendant quelques jours, le bâtiment rentrant au port après un laps de temps assez court, et étant remplacé par un autre navire.

Le papier employé a été le même que celui dont nous nous sommes servi chez nous (Fabre et Kuhneman). Il était suspendu dans un cylindre en ferblanc troué en plusieurs endroits et fixé dans une partie du bâtiment choisie à l'avance, de façon à ce que l'air pût facilement y avoir accès, et à ce que ni l'eau, ni la pluie, ni le soleil, ne vinssent pas altérer les nuances.

A 7 heures du matin et à 7 heures du soir, il était retiré et placé avec soin dans une boîte bien close. Chaque bande portait la date du jour et l'heure de la mise en observation ; au retour, la boîte nous était remise.

Ces ozonoscopes, comparés aux différents degrés de notre échelle habituelle et à nos observations journalières, ont donné les moyennes suivantes :

	PLEINE MER		A TERRE	
	matin	soir	matin	soir
Du 11 Novembre 1857 au 30 Juin 1858..	3	2	1,7	0,5
Du 9 au 17 Février....	2	2	2	0
Du 8 au 16 Mars......	4	4	3	0
Du 4 au 11 Avril......	4	2	7	4
Du 22 au 30 Avril......	5	3	3	1
	18	13	16,7	5,5

Ainsi, même résultat en mer qu'à terre : papier plus ozonisé pendant la nuit que pendant le jour, seulement la différence entre la production de la nuit et celle du jour est moins sensible qu'à terre. Pendant la première quinzaine d'avril, moitié moins d'ozone en mer qu'à terre, le contraire a eu lieu pendant la seconde quinzaine du mois. Nous bornons là notre appréciation.

Un mot encore avant de terminer. Cet agent ne préoccupe pas seulement les météorologistes : les médecins, depuis quelques années, surtout à Strasbourg, à Nancy, à Versailles, à Montpellier, cherchent à découvrir son influence sur la production, sur la marche des maladies, sur le développement de certaines épidémies. Nos données sur ce point sont encore très-incomplètes ; la seule remarque consignée, à plusieurs reprises, dans nos notes journalières, *c'est une influence bien marquée de l'ozone sur la production et l'aggravation des affections bronchiques, pulmonaires ;* quant à ses rapports avec les autres maladies, nous n'en avons découvert aucun. Du reste, la science ne possède encore jusqu'ici qu'un petit nombre d'observations trop restreintes pour se prononcer sur une question aussi délicate.

IX

LIEUX ET TEMPS D'OBSERVATIONS.

Les observations météorologiques que nous venons de résumer ont été faites, depuis dix ans, tous les jours, sans interruption.

Altitude du sol (rue du Sud, n° 36), au-dessus du niveau
de la mer. . . . . 7, mètres (1).
» baromètre au-dessus du sol . . 5,50 »
» des thermomètres. . . . . . 5 »
» de l'hygromètre. . . . . . . 5 »
» de l'ozonomètre . . . . . . 5 »

(1) Au-dessus du zéro des échelles de service du port de Dunkerque, ou 5m46 cent. au-dessus des cartes de Cassini, ou 7m47 cent. au-dessus du zéro des cartes marines, pris pour repère dans l'Annuaire des marées, publié par M. Chazallon.

TEMPÉRATURE. — La température atmosphérique a été observée au moyen d'un thermomètre centigrade à mercure, exposé au nord, garanti des rayons solaires, et distant du mur de 50 centimètres.

Les observations ont été faites trois fois par jour : *à sept heures du matin, à midi, à neuf heures du soir*. La température atmosphérique a aussi été constatée, *matin* et *soir*, à la campagne, à un kilomètre de la ville. En général, les observations faites dans l'intérieur d'une cour donnent une moyenne trop élevée ; prises, au contraire, en dehors de la ville, on trouve des différences notables. Ces dernières expériences permettent de conclure la vraie température moyenne de Dunkerque.

Pour apprécier le maximum de température, nous nous sommes servi du thermomètre *à bulle d'air* de M. Walferdin, et pour le minimum, du thermomètre horizontal à alcool.

PRESSION ATMOSPHÉRIQUE. — Elle a été constatée aux mêmes heures que la température, au moyen d'un baromètre à cuvette.

HYGROMÉTRIE. — L'humidité de l'air a été observée chaque jour, à midi, avec l'hygromètre de Saussure.

VENTS. — La direction du vent a été appréciée au moyen des girouettes et de la fumée des cheminées, pour le courant inférieur comprenant la couche d'air existant entre le sol et la plus grande hauteur à laquelle la fumée puisse s'élever, sans que sa dissémination la fasse perdre de vue. Nos annotations ne mentionnent que le vent dominant de la journée.

PLUIE. — Elle a été mesurée au moyen d'un pluviomètre de Pixii, placé au-dessus du toit de la gare du chemin de fer, bâtiment isolé. Ce toit est à dix mètres à peu près au-dessus du sol.

NEIGE, GRÊLE, ORAGES. — Pour ces phénomènes, on a eu soin d'indiquer leurs dates, la direction du vent dominant qui les accompagnait, la hauteur barométrique et le degré de température du moment.

OzonomÉtrie. — Les observations ozonométriques ont été notées matin et soir. Nous avons adopté définitivement l'ozonoscope de Jame, de Sédan.

X

PHÉNOMÈNES MÉTÉOROLOGIQUES DIVERS.

A l'étude météorologique qui précède, ajoutons la relation de quelques principaux phénomènes célestes apparus à Dunkerque depuis dix ans. Bien que n'appartenant pas spécialement à la constitution météorologique du pays, ils doivent néanmoins trouver place dans notre travail, ne fût-ce qu'à titre de renseignement complémentaire.

Nous les rapporterons d'après leur ordre d'apparition. Le premier phénomène, assez rare, a été parfaitement décrit par M. Follie, capitaine du génie à Dunkerque. Il a bien voulu nous en donner une note que nous transcrivons *in extenso*.

« Lundi 7 Janvier 1856, vers cinq heures du soir,
» j'aperçus une longue traînée lumineuse dans la direc-
» tion du S.-O. : je n'avais pas vu le météore qui l'avait
» produite ni entendu aucune détonation dont le bruit, du
» reste, aurait été couvert par celui du train du chemin
» de fer dans lequel je me trouvais. Cette bande lumineuse
» paraissait verticale, elle était plus vive et plus mince à
» la partie inférieure; son éclat était analogue à celui que
» produirait la traînée persistante d'une fusée; elle se
» trouvait un peu vers la droite d'une verticale passant
» par Jupiter, la partie la plus élevée étant à peu près
» aux 3/5 de la hauteur de l'astre au-dessus de l'horizon,
» la partie la plus basse aux 2/5 environ.

» Le temps était clair, on apercevait à peine quelques
» nuages blanchâtres, si ce n'est au-dessous de Jupiter où
» se trouvait à l'horizon, en forme de demi-cercle, une

» masse de nuages noirs qui semblaient s'étendre dans
» toutes les directions, portant un brouillard avec eux.

» La bande lumineuse, diminuant d'éclat, perdit de sa
» teinte rouge, devint plus blanche, et fut entraînée dans
» la direction du N.-O., la partie supérieure marchant la
» première. Un quart d'heure après l'apparition de ce
» phénomène, on voyait encore la traînée blanche que le
» vent avait contournée, mais en lui laissant sa longueur
» primitive, la largeur avait encore augmenté; on la pou-
» vait comparer à un léger nuage blanc, un cirrhus éclairé
» par le soleil.

» Le globe lumineux était dans notre atmosphère : la
» traînée qu'il a laissée, quelle que fût sa nature, mais
» dont l'apparence est devenue celle d'un nuage, a été
» influencée par le vent dont la direction à Dunkerque
» était celle du S.-S.-E.

» Sa hauteur pourrait être fixée approximativement : si
» l'on admet que le météore a paru enflammé vers le
» zénith du Hâvre, et à $5\frac{10}{2}$ au-dessus de notre horizon,
» sa distance à la terre était de 30 kilomètres environ, et
» sa longueur d'une dizaine.

» D'après les observations faites dans la journée par le
» docteur Zandyck, de midi à neuf heures du soir, le baro-
» mètre a oscillé de $0,742^m$ à $0,740^m$; le thermomètre
» centigrade marquait environ 4,8 ; les vents soufflaient
» S.-S.-E. ; l'hygromètre de Saussure était à 75 ; le
» temps, beau et clair jusqu'à cinq heures, a été obscurci
» par un brouillard venant du S.-O. »

Le 17 Septembre de la même année, à huit heures dix-sept minutes du soir, plusieurs personnes de notre ville ont remarqué, dans l'Ouest, la chûte d'un aérolithe ou bolide ayant la forme d'une S.

Le 12 Octobre suivant, une éclipse de lune a eu lieu, et le ciel était assez dégagé de nuages pour que l'on ait pu suivre toutes les phases du phénomène céleste. Commencée à neuf heures et demie précises, elle était à son maximum à onze heures trois minutes, et sa fin à minuit trente-six minutes. On a vu successivement disparaître les diverses proportions du disque de la lune, de manière qu'il n'en restait qu'un mince filet à peine égal aux $^{99}/_{100}$, puis on l'a vu récupérer de proche en proche ses dimensions et sa clarté première, à mesure qu'il se dégageait du cône d'ombre.

Pendant le mois de Septembre 1858, on a pu admirer chaque soir, plus ou moins distinctement, la magnifique comète de Donati. Le 30 Septembre surtout, elle était à son périhélie, c'est à dire au point de son orbite le plus rapproché du soleil. Malheureusement l'horizon était obscurci par une brume assez épaisse qui n'a pas permis de constater l'éclat complet de cet astre extraordinaire.

Quelques détails maintenant sur les aurores boréales du 28 au 29 Août, du 2 Septembre, et sur le phénomène atmosphérique des plus curieux sur l'ensemble des lignes télégraphiques.

Bien que les aurores boréales, conséquence de l'extrême sécheresse qui n'a cessé de régner pendant le cours de cette année dans la plus grande partie de notre hémisphère, aient été nombreuses, deux seules ont été observées à Dunkerque. La première, bien distincte, a été vue dans tout son éclat dans la nuit du 28 au 29 Août 1859. Quant aux circonstances atmosphériques concomitantes, on peut dire que la température était relativement basse, $+13$ centig. à peu près; la pression atmosphérique aussi a baissé, elle est descendue de 768^m à $764^m,5$. Le vent dominant était d'Ouest et fort doux.

La seconde aurore boréale, beaucoup moins splendide, a été aperçue dans la nuit du 1er au 2 Septembre. La température était encore plus basse, $+10,5$ centig. à peu près, et la pression atmosphérique, au contraire, plus forte que dans la nuit du 28 au 29 Août. Le vent d'Ouest a prédominé, cette fois, plus violent.

Ces deux aurores boréales ont influencé d'une manière bizarre les appareils destinés à accuser la présence de l'électricité. Les lignes de télégraphie électrique, par exemple, ont été en proie à des perturbations extraordinaires.

D'après l'opinion des savants, ce trouble apporté au jeu des appareils télégraphiques tient à l'existence anormale d'une masse d'électricité, résultant elle-même de l'aurore boréale.

Voici ce qui a été constaté au bureau télégraphique de la gare du chemin de fer à Dunkerque :

Dans la nuit du 28 au 29 Août, depuis 1 heure 45 m. du matin jusqu'à 5 heures 20 m., l'employé de service a remarqué que les appareils étaient parcourus, de temps à autre, par l'électricité ; les sonneries des fils étaient mises en mouvement, comme si le poste correspondant eût envoyé le courant électrique.

Dans ces moments-là, en interrompant le circuit, c'est-à-dire en produisant dans le fil conducteur une solution de continuité, on observait de très fortes étincelles. Pendant ce temps de trouble, la transmission devenait d'abord inintelligible, puis impossible. A partir de 5 heures 20 m. du matin, les communications se sont rétablies peu à peu. Dans la nuit du 1er au 2 Septembre, les mêmes phénomènes se sont produits depuis 5 heures 57 m. du matin jusqu'à 8 heures 40 m. Ils ont été très intenses, le courant a été continuel, les sonnettes se sont ébranlées sans cesser, et cette perturbation n'a permis aucune correspondance.

Depuis 8 heures 40 m., les transmissions ont été reprises progressivement ; mais il y a encore eu dans la journée quelques moments de travail difficile.

Ici se termine tout ce que nous avions à dire sur la constitution météorologique de Dunkerque. Ainsi qu'on a pu le voir, nous nous sommes souvent borné à un simple exposé des faits, sans chercher à les discuter, convaincu que, sur cette branche de la physique, la science est loin d'être infaillible. Oui, nous reconnaissons volontiers que les études météorologiques sont encore imparfaites, qu'il faut un très-grand nombre d'observations pour établir les rapports du baromètre et du thermomètre avec la salubrité d'un pays, par exemple ; qu'il faut des observateurs intelligents, minutieux et persévérants ; qu'il faut enfin des instruments variés et délicats.

M. Meurein, de Lille, formule ainsi son opinion sur cette partie de la science : (1) . . . .
« Tout observateur consciencieux conviendra avec moi,
» que les indications fournies par un quelconque des
» instruments qui doivent figurer dans un observatoire
» complet, ne sont absolument vraies que pour la toute
» petite partie de l'espace qu'il occupe, et il n'y a que
» des probabilités plus ou moins grandes dans son
» application à un rayon d'une certaine étendue. C'est
» pourquoi il est indispensable au progrès météorologique
» que les lieux d'observation soient aussi multipliés que
» possible. Mais où trouver des observateurs qui consen-
» tent à se sacrifier à la science et à renoncer complète-
» ment au monde ? La moindre lacune enlève à un travail
» long, patient et fastidieux, toute sa certitude, toute son
» autorité ; les chiffres interposés par un calcul de
» probabilités ne laissent que des doutes, et c'est un
» trop déplorable résultat pour tant d'abnégation. »

Après ces réflexions sincères, empreintes d'un grand cachet de vérité, nous allons aborder la seconde partie de notre travail, la constitution médicale du pays, question vaste, complexe, d'autant plus difficile à résoudre que nous tenterons d'étudier les rapports qu'elle a pu avoir

---

(1) Rapport sur les travaux du Conseil central de Salubrité et des Conseils d'arrondissement du département du Nord pour l'année 1858. — Observations météorologiques. — 1857-58. — p. XIX.

avec cette série de phénomènes atmosphériques si variés qui parfois lui impriment un cachet particulier, indélébile, et dans quelles proportions ces influences météorologiques ont contribué à tel ou tel genre de maladie, au développement, à la propagation de telle ou telle épidémie.

L'étude de ces phénomènes n'est dépourvue ni d'intérêt, ni d'utilité pratique, puisqu'elle sert quelquefois de guide dans l'application que nous faisons chaque jour des principes thérapeutiques pour combattre les différentes manifestations épidémiques qui rayonnent trop souvent autour de nous.

DEUXIÈME PARTIE.

I.

CONSTITUTION DES MALADIES.

« Depuis Hippocrate (1), plusieurs savants recomman-
» dables se sont attachés à rechercher la liaison des
» maladies, et particulièrement des épidémies, avec l'état
» du ciel et les variations atmosphériques. Mais si, jus-
» qu'ici, ces recherches n'ont pas obtenu tout le succès
» qu'on pouvait en attendre ; si, la plupart du temps, la
» cause des maladies demeure enveloppée d'une profonde
» obscurité, il ne faut point cependant renoncer à une
» étude dont tous les esprits sages ont reconnu l'impor-
» tance, ni révoquer en doute l'utilité des recherches
» météorologiques : car on découvrira peut-être un jour
» ce qui est resté caché jusqu'ici, et, pour nous servir des
» expressions d'Hippocrate, la nature de l'homme ne sur-
» passe pas la puissance de l'univers : Plerumque enim
» hominis natura universi potestatem non superat (Hipp.
» de dieb. jud.) »

Adoptant la manière de voir du Dr Foissac, nous avons essayé d'interpréter, dans leur ensemble, tous les faits notables, imposants, accumulés par l'observation depuis dix ans, pour arriver à une généralisation, à une opinion vraisemblable de la constitution médicale de notre contrée.

Et d'abord, notre ville a-t-elle une constitution médicale particulière, différente de celles qui sont situées sous la même latitude, et qui, comme elle, ont un climat tempéré ?

---

(1) Dr Foissac. — De la Météorologie, etc., etc. — T. I. p. 18.

La proximité de la mer, la configuration du pays, sont-elles de nature à donner à la constitution médicale de Dunkerque une physionomie spéciale, un caractère propre aux maladies qui reparaissent périodiquement ou qui se propagent épidémiquement par l'apparition de circonstances passagères, exceptionnelles? Telle est la question multiple qui se présente.

Sans hésiter, nous répondrons que les maladies auxquelles les habitants de Dunkerque sont généralement exposés, dépendent moins de certains vices de localité, que des intempéries atmosphériques que l'on y éprouve. En effet, la ville est bâtie sur l'un des emplacements les moins défavorables de la côte, ainsi que nous l'avons démontré autre part; elle est très-bien aérée, elle reste exposée aux rayons du soleil depuis le lever de cet astre jusqu'à son coucher; le nombre, la distribution et l'ouverture de ses places sont en rapport avec leur étendue; ses rues sont généralement droites et spacieuses; l'élévation de ses édifices n'oppose aucun obstacle au renouvellement de l'atmosphère.

L'inconstance frappante de la température neutralise d'une manière fâcheuse la plupart de ces conditions avantageuses, et révèle la cause d'une foule de maladies. Pas une saison ne présente réellement le caractère qui lui est propre; pas un jour de l'année qui ne laisse véritablement quelque chose à regretter, soit que la flèche de la girouette parcoure en vingt-quatre heures les quatre points cardinaux, soit que tour à tour la chaleur, la pluie, le vent, viennent se faire sentir. En général, ce dernier ne varie que du Sud à l'Ouest pendant neuf mois de l'année, et souffle du Nord à l'Est les trois autres mois.

L'hiver, comme celui de toutes les plages maritimes du Nord, est constamment entremêlé de pluie, de neige ou de grêle.

L'équinoxe du printemps ramène quelques beaux jours;

mais à peine la végétation reprend-elle son essor avec plus d'activité, que des froids subits arrêtent son expansion.

La même circonstance atmosphérique se manifeste encore pendant la saison estivale.

L'automne offre quelques consolations aux habitants; la température est alors plus uniforme, et les anomalies météorologiques moins fréquentes; cependant, sous de trompeuses apparences, on y trouve la source des maladies les plus graves.

Indépendamment des affections que nous signalerons tout-à-l'heure, et qui naissent de la localité, reparaissent régulièrement à chaque saison, et sont, en un mot, la conséquence de cette série de circonstances atmosphériques, il est un certain nombre d'entités morbides réellement endémiques ou plutôt stationnaires. — Elles deviennent parfois épidémiques, ou d'autres apparaissent spontanément, sous l'influence de causes passagères, exceptionnelles, difficiles à saisir, ou miasmatiques, telluriques, contre lesquelles toute la sollicitude de l'autorité est impuissante, et dont la nature échappe, du reste, le plus souvent aux investigations de la science.

II

MALADIES DES SAISONS.

Les saisons ramènent les mêmes maladies, à peu près comme elles ramènent certains oiseaux de passage, certaines plantes, suivant la comparaison charmante, pleine de simplicité et de bon sens, de Sydenham. Ces maladies sont si constantes, qu'Hippocrate en a fait le dénombrement dans la 3ᵉ section de ses Aphorismes. Nous traduirons approximativement ainsi une de ses pensées. Lorsque les saisons suivent un ordre constant, régulier, normal, dans leurs changements de température; que la chaleur, le froid, la sécheresse et l'humidité surviennent dans les temps convenables, et ne sont pas excessifs, les maladies sont bénignes et régulières ; leurs crises sont favorables et heureuses. Au contraire, dans les saisons inconstantes et variables, les maladies ne suivent aucune marche régulière ; les crises sont imparfaites et accompagnées de symptômes fâcheux. Les malades succombent les premiers jours ou sont sujets à des rechûtes, surtout en automne, où la température varie singulièrement le même jour.

La fidélité des maladies à reparaître aux mêmes époques ne permet pas de douter qu'elles ne se lient aux caractères des saisons si bien décrits par Hippocrate.

Pendant l'hiver, les maladies catarrhales sont fort répandues à Dunkerque : le trouble qui survient dans la perspiration tégumentaire les détermine, et, selon l'organe où les forces vitales s'accumulent, l'on voit naître toute la série des phlegmasies muqueuses, des voies respiratoires surtout.

Les affections rhumatismales et névralgiques, qui frappent indistinctement ici les hommes et les femmes, les enfants et les vieillards, se développent en hiver, et y prennent souvent un caractère très-prononcé d'acuité.

Aucune maladie n'est plus répandue, et Dunkerque semble en être la véritable patrie.

La goutte marche de pair avec les phlegmasies musculaires, et les accès se prolongent avec le règne des froids. L'intempérance de ceux qui en sont affectés fortifie la part que l'humidité de la saison paraît avoir dans sa production.

Quoique les engelures soient une maladie de peu d'importance, on ne peut s'empêcher de les signaler comme étant très-fréquentes pendant les mois de Décembre, Janvier et Février.

La fin de l'hiver et le commencement du printemps voient naître les affections éruptives, la variole, la scarlatine, la rougeole, etc., etc. Cette dernière maladie, quand elle règne épidémiquement, est quelquefois très-bénigne ; parfois, au contraire, elle fait de nombreuses victimes. Plus loin, il sera question des deux épidémies de rougeole qui ont régné à Dunkerque en 1850-51 et en 1858.

A cette époque encore, les fièvres intermittentes deviennent communes ; mais, comme toutes les maladies, elles sont moins graves, moins opiniâtres que durant la saison automnale.

Les chaleurs fugaces de l'été impriment un nouveau caractère aux maladies qu'elles ont contribué à développer. Sous l'influence de l'expansion périphérique déterminée dans la circulation, se généralisent les exanthèmes, les fièvres éruptives ; les congestions cérébrales sont plus fréquentes, et il est d'observation que, depuis quelques années, caractérisées par une sécheresse excessive, apparaissent un grand nombre d'apoplexies. Pendant la première partie de l'été, quand surtout il fait chaud et sec, les affections gastriques et intestinales inflammatoires se propagent de plus en plus ; on observe aussi des fièvres typhoïdes plus ou moins fréquentes. Si, au contraire, la constitution atmosphérique est humide, pluvieuse, nous voyons se produire des diarrhées bilieuses, des dyssenteries, entretenues par un état d'affaissement général.

Mais, c'est vers l'équinoxe d'automne, époque des brouillards humides, que les affections morbifiques prennent un caractère plus grave et plus compliqué. Les fièvres intermittentes se multiplient de plus en plus, elles deviennent parfois épidémiques, et si elles ne sont pas arrêtées, dès leur début, par un traitement convenable, énergique, elles causent des engorgements toujours fâcheux vers le foie ou la rate. De là, les nombreuses obstructions et hydropisies que l'on observe à cette époque.

De toutes les maladies qui moissonnent le plus d'individus à Dunkerque, les premières sont, sans contredit, les affections de poitrine, la phthisie pulmonaire. Que de victimes ne font-elles pas chaque année ! La phthisie sévit sans distinction d'âge ni de sexe ; mais l'adolescent devient rapidement sa proie, tandis que l'homme mûr résiste quelque temps à son action. L'automne est ici, plus qu'autre part, une saison mortelle pour les phthisiques, et le meilleur conseil qu'on puisse leur donner, quand leur position sociale le leur permet, c'est de fuir une terre inhospitalière. Un climat plus doux peut ajouter quelques instants à leur malheureuse existence, et adoucir les maux précurseurs d'une entière destruction,

Parmi les maladies que nous venons d'indiquer, il en est quelques-unes qui, sans avoir affecté le type épidémique, ont été, à plusieurs reprises, depuis dix ans, assez généralisées pour les rappeler successivement en particulier. Quant à celles qui ont sévi épidémiquement, elles feront l'objet d'un chapitre spécial.

FIÈVRES. — Fièvres intermittentes. — Elles paraissent au commencement du printemps, et sont alors moins graves, moins rebelles, moins nombreuses, que celles d'automne.

Les fièvres intermittentes bénignes se guérissent très-souvent seules, comme beaucoup d'autres maladies légères, pendant la saison du printemps. Un éméto-cathartique, ou simplement un purgatif, suffit pour les faire disparaître. Mais, si elles persistent, et qu'on peut en abréger la durée, pourquoi ne le ferait-on pas ? Pourquoi laisser arriver le 7me accès, comme le conseillait Hippocrate, lorsqu'on a la certitude de pouvoir enlever le mal après le 3me ? (1) L'expectation est toujours dangereuse dans les cas de fièvre intermittente durant la saison automnale : confiées

---

(1) On ne peut évidemment pas plus admettre l'avis de Boerhaave, relativement aux fièvres intermittentes, formulé dans son aphorisme 754 : « *Nisi malignæ, corpus ad longevitatem disponuntet depurant » ab inveteratis malis.* »

aux soins de la nature, elles deviennent, chaque jour, et plus violentes et plus compliquées.

Ce qui vient d'être dit des fièvres intermittentes s'applique à celles qui se présentent dans les conditions normales et aux saisons indiquées ; mais comme toujours elles persistent plus ou moins à Dunkerque dans la classe nécessiteuse, qu'elles prennent parfois un caractère épidémique, nous nous en occuperons spécialement ailleurs.

Ajoutons cette remarque que très rarement les médecins du pays ont observé un accès pernicieux. Nous n'avons vu succomber à cette maladie, depuis dix ans, qu'un seul sujet, jeune homme de 12 ans ; il est mort au troisième accès, en Janvier 1853.

Fièvres typhoïdes. — Jamais, depuis 1850, les fièvres typhoïdes n'ont été assez multipliées pour constituer une épidémie ; c'est donc ici qu'il convient de résumer nos remarques sur cette maladie dont la gravité est d'ordinaire plus ou moins caractérisée.

Ces dix années nous ont démontré le peu d'influence directe des saisons sur la production de la fièvre typhoïde : ainsi, tantôt elle prenait naissance en hiver, au mois de Janvier ou Février, tantôt à d'autres époques de l'année.

D'après nos notes, celles qu'on a observées en hiver ont été généralement plus graves et de plus longue durée que celles qui se sont montrées en été.

Du reste, quelle que soit l'époque de leur développement, les causes premières ont été généralement inappréciables, leur extension a eu lieu par le concours de mauvaises conditions hygiéniques de toute nature que l'on trouve signalées presque partout.

Dans les familles pauvres où la fièvre typhoïde apparaissait, on y voyait, comme cause déterminante, l'insalubrité des habitations, la mauvaise qualité de nourriture, etc., etc.; la propagation avait lieu ensuite par *infection*, ainsi que nous en citerons tout-à-l'heure des exemples.

On entend par *maladies infectieuses* celles qui exhalent des détritus abondants, susceptibles d'engendrer chez des personnes plus ou moins prédisposées des malaises, même des affections de nature septique; ces détritus ne sont-ils pas la sueur, les matières diarrhéiques, la respiration pulmonaire, etc., etc., tous éléments morbifiques qui, introduits en quantité suffisante dans l'économie de certains individus, doivent nécessairement produire une maladie identique, une maladie *sui generis*.

Parmi les aptitudes individuelles, nous citerons, en première ligne, la période comprise entre la première enfance et l'âge adulte, une santé plus ou moins frêle, un tempérament plus ou moins solide.

Quoique dans des proportions restreintes, la fièvre typhoïde a constitué parfois une véritable épidémie parmi les militaires de la garnison.

Inutile d'entrer ici dans les longs détails de la symptomatologie générale d'une affection si connue; il suffira de dire sommairement la thérapeutique employée très souvent par les médecins du pays.

Dans les cas, simples et légers, qui s'accompagnent toujours d'un état suburral plus ou moins prononcé, expectation et quelques évacuants.

La gravité se dessine-t-elle? saignée parfois au début quand la fièvre et la céphalalgie sont intenses, ou sangsues pour combattre une localisation inflammatoire, douloureuse; puis éméto-cathartique suivi, au besoin, d'un purgatif; lavements fréquents; lotions d'eau vinaigrée sur toute la surface du corps si la chaleur de la peau est brûlante; boissons tempérantes; cataplasmes sur le ventre; onctions d'huile de camomille camphrée dans le cas de météorisme.

Les accidents cérébraux sont-ils dominants? quelques

sangsues derrière les oreilles, vésicatoire au cou, sinapismes aux extrémités, plus rarement des vésicatoires, à cause de leur tendance à la gangrène.

Quand la broncho-pneumonie vient compliquer la fièvre typhoïde, un large vésicatoire entre les deux épaules produit un excellent effet. Nous avons aussi reconnu les bons résultats de ventouses sèches ou scarifiées appliquées en grand nombre sur la poitrine.

Contre l'adynamie, le vin; rarement le quinquina ou le sulfate de quinine, à moins de redoublements intermittents; les frictions stimulantes, etc., etc.

Ainsi qu'on le voit, le traitement ordinairement suivi a consisté, dans la méthode rationnelle et expectante dont Chomel et Louis ont démontré tous les avantages.

Andral formule ainsi son opinion : (1) . . . .

« D'autres malades commencèrent par être soumis à
» diverses sortes de traitements plus ou moins actifs; aucun
» bien n'en résultait, et la maladie restait stationnaire ou
» s'aggravait; c'est dans ces circonstances qu'abandonnant
» toute médecine agissante, on se contenta de tenir le
» malade à la diète et à l'usage de simples boissons dé-
» layantes; on cessa de tourmenter la nature par des
» remèdes que ne suivait aucune amélioration, et l'on se
» trouva bien du retour vers la médication expectante. »

La diète est à peu près absolue tant que persiste le mouvement fébrile, que la peau n'a pas acquis de la moiteur, et que la langue ne devient pas humide; on prescrira, aussitôt que possible, le bouillon et l'eau vineuse, surtout chez le grand nombre de malades épuisés par la misère, par une dépense trop considérable de forces, par une alimentation insuffisante ou par un manque d'aération. Chez tous les typhiques, en général du reste, nous ne tardons pas à ordonner des potages substantiels, aug-

---

(1) Andral. — Clinique médicale. Tome IIIe.

mentés progressivement afin d'éviter ces phénomènes adynamiques qu'il faut alors combattre par les toniques, par les excitants les plus énergiques.

Traitée de cette façon, la durée moyenne de la fièvre typhoïde bien caractérisée, quoique variant suivant les degrés divers, est de quinze à trente-cinq jours.

De toutes les variétés qu'affecte cette maladie, la forme adynamique est celle qui est toujours la plus prolongée.

Un coup d'œil jeté maintenant sur nos constitutions médicales mettra en relief des particularités de la fièvre typhoïde, intéressantes, utiles même à noter.

En Juillet 1851, par exemple, prédominance des vents d'Ouest, d'humidité et de pluie, grand nombre d'affections intestinales dégénérant en fièvres typhoïdes.

En Août, continuation des vents d'Ouest, Nord-Ouest; moins d'humidité. — Même genre de maladies.

Dans une famille pauvre, composée de huit personnes, vivant dans de très mauvaises conditions hygiéniques, cinq cas de fièvre typhoïde ont été observés : un garçon de cinq ans, débarrassé des symptômes les plus graves, a succombé le 35ᵉ jour à une hémorrhagie intestinale très abondante.

Un autre fils de six ans a eu de nombreuses escharres au sacrum, aux ischions; elles ont infiniment prolongé la convalescence.

Une fille de 17 ans a été enlevée au 13ᵐᵉ jour. La médication la plus active n'a pu enrayer les accidents ataxiques.

Un fils de 23 ans et une fille de 27 ans, ont eu aussi une fièvre typhoïde, mais incomplète quant aux symptômes principaux. Ils ont promptement guéri.

Dans ces divers cas, antiphlogistiques au début, laxatifs répétés, puis médication expectante, sauf le traitement des accidents imprévus et les complications.

Rien de particulier jusqu'à la fin de l'année.

Dans son rapport officiel sur les maladies de 1852 (1), le Dr Lemaire a mentionné des fièvres typhoïdes nombreuses en Janvier-Août ; il en a été observé aussi à d'autres époques de l'année ; mais aucun fait saillant ne peut être relaté ici.

En Janvier 1853, variations très-fréquentes de température dont l'influence, grande sur la muqueuse des organes respiratoires, s'est fait aussi sentir sur l'appareil digestif ; de là de nombreux embarras gastriques, des gastro-entérites simples et typhoïdes, etc., etc.

Un certain nombre d'enfants surtout en ont été atteints.

Tous les malades n'ont pas présenté toutefois ces manifestations pathologiques de l'épidémie typhoïde qui régnait à Paris, ni même l'existence de cette *trainée typhoïde* que MM. Lévy et Alquié, inspecteurs du service de santé militaire, alors en tournée d'inspection, ont rencontrée dans beaucoup de localités du Nord, du Pas-de-Calais, dans quelques départements qui avoisinent la Seine, et aussi dans plusieurs pays de la zône méridionale de la France.

En Mars et Septembre, plusieurs fièvres typhoïdes ; rares, au contraire, pendant les autres mois de l'année.

Les journaux de médecine ont signalé la rigueur de la fièvre typhoïde dans les départemente. Ceux de l'Indre, du Cher, par exemple, les campagnes du Berry, la Sologne, portent l'empreinte du fléau. Les ravages dans ces pays ont été d'autant plus marqués que la misère, l'insalubrité, y étaient plus grandes, et que la superstition, l'ignorance, empêchaient souvent les malheureux habitants de demander à temps des secours qui cependant ne leur eussent pas manqué.

---

(1) Rapport sur les travaux du Conseil central de Salubrité du département du Nord. — T. XI, p. 457-459.

Le Dr E. Burdel, médecin de l'hospice de Vierzon, dans une lettre insérée dans le n° 28 de l'*Union médicale*, 1853, paraît disposé à admettre que l'humidité de la température et de l'atmosphère au milieu de laquelle nous vivions depuis quelque temps, et qui paraissait générale, non seulement pour la France, mais aussi pour une partie de l'Europe, doit être *une des principales causes occasionnelles de la fièvre typhoïde*.

Malgré cette analogie avec la constitution météorologique de notre contrée, cette grave affection n'a pas heureusement paru sous forme épidémique.

Il faut arriver en Mai 1854 pour retrouver d'assez nombreux cas de fièvre typhoïde à forme adynamique.

Les affections variées, multiples de cette époque présentaient des symptômes typhoïdes de même nature ; aussi les toniques, le quinquina, le sulfate de quinine même, étaient fréquemment employés. A part la variabilité de la température, nous ne soupçonnons pas quelle peut être la cause de cette dépression générale de l'économie.

En Juin, continuation des fièvres typhoïdes avec un caractère plus grave, sans diarrhée fréquente toutefois. La météorologie du mois a été remarquable par ses nombreux errements. Les pluies, une humidité permanente en ont été la nuance dominante, avec persistance des vents d'Ouest et Sud-Ouest.

La mauvaise constitution atmosphérique de Juin a pesé sur presque tout Juillet ; bien qu'il n'y ait pas eu d'épidémie, les affections intestinales se sont propagées de plus en plus. Il est évident qu'un élément affaiblissant se concentrait principalement sur les organes digestifs, avec plus d'intensité que durant les saisons analogues.

Le chiffre des fièvres typhoïdes n'a guère dépassé celui de Juin dans notre clientèle d'indigents ; il n'en a pas été de même pour nos confrères. Le canton-Est, par exemple, a fourni un grand nombre de typhiques.

La mortalité a été, en Juillet, de 9 sur 66 décès généraux, c'est-à-dire, le triple de celle de Mai et le double de celle de Juin.

La maladie a diminué en Août. Cette décroissance a été en raison inverse de l'augmentation de cas de fièvre puerpérale (épidémie dont nous parlerons plus loin). La proportion des morts par la fièvre typhoïde n'a été que de 2 sur 64 décès ; celle par la fièvre puerpérale, au contraire, a été de 6 sur ce même chiffre de 64 décès. 59 accouchements ont eu lieu en Août.

La fièvre typhoïde a présenté, en Juillet, régulièrement le même caractère, le même type ; c'était la forme muqueuse. Les formes bilieuse et ataxique ont été l'exception. Quelques malades seulement ont eu des phénomènes adynamiques, physionomie dominante des fièvres puerpérales.

Du mois d'août à la fin de l'année, elle a disparu progressivement.

En 1855, peu de fièvres typhoïdes, rien d'intéressant à consigner ici. Du reste, peu de maladies ont offert des symptômes très graves. Plusieurs fois le diagnostic a dû rester en suspens devant ces phénomènes vagues qui précèdent d'ordinaire cette affection. Tantôt leur durée éphémère les faisait ranger dans la catégorie des embarras gastriques ; tantôt, après quelques jours d'expectation, des accidents franchement intermittents se dessinaient, et le sulfate de quinine amenait une amélioration immédiate.

Ce résumé de 1855 s'applique en tous points à l'année 1856. Nous ne nous y arrêterons pas. Toutefois une fièvre typhoïde, qui a atteint un jeune garçon, a été trop grave pour n'en pas relater l'histoire en entier.

Fièvre typhoïde compliquée d'hémorrhagie intesti-

nale, *d'hématurie et d'un purpura hemorrhagica général*. — *Guérison*. —

S...., âgé de 6 ans, est arrivé à Dunkerque depuis deux mois seulement. Constitution délicate, mais n'ayant jamais eu que les maladies de l'enfance, et assez bénignes.

Au commencement de Février 1856, perte d'appétit, céphalalgie intense, fièvre, embarras gastrique contre lequel le Dr Gannal aîné, de Paris, résidant momentanément à l'usine Chollet et Ce, prescrivit l'huile de ricin, une demi-diète, des boissons émollientes en grande quantité et des cataplasmes sur le ventre.

Ces symptômes primitifs ne s'amendant pas, le Dr Gannal, qui n'avait pas le temps de s'occuper de médecine, nous fit prier de soigner l'enfant. Nous le vîmes pour la première fois le 12 février 1856.

Son état n'avait rien de bien caractérisé : langue saburrale, un peu de météorisme, du gargouillement, sensibilité du ventre à la région iliaque droite. — 12 sangsues *loco dolenti*. — Cat. — Limonade citrique.

13. — Aucune amélioration. — Huile de ricin. — 25 grammes, cat. — Limonade.

15. — Le mal s'aggrave. — Fièvre continue. — 100 à 130 pulsations. Taches lenticulaires éparses en petit nombre sur l'abdomen ; adynamie marquée ; surdité. Lim. — Cat. lav^t. émol.

21. — L'adynamie et l'ataxie sont très-caractérisées, un enduit croûteux, brunâtre, recouvre la langue, les gencives, les lèvres. Le météorisme du ventre a diminué, mais encore de la sensibilité. Tremblement général. La langue ne peut franchir les dents. Soubresauts, cris aigus, inarticulés de temps en temps. Pas de selles depuis la purgation du 13, malgré les lavements.

L'état de cet enfant devenant inquiétant, le Dr Gannal le voit avec nous.

Prescription : Huile de ricin — 25 grammes. — Cat. sur le ventre, limonade.

24. — Pouls à 76, — face blême, peu de forces, langue sèche, brunâtre, ventre plus souple. — Plusieurs épistaxis pendant la nuit. Les gencives, sans être tuméfiées, suintent du sang, elles sont pâles. Les taches lenticulaires deviennent plus nombreuses sur le ventre et sur le thorax. Le malade rend une urine rouge, sanguine. Adynamie complète. Un peu plus de calme que les jours précédents.

Une cuillerée toutes les heures de la potion suivante :

R Eau de tilleul ...... 200 grammes
   Ext. mou de quinquina 4 id.
   Sirop de quinquina .. 60 id.
   Eau de fleur d'oranger 20 id.
   f. s. a. —
Bouillon de poulet.

23. — Pouls à 65. — L'hémorrhagie nasale revient, crachements sanguinolents. Toux pénible, fréquente. — Rien cependant à la poitrine. Contre les diverses hémorrhagies qui reparaissent à chaque instant, prescription de la potion suivante donnée alternativement avec celle de quinquina :

R Eau de Rabel! .... 4 grammes.
   Sirop de ratanhia .... 40 id.
   Eau .... 100 id.
   f. s. a. —
Bouillon — lim. vineuse.

25. — Pouls à 62-70. — Taches violacées, très-multipliées sur le tronc, le cou, les membres ; elles affectent diverses formes ; aucune saillie ni démangeaisons ; elles ne disparaissent pas sous la pression. A la suite de lavements, selles sanguines, très-rouges ; il en est de même de l'urine ; toutes les muqueuses, en un mot, suintent du

sang. Etat grave. Prescription *ut supra*, de plus, vin de quinquina et alimentation tonique.

27. — Etat identique à celui des jours précédents. Malgré les pertes de sang, cause permanente d'adynamie, le pouls se maintient entre 60 et 75. Physionomie bonne, assez calme. L'intelligence reparaît de temps à autre. L'estomac tolère les aliments, il y a appétit. Prescription *ut supra*.

4 Mars. — Même état général, sauf les selles qui ne sont plus sanguinolentes. Plus de douleur au ventre. Les organes paraissent bien fonctionner.

7. — Tous les accidents se calment. — Le sang fourni par les muqueuses diminue, l'hématurie surtout, il en est de même de l'hématémèse; les taches du corps sont couleur lie de vin, violettes. — Pouls à 65.

Suppression de la potion à l'eau de Rabel. Mêmes prescriptions de quinquina, et surtout alimentation tonique, réparatrice.

11. — Depuis la dernière visite, trois épistaxis. — Les taches des membres pâlissent, elles deviennent jaunâtres, de la couleur des ecchymoses. — Selles régulières, formées; très bon appétit. Le pouls se maintient bien; 65-70.

Depuis ce jour, tous les phénomènes s'amendent, les traces de ce purpura si graves disparaissent progressivement. L'enfant se lève presque toute la journée, il entre en pleine convalescence. Alimentation plus substantielle. Le vin de quinquina seul est continué ; de plus, chaque jour cinq décigrammes d'oxyde de fer hydrogéné délayé dans une cuillerée de potage.

Vers la fin de Mars, rétablissement complet.

Cette observation n'exige pas de commentaires. L'heureuse terminaison de cette fièvre typhoïde grave, si compliquée, est certes due à la médication tonique mise en usage. — L'amélioration si prompte, en présence des phénomènes adynamiques si prononcés, a été vraiment surprenante.

Un fait de ce genre est assez rare dans les annales de la science, pour qu'il ait ici trouvé sa place.

Nos investigations ultérieures dans la presse médicale nous ont fait découvrir qu'à peu près à la même époque, le Dr H. Gintrac, de Bordeaux, avait soigné un malade aussi sérieux, et qui de même a guéri. *L'Union médicale*, de Paris, 25 Février 1856, rapporte, d'après le *Journal de médecine*, de Bordeaux, cette observation curieuse, terminée ainsi :

« Les divers phénomènes morbides que je viens de
» retracer, dit M. H. Gintrac, caractérisent, d'une manière
» évidente, cet état décrit sous les noms de *Maladie*
» *tachetée hémorrhagique de Werlhof*, de *purpura*
» *hemorrhagica*, d'*hémorrhée pétéchiale*. Cette der-
» nière dénomination me paraît plus convenable; elle
» exprime mieux la nature de la maladie; elle fait pres-
» sentir que la lésion cutanée n'en constitue qu'un
» simple élément, ne doit pas avoir l'importance symp-
» tômatique que plusieurs auteurs lui ont attribuée. Chez
» notre malade, l'effusion de sang s'est produite simulta-
» nément à la surface de plusieurs membranes muqueuses
» et dans le tissu de la peau ; aussi, tandis que les taches
» ecchymotiques s'observaient au cou et sur les mem-
» bres, des hémorrhagies s'effectuaient par les muqueuses
» nasale, buccale, bronchique, gastro-intestinale, vési-
» cale ; il y avait donc sept sources desquelles émanait le
» sang. »

L'observation du Dr H. Gintrac a une grande analogie avec la nôtre; aussi adoptons-nous, sans réserve, les réflexions qui la complètent.

Les fièvres typhoïdes de 1857, époque du début de l'épidémie de fièvre intermittente, n'ont rien présenté de saillant. Appliquant à la fièvre typhoïde ce qui s'est retrouvé dans la majeure partie des maladies de cette année-là, nous formulerons ainsi notre opinion : L'intermittence exprimait, pour ainsi dire, le fond commun de leur physionomie ; le sulfate de quinine s'est montré souverain dans un très-grand nombre de cas ; au contraire, cet héroïque médicament perdait de sa puissance curative à mesure que la fièvre intermittente diminuait d'intensité.

En 1858, la fièvre typhoïde reparaît alternativement restreinte ou disséminée, bénigne ou grave, toujours influencée, du reste, par les conditions hygiéniques plus ou moins bonnes, et par la constitution médicale régnante.

Les seuls faits à relater sont des exemples de propagation dans une même famille Vannin, composée de huit personnes, venue de Gravelines au commencement de Janvier, et logée *rue du Parc*, 7. Indépendamment du changement de pays, il faut noter que l'habitation nouvelle est très-mauvaise sous le rapport hygiénique. De plus, misère grande, nourriture presque toute végétale.

C'est vers la fin de ce mois de Janvier, peu après son arrivée à Dunkerque, que le plus jeune enfant, âgé de six ans, tombe malade. Au bout de 24 jours, la convalescence est franche.

En Février, une fille de sept ans et demi, présente à son tour des symptômes typhoïdes. Le 21ᵉ jour, après une fièvre continue, ataxique, un énorme abcès se forme à la partie postérieure de la tête. Nous augurions favorablement de cette crise ; mais l'ataxie persistant avec une intensité toujours croissante, le 29ᵉ jour cette fille succomba.

Après la mort de cette enfant, en Mars, quatre frères de 11, 13, 14 et 18 ans, qui tous ont été en rapport incessant avec les deux premiers malades, qui tous les avaient soignés à tour de rôle, nuit et jour, sont successivement frappés. Le père et la mère seuls ont résisté.

Les symptômes typhoïdes n'ont été fortement accentués

primitivement que chez trois malades. Le quatrième a offert des alternatives qui, pendant quinze jours, nous ont laissé dans l'incertitude sur la nature véritable de l'affection ; enfin chez lui, comme chez ses trois frères, la fièvre a pris un caractère adynamique tranché.

Au début, alors que les accidents étaient encore inflammatoires, émissions sanguines locales, puis purgatifs salins, lavements, boissons abondantes.

Au 31 Mars, aucune complication ne compromet l'issue de la maladie du dernier atteint.

Les six enfants Vannin portent au bras *des traces de boutons de vaccine.*

En Avril, cinq enfants Vannin étaient en pleine convalescence. L'aîné seul, âgé de 18 ans, a eu une bronchopneumonie qui l'a beaucoup fatigué ; sa constitution aussi a été épuisée par une énorme escharre, avec suppuration abondante, au sacrum. L'adynamie a, chez lui, plus lentement disparu que chez ses frères.

Le traitement de tous les malades de cette famille a été consolidé par des toniques de toute nature, des préparations de quinquina principalement.

Dans cette demeure restreinte, la fièvre typhoïde s'est évidemment propagée par infection. Ce fait est incontestable, inutile de chercher à l'étayer par d'autres preuves.

Chaque année, du reste, nous observons *tous* des exemples plus ou moins analogues.

Ajoutons un dernier fait de propagation par infection. La famille Gellé (six personnes), demeurant *aux Quatre-Ecluses*, occupait au rez-de-chaussée une très-petite chambre humide, basse, à peine éclairée, mal pavée, et d'une malpropreté notoire ; elle était dans la plus profonde misère, lorsqu'une des filles, âgée de 14 ans, fut prise de fièvre typhoïde adynamique, compliquée de diarrhée, de dyssenterie. Le mal fit des progrès rapides, un œdème envahit en peu de jours les membres inférieurs, le ventre, et la jeune fille succomba.

Avant la mort de cette première malade, sa sœur, âgée de 17 ans, fut atteinte, à son tour, de symptômes adynamiques. Chez elle aussi dominaient la diarrhée, la dyssenterie. La maladie se prolongea, des escharres apparurent aux ischions, au sacrum ; les vésicatoires des jambes se recouvrirent de plaques gangréneuses. Enfin, un œdème général était venu compliquer cette série, déjà si complexe, d'accidents ; mais, grâce à une médication tonique, substantielle, l'affection s'amenda, la constitution se raffermit, et après une convalescence qui dura jusqu'à la fin de Novembre, cette sœur se rétablit définitivement.

A son tour, la mère, femme de 47 ans, fut prise d'une fièvre typhoïde à forme pectorale. Après bien des luttes, elle se remit peu à peu.

Enfin, une quatrième fille de 18 ans fut victime après ses sœurs et sa mère ; mais les symptômes typhoïdes furent à peine marqués, et elle ne tarda pas à reprendre son travail. Elle a certainement aussi subi l'influence miasmatique dont était imprégnée cette pauvre masure ; mais, d'un tempérament plus solide que celui de ses sœurs, soutenu, amélioré même par les secours journaliers qui ont afflué dans cette famille, elle était moins débilitée lorsqu'à son tour elle dut s'aliter.

Tous ces malades ont eu de l'œdème aux membres inférieurs, la mère seule a été atteinte d'une hydropisie qui a envahi non seulement le tissu cellulaire sous-cutané des extrémités, mais encore le ventre, toute la surface du corps.

L'expression adynamique et la marche insidieuse de la maladie chez la famille Gellé dénotent une étiologie locale particulière : ainsi, misère, mauvaise habitation, malsaine, humide, etc.

Les causes débilitantes propres à l'affection, comme la diarrhée, les hémorrhagies intestinales, ont certes contribué puissamment au développement des hydropisies ; mais il faut ajouter aussi la prédisposition adynamique de nos malades, et l'influence de la constitution médicale régnante, essentiellement dépressive.

Le traitement employé n'a été pour rien dans la production des phénomènes adynamiques : nous n'avons eu recours que très-modérément aux antiphlogistiques et aux purgatifs. Indépendamment des moyens employés pour combattre la diarrhée, la dyssenterie, la médication suivie a été plutôt tonique que débilitante (quinquina et ferrugineux) ; de plus, toutes ces personnes ont été nourries peu après le début de la maladie.

Quant à l'année 1859, certes encore des fièvres typhoïdes plus ou moins disséminées, plus ou moins graves ont entraîné la mort : nous ne pourrions, à ce propos, qu'entreprendre une répétition fastidieuse des diverses nuances qui ont fait l'objet de notre revue rétrospective.

AFFECTIONS ÉRUPTIVES. — Variole. — Nous nous exprimions ainsi en 1850 (1). . . . .

« Des renseignements obtenus de l'expérience de nos
» confrères permettent de dire que la variole, devenue
» rare, n'était presque plus connue que par tradition,
» grâce aux mesures préventives sévères prescrites par
» les magistrats, et que, quand elle paraissait, c'était
» plutôt au printemps et en automne, époques qui con-
» cordent, du reste, avec l'opinion de Sydenham.

» Il faut remonter à 1825 pour retrouver à Dunkerque
» des vestiges d'une épidémie de variole qui fit d'abord
» d'assez grands ravages. Malheureusement nous n'avons
» pu nous procurer aucun renseignement certain sur la

---

(1) Essai sur l'épidémie de Variole et de Varioloïde qui a régné à Dunkerque, en 1848-1849, p. 27.

» constitution médicale de cette année-là, ni même le
» chiffre approximatif des personnes atteintes.

» Les seuls indices que nous ayons trouvés, constatent
» que les enfants spécialement en étaient affectés.

» La mortalité a été de 32 garçons et de 29 filles sur
» une population de 23,012 âmes ».

Une épidémie véritable eut lieu du 1ᵉʳ Octobre 1848 au
31 Décembre 1849. — 1,300 cas à peu près de variole et
de varioloïde ont été observés à Dunkerque pendant ce laps
de temps. Cette épidémie étant antérieure à la période qui
nous occupe, nous nous bornerons à donner les conclusions suivantes extraites de notre travail, et dont la signification n'échappera à personne :

« 1° La vaccine régulièrement développée a, en
» général, préservé de la variole.

» Quelques vaccinés cependant ont été atteints de cette
» affection : les victimes, que nous avons comptées, ont
» été enlevées par de graves complications.

2° La variole, cette année, a été assez bénigne ; elle a
» occasionné 21 décès sur à peu près 100 individus
» atteints.

» 3° La varioloïde, éruption légère et sans danger, qui
» a sévi sur un si grand nombre de personnes, n'a fait
» périr que deux malades sur 1200 (chiffre approximatif).

» 4° Les individus qui avaient été vaccinés, comme
» ceux qui avaient été variolés antérieurement, ont ressenti l'influence de la contagion variolique qui a eu
» pour effet de produire le plus souvent la varioloïde.

» 5° Enfin, des individus non vaccinés, non variolés, et
» qui, jusqu'à cette époque, avaient été réfractaires à
» l'éruption qui nous occupe, ont éprouvé l'influence de
» la contagion varioloïque. »

En 1852, chiffre insignifiant de varioles parmi la population civile ; l'influence variolique, au contraire, s'est manifestée à plusieurs reprises sur le dépôt du 33e de ligne, surtout pendant le 1er trimestre de l'année. Quelques militaires ont succombé.

En 1855, variole très-rare. Nous n'en avons pas observé un seul cas dans notre nombreuse clientèle d'indigents ni ailleurs. Il n'en a pas été de même de la varioloïde et surtout de la varicelle : elles ont été multipliées de Mai à Décembre, mais d'une manière bénigne.

Peu d'adultes ont eu la varioloïde, la majeure partie des malades n'avait pas plus de quinze ans. Les trois exceptions suivantes méritent d'être notées. En Juin, Isabelle, veuve Desannois, âgée de 82 ans 1/2, a été atteinte d'une variole confluente. Vaccinée à 22 ans par son mari, médecin à Warhem. Aucun contact direct ou indirect. Marche régulière sans laisser de traces, mais de nombreux abcès critiques viennent troubler la convalescence.

Une fille de cette femme, dans sa 44e année, vaccinée sans succès deux fois à l'âge de dix ans, a été prise, en Juin, d'une varioloïde extrêmement confluente qui lui a laissé des traces sur le front.

Les autres membres de la famille n'ont pas été atteints; il en a été de même des nombreux habitants de la maison.

En Décembre 1855, une femme de 56 ans, vaccinée à dix ans, après un contact fréquent avec un enfant affecté de varicelle, voit se développer une varioloïde légère qui s'est terminée favorablement sans cicatrices.

Parmi les militaires, les varioles, en 1855, l'ont emporté sur les varioloïdes. Voici ce que nous trouvons dans les notes de cette époque qu'a bien voulu nous communiquer M. le médecin en chef de l'hôpital militaire :

Varioles bénignes et discrètes. . . 26.
Id. confluentes . . . . 2.
Varioloïdes, varicelles . . . . . . 19.
—
47.

Décès. Variole confluente (non vacciné), hémorragie nasale, incoërcible consécutive ; anémie, mort, 1.

Cas grave, variole confluente (vacciné), fièvre typhoïde consécutive. Guérison, 1.

Parmi les 47 malades, 7 non vaccinés et 40 vaccinés.

Quelques mots sur la marche de cet exauthème : vers la fin de Mars 1855, plusieurs cas de variole se déclarèrent dans les salles de fiévreux et de blessés de l'hôpital militaire de Dunkerque. Presque tous, même les plus légèrement atteints, furent compliqués d'affections graves de poitrine, telles que bronchite tuberculeuse, broncho-pneumonie, pleuro-pneumonie, engorgement pulmonaire, etc., etc. Un autre symptôme accompagnait aussi cette éruption, c'était l'épistaxis, ordinairement d'une opiniâtreté désespérante, et qui entraînait à sa suite de sérieuses lésions, conséquence de la liquéfaction du sang ; ainsi l'anémie, l'adynamie.

Les convalescences étaient interminables.

Cette variole, qui a débuté vers la fin de Mars, s'est accrue pendant tout le mois d'Avril ; elle était à son apogée au commencement de Mai ; sur son déclin dans le courant de Mai et de Juin ; vers la fin de ce mois, il n'en existait plus de traces.

Mais cette affection, quoique ayant disparu, n'avait pas encore dit son dernier mot, et pendant plusieurs mois l'hôpital se repeupla de ses premières victimes qui, déjà sorties, se voyaient forcées d'y rentrer, souffrantes d'affections organiques, profondes. Un grand nombre de ces militaires ont été envoyés en convalescence, plusieurs ont succombé à l'hôpital.

Depuis la fin de Janvier 1856 jusqu'en Mars, quelques varioles discrètes et des varioloïdes apparurent au hameau de St-Pol, à un kilomètre de la ville. Une quinzaine d'enfants et d'adultes furent légèrement atteints sur une population de 200 âmes environ. Au commencement de Février, des varioles légères et des varioloïdes ont été constatées à Dunkerque, et la maladie s'y est aussitôt propagée sous diverses nuances jusqu'en Septembre. Elle a frappé plusieurs adultes et surtout sévi sur la classe malheureuse où l'hygiène est inconnue, et le contact des variolés avec les autres personnes, l'habitude.

Elle n'a fait aucune victime.

Nous avons réuni 25 observations provenant tant de notre pratique que de celle de nos confrères, et nous y voyons que la variole a choisi pour victimes des sujets non vaccinés de 18 mois, 27 mois, 4 ans, 14, 22, 26, 28, 30 et 40 ans. Un individu de 69 ans, déjà variolé, ayant eu des contacts fréquents avec ses trois filles, sucessivement frappées par une varioloïde légère, a présenté les symptômes de cette affection. Chez des sujets non vaccinés, de 18 mois et de 26 ans, la variole a été tellement confluente, que, chez l'un, de nombreux furoncles se sont développés à sa suite, et chez l'autre, des abcès consécutifs étendus ont envahi les jambes et les fesses.

Une femme, ayant une variole confluente, avait néanmoins continué d'allaiter un enfant de 4 mois, assez chétif ; au 15° jour il fut vacciné : la vaccine a suivi son cours normalement, bien que les boutons aient été petits et dépourvus de toute auréole rougeâtre.

Ce jeune sujet a été la source *à peu près unique* qui a fourni, en 1856, le fluide dont plusieurs médecins de Dunkerque se sont servis ; toujours les produits de son inoculation ont été réguliers, sans anomalies ni accidents.

Dans maintes familles la variole ou la varioloïde a été assez heureusement enrayée par les revaccinations.

Plusieurs varioles se sont montrées chez des adultes vaccinés, même chez un homme de 40 ans, revacciné en 1855.

Depuis la disparition de cette éruption en 1856 jusqu'à la fin de 1859, les cas nouveaux ont été si rares qu'ils rentrent, en tous points, dans le cadre des maladies ordinaires, subordonnées à l'influence des saisons ; ainsi, nous n'avons eu que quelques cas légers en hiver, au commencement du printemps et parfois pendant l'automne, époques désignées plus haut comme favorisant les fièvres éruptives.

La majeure partie des faits, l'évidence l'a prouvé, parlent hautement en faveur du pouvoir préservatif de la vaccination, et de son influence incontestable sur l'issue de la maladie.

Les résultats obtenus dans certaines circonstances prouvent aussi qu'il faut toujours y avoir recours lorsque l'invasion de la variole est imminente. Il est regrettable que cette mesure préventive, imposée à l'armée de terre et de mer, en 1858, n'ait pas été accueillie par la population.

Quand le danger n'existe pas, on remet au lendemain ; mais à peine le soupçonne-t-on, on a peur, et souvent il est trop tard ! Le mal sévit quelquefois alors avec une intensité qui rappelle les ravages des plus affreuses épidémies.

ERYSIPÈLES. — Cette affection n'a jamais régné épidémiquement en ville dans le cours de ces dix années ; elle n'a jamais été non plus assez répandue pour appeler sur elle une attention spéciale. Néanmoins son apparition, dans des circonstances insolites, en 1854-1855, à l'hôpital militaire, a engendré certaines complications qui ont enlevé des malades ou entraîné des convalescences longues, pénibles.

Et d'abord, en général, dans toutes les saisons, elle s'est montrée, de préférence cependant au printemps et surtout en automne, après une longue sécheresse et de fortes chaleurs.

Bien que tous les âges y soient sujets, l'adulte y a été plus prédisposé.

Nous n'avons pas remarqué l'érysipèle plus fréquent chez l'homme que chez la femme.

Quant à ses causes, elles sont d'ordinaire si multiples, qu'il n'est réellement pas possible de s'arrêter à l'une plutôt qu'à l'autre.

C'est assez souvent à la tête que l'érysipèle se localise ; sur toute autre région du corps, il est rare.

Pendant la guerre de Crimée, nous fûmes désigné pour remplir les fonctions de médecin traitant à l'hôpital militaire de Dunkerque, et ce temps de service fut pour nous un vaste sujet d'étude. Non-seulement nous eûmes à traiter des cas graves de médecine et de chirurgie dont quelques-uns se terminaient par une guérison inespérée, mais lorsque la mort mettait fin à une suite d'atroces souffrances, l'autopsie, dont le médecin est privé dans la pratique civile, venait nous éclairer, prouver souvent notre impuissance, et nous arrivions alors à la cause de l'incurabilité du mal.

Parmi ces affections diverses, il en est une, l'érysipèle qui, de la fin de 1854 jusque vers le milieu de 1855, a entravé la marche de la majeure partie des maladies, souvent simples primitivement, pour lesquelles des militaires ou des marins de l'Etat entraient à l'hôpital.

Impossible d'accumuler ici les cas nombreux qui se sont développés pendant le laps de temps indiqué ci-dessus; plusieurs exemples, pris au hasard, suffiront pour faire soupçonner combien cet exauthème eut parfois des conséquences fâcheuses.

1º *Le 27 Novembre 1854*, un militaire entre à l'hôpital pour une otite aiguë droite ; des érysipèles régnaient dans la même salle ; lui aussi est pris à la joue droite, toute la face est envahie, et cependant aucune application de sangsues n'avait été faite dans cette région, aucun irritant n'avait rougi la peau. Le délire survint, en même temps extension de l'exauthème au cuir chevelu : la vie du malade est en danger.

Le 8 Décembre seulement, amélioration sensible ; la convalescence se dessinait franchement, lorsque survint une bronchite profonde, avec inspiration tubaire, expectoration muco-purulente, abondante, râles secs, sibilants, craquements, pénétration difficile de l'air dans les ramifications bronchiques, etc., etc. — Le 25 Janvier 1855 seulement, le malade sort guéri.

2° *13 Janvier 1855.* — Phlegmon sous l'aisselle. — Engorgement des glandes du cou, érysipèle de la face six semaines après l'entrée à l'hôpital. Heureusement, cet accident consécutif a été modéré, et l'homme a pu reprendre son service le 15 Mars.

3° *27 Février.* — Embarras gastrique, angine légère. Erysipèle de la face le 3 Mars, marche normale ; le 19 du même mois, la bouffissure de la face a disparu. Sort le 27 Mars.

4° *21 Mars.* — Syphilis constitutionnelle, chancre au scrotum, à la verge, tubercules à la marge de l'anus, ganglionite sous-maxillaire, tubercules sur les lèvres, ulcérations au fond de la gorge. — 3° invasion. — Constitution usée, profondément altérée.

Depuis l'entrée à l'hôpital jusqu'au 14 Avril, traitement antisyphilitique général et local ; amélioration sensible, lorsqu'un érysipèle de la face envahit bientôt toute la tête sans cependant engendrer d'accidents cérébraux.

Le 22, disparition de cet érysipèle. Le traitement général est repris, les divers symptômes de syphilis s'amendent progressivement ; bref, cet homme rejoint son poste de douane à la fin de Mai.

5° *3 Avril.* — Conjonctivite double aiguë. — Dix-neuf jours après l'invasion du mal, et quatre après l'entrée à l'hôpital, érysipèle de la face, méningite aiguë. Mort le 13 Avril.

Au début, céphalalgie intense qui résista aux antiphlogistiques. Elle ne nous préoccupa pas trop d'abord, elle était la conséquence de l'acuité de l'ophthalmie. Quand l'érysipèle eut envahi successivement toute la tête, les accidents cérébraux s'exaltèrent, trouble progressif de l'intelligence, puis délire complet. Un traitement énergique parut calmer cette surexcitation cérébrale, et amender l'état général, mais momentanément : car le délire revint compliqué de convulsions des muscles de la face et du bras droit. Ce dernier symptôme fit présumer que l'inflammation siégeait à gauche. Avant cela, on ne pouvait la soupçonner, car jamais le malade n'avait indiqué de siége à la céphalalgie accusée jusqu'au moment où il a perdu connaissance.

Malgré des applications fréquentes de sangsues, plusieurs saignées, des révulsifs cutanés et intestinaux, des onctions mercurielles très souvent renouvelées, l'intensité des accidents s'accrut jusqu'à la mort du malade.

Autopsie le 14 Avril. — CRANE. — L'hémisphère cérébral gauche offre une teinte rouge très-prononcée. Toute la pie-mère qui l'enveloppe est fortement injectée. La substance grise de la partie superficielle des circonvolutions de l'hémisphère gauche est aussi injectée que la méninge qui la recouvre. Un peu de sérosité dans les ventricules latéraux. Les autres parties du cerveau n'offrent rien à noter.

Le cuir chevelu et la face sont incisés en plusieurs endroits. Le derme est injecté, violacé. Le tissu cellulaire sous-cutané est œdémateux, il s'y trouve du pus infiltré ; enfin, dans certains points, il est mortifié par plaques.

Les autres organes sont à l'état normal.

6° *13 Avril.* — Phlegmon à la joue gauche. — Deux

jours après l'entrée à l'hôpital, érysipèle de toute la face, céphalalgie intense, embarras gastrique.

Le 15, malgré un traitement énergique, l'érysipèle est à son apogée. La fluctuation devient saillante à la joue gauche. La céphalalgie persiste.

Le 16, symptômes de méningite. Délire, vociférations, yeux hagards ; pouls fréquent quoique petit, 130.

Le 16, la méningite n'a pu être enrayée, mort à 2 heures du soir.

Autopsie le 18. — CRANE. — A l'extrémité antérieure de la face supérieure de l'hémisphère gauche du cerveau, les méninges sont plus épaisses, dans l'étendue de quatre doigts à peu près, que partout ailleurs. Dans cette région elles sont fortement injectées. Les parties voisines ne présentent aucuns vestiges d'injection. — La substance cérébrale est à l'état normal. Un peu de liquide séreux dans les ventricules latéraux. Le phlegmon de la joue a été incisé crucialement. La collection purulente n'était pas encore complète ; mais tout le tissu cellulaire sous-jacent était déjà infiltré d'un pus assez bien formé.

Les autres organes n'ont rien présenté de particulier.

La marche de cette maladie a été remarquable par sa rapidité.

Sans cause appréciable, un phlegmon se forme à la joue gauche ; il devient érysipélateux et s'accompagne des symptômes habituels. L'érysipèle progresse, et, le 3e jour de son apparition, un violent délire se déclare. Les accidents cérébraux n'ont pas tardé à enlever le malade.

L'autopsie a démontré des traces de méningite partielle, bien constatée. Cette inflammation des méninges à une époque aussi rapprochée de son invasion est assez rare pour la signaler. Nous noterons aussi leur lésion peu étendue en présence du trouble si marqué des facultés intellectuelles.

7° 21 *Mai*. — Conjonctivite double chronique datant de quatre mois. Deux jours après l'entrée à l'hôpital, érysipèle qui a gagné progressivement la face et toute la tête, et qui cependant peu à peu s'est dissipé sans engendrer de symptômes cérébraux. Sorti guéri le 30 Juin.

8° 23 *Mai*. — Otite aiguë gauche dont l'invasion remonte à huit jours. — Le 25, érysipèle modéré de toute la face et du côté gauche du cou. — Guérison le 14 Juin.

9° 2 *Septembre*. — Plaie contuse à l'angle externe de l'arcade sourcillière droite. Le 6, survint un érysipèle de la face avec congestion cérébrale. — Le traitement amende les symptômes généraux, mais un phlegmon se forme à la paupière gauche. — Guérison le 7 Octobre.

A ces exemples nous pourrions ajouter ceux d'un panaris compliqué d'érysipèle phlegmoneux de tout l'avant-bras et qui ne guérit qu'après de nombreuses incisions intéressant toute l'épaisseur de la peau, atteignant même le tissu cellulaire sous-cutané ; d'une orchite double combattue par les sangsues en grand nombre, qui se compliqua d'érysipèle phlegmoneux du scrotum. La gangrène envahit tous ces tissus, se propagea à l'abdomen, aux lombes, à la cuisse gauche, et entraîna la mort au milieu des plus atroces souffrances ; les piqûres de sangsues s'entourant d'érythème d'abord, puis d'érysipèle ; les plaies enfin de toute nature se transformant aussi en érysipèle et exigeant des soins appropriés.

Le traitement le plus généralement employé pour combattre cet exanthème était des onctions mercurielles renouvelées toutes les deux heures, des révulsifs intestinaux fréquemment répétés, des saignées ou sangsues quand apparaissaient des symptômes cérébraux.

Quelle cause assigner à cet érysipèle *épidémique jusqu'à un certain point?* Si l'on devait invoquer l'état particulier de l'atmosphère pendant tout le temps qu'il a régné, ces conditions météorologiques devraient le faire reparaître chaque fois qu'elles se produisent, et l'observation a prouvé que, depuis dix ans, il n'en est pas ainsi d'ordinaire. Nous admettons plus volontiers l'influence de la constitution médicale régnante qui s'est manifestée depuis plusieurs mois par des maladies de même nature.

Ainsi, n'a-t-on pas observé en ville, pendant le second semestre de 1854 et le premier de 1855, des urticaires, beaucoup de rougeoles, des varioles ou varioloïdes plus multipliées que d'habitude? Et ces éruptions coïncidaient avec l'entrée à l'hôpital de jeunes soldats arrivés récemment au régiment, non vaccinés, faibles de complexion, ne pouvant résister facilement aux premières fatigues du service militaire.

Evidemment ces manifestations procèdent étiologiquement d'un point de départ essentiellement un; on y reconnaît l'affinité particulière qui existe fréquemment entre les exanthèmes de nature identique.

D'après le Dr Lecadre, médecin des épidémies de l'arrondissement du Hâvre, qui a traité cette question d'affinité en 1856, (1) la confirmation de cette cause se trouve consignée dans les ouvrages des épidémiographes célèbres.

« Durant les fièvres d'été observées par Stoll, en 1777,
» dit-il, ce judicieux observateur remarqua des varioles,
» des scarlatines, des rougeoles. Il donne même l'histoire
» de malades chez lesquels, en même temps, il y eut
» rougeole, urticaire, et éruption scarlatineuse. Plus de
» cent ans auparavant, Sydenham écrivait : Comme les
» rougeoles épidémiques de 1670 amenèrent des petites
» véroles noires, de même les rougeoles de 1674, qui
» n'étaient pas moins épidémiques, en amenèrent aussi
» de semblables. »

« Dans la belle description de l'épidémie de Louviers,
» arrivée en 1770, que nous a laissée Lepecq de la Clôture,

---

(1) Union Médicale. — T. X. — N° 58, p. 233. — 1856.

» plusieurs formes différentes d'éruption furent constatées,
» soit sur le même malade, soit sur divers individus.
» Dans les relations des épidémies, soit de rougeole, soit
» de scarlatine, soigneusement recueillies et consignées,
» chaque année, dans un rapport général présenté par
» l'Académie Impériale de Médecine, aux affections mor-
» billaires, on voit souvent se joindre des scarlatines, et
» *vice-versâ.* »

En 1854, au Hâvre (Dr Lecadre), l'influence épidémique se traduisit par des rougeoles (éruptions les plus nombreuses), par des scarlatines, des érysipèles et des zonas. Les érysipèles avaient, là aussi, généralement la face pour siége.

Nous le disions tout à l'heure, divers exanthèmes ont été généralisés depuis plusieurs mois dans l'hôpital militaire, et très peu de maladies analogues existaient dans la pratique civile.

Pourquoi cette différence d'action de la constitution médicale régnante, alors que l'influence atmosphérique est la même? Bornons-nous à constater que la règle générale est contredite, en cette circonstance, par des faits exceptionnels.

La seule hypothèse présentable, c'est que la constitution exanthématique, tendant à se généraliser depuis quelque temps, aura trouvé dans l'hôpital des sujets adultes, des constitutions à prédominance gastro-hépatique, plus prédisposées aux érysipèles, en vertu de cette loi sanctionnée par l'observation : *il y a vraiment préférence de telle ou telle affection éruptive pour tel tempérament, pour tel âge.*

L'affinité entre les différents exanthèmes nous a d'autant plus frappé que tous les malades étaient réunis dans un même milieu, que la filiation était facile à suivre, ce qui ne peut exister quand, au contraire, les malades sont disséminés dans une grande ville où certes les mêmes rapprochements seraient constatés.

Quel a été le mode de propagation de l'érysipèle à l'hôpital militaire ? Par contagion ? Non. — Il eût fallu, pour cela, une intensité, dans le principe morbifique, qui ne s'est pas révélée à nous. L'infection suffit, ce nous semble, à l'interprétation, et paraît plus probable.

ANGINES. — Les angines gutturales, tonsillaires, pharyngées, laryngées, œdémateuses, etc., etc., s'observent d'ordinaire au printemps et à l'automne, plus souvent que dans les deux autres saisons ; et comme elles n'ont rien présenté jusqu'ici de particulier, de remarquable sous le rapport du nombre de malades qui ont pu en être atteints, nous n'en dirons rien. Il ne sera question, dans ce paragraphe, que de l'angine pseudo-membraneuse, diphthérique. Certes, à toutes les époques, elle a régné de temps à autre, elle a été plus ou moins fréquente selon les saisons plus ou moins humides, selon les conditions hygiéniques plus ou moins mauvaises dans lesquelles se sont trouvés les individus atteints ; mais jamais il n'a été constaté un tel nombre d'angines compliquées d'accidents diphthériques aussi multipliés, aussi graves qu'en 1857, et surtout pendant le dernier semestre de cette année-là. Vers l'automne principalement, la recrudescence des angines a été fatale, la maladie s'est calmée ensuite en hiver ; puis, en Février-Mars 1858, elle est redevenue plus meurtrière que de coutume dans ce pays, et cependant on ne peut pas dire qu'elle ait affecté une forme épidémique.

Si elle n'a pas été épidémique à Dunkerque, il n'en a pas été de même dans les diverses parties de la France où elle a sévi depuis près de quatre ans d'une manière générale, et où elle a réellement fait de très nombreuses victimes.

Dans bien des circonstances, chez les très jeunes enfants, qui ne permettaient qu'un examen très-difficile, superficiel, l'angine couenneuse a été souvent considérée comme *croup*, à cause de l'analogie de certains symptômes ; chez les enfants plus âgés et chez les grandes personnes surtout, le diagnostic en étant plus facile, nous donnions aux accidents leur véritable dénomination.

Quelles ont été les conditions météorologiques de cette période de 1857 à 1858 qui a coïncidé avec ces nombreuses diphthéries ? Nous allons sommairement les examiner.

Juillet 1857. — Constante élévation barométrique, peu d'oscillations ; haute température pendant tout le mois, elle n'est descendue qu'une seule fois, la nuit, à + 10,4 degrés, tandis qu'elle a atteint + 30,8 centig.; rarement l'hygromètre a indiqué le maximum, encore n'était-ce que de très peu de durée ; la quantité d'eaux tombées insignifiante, en harmonie avec la sécheresse, malgré la prédominance des vents d'Ouest, de Sud-Ouest et de Nord-Ouest. La sécheresse et les vents de Nord ont déterminé, entretenu les bronchites, et aussi des angines de diverses formes.

Août. — Même pression barométrique qu'en Juillet, sans plus de variations ; la moyenne de la température a été un peu plus élevée, de même aussi des extrêmes, les variations ont peut-être été plus prononcées ; humidité beaucoup plus marquée, ainsi que pour la quantité d'eaux tombées (009^m,34 Juillet ; 034^m,37 Août); fréquence des vents de Nord, de Nord-Est et de Nord-Ouest.

Cette humidité, la quantité de pluie plus forte que précédemment, l'inconstance des influences atmosphériques devaient favoriser le développement des angines, ce qui est, en effet, arrivé. Dans des vicissitudes analogues de température, au printemps principalement, Hippocrate a constamment remarqué la fréquence des angines relativement aux autres maladies.

Septembre. — Premier mois d'automne, autant de moments de pluie qu'en Août, un peu moins d'humidité constante peut-être, mais plus d'eaux tombées ; c'est le mois qui en a fourni le plus de toute l'année, 088ᵐ,27; plus forte élévation barométrique, variations nombreuses, différence entre le maximum et le minimum de 30,5, double de celle des mois précédents. Quant à la température, elle a baissé, la moyenne n'a été que de 14 centig.; les brouillards deviennent sensibles; ozone un peu moins marqué qu'en Août. Les vents de Sud, de Sud-Ouest, de Sud-Est ont soufflé plus de la moitié du mois.

Le caractère dominant de Septembre a donc été tranché quant à l'abaissement de température, la quantité de pluie tombée, et l'apparition de nombreux brouillards, toutes circonstances qui ont influencé la constitution médicale, déterminé beaucoup plus de bronchites, et augmenté d'une manière notable le nombre des angines couenneuses, des catarrhes suffocants. Bien plus que précédemment, elles ont tenu une grande place parmi les affections de ce mois, et elles ont justifié certains aphorismes de la médecine antique. Toutefois, nous n'avons pas eu d'exanthèmes en Septembre, chose assez bizarre! car dans des conditions médicales de ce genre, on constate souvent des malades atteints de diverses fièvres éruptives.

Octobre. — Température identique à celle du mois précédent, quoique la moyenne ait baissé d'un degré et demi. Nombreuses variations barométriques; humidité extrême; brouillards presque journaliers. Même nombre de jours de pluie que les deux mois précédents, mais quantité d'eaux tombées insignifiante, 009ᵐ.—Vents de Sud, de Sud-Est, d'Ouest, et de Sud-Ouest prédominants, quoique peu marqués. Diminution de l'ozone. L'abaissement de la température n'a pas été très-sensible, et cependant nous avons eu un mois froid à cause de l'humidité, des brouillards fréquents, épais, et par conséquent amygdalites, angines de toute nature, surtout angines couenneuses assez répandues. — Moins d'affections bronchiques. Faut-il attribuer ce résultat au peu d'ozone développé en Octobre?

nous sommes disposé à le croire, puisque l'inverse est ordinairement observé.

Novembre. — Température plus basse que d'habitude dans ce pays ; moyenne de + 7,5 seulement, inférieure à celle d'Octobre de 5 degrés ; différence trop sensible pour que l'économie ne s'en ressente pas un peu. Le minimum a été de + 0,9 centig., c'est-à-dire bien près de zéro. Le baromètre s'est élevé plus haut que le mois précédent, et les variations aussi grandes qu'en Octobre. Humidité de l'air très prononcée pendant la moitié du mois, l'aiguille de l'hygromètre s'est assez souvent tenue au maximum de saturation ; le nombre de jours de pluie et la hauteur des eaux tombées ont été minimes ; quant aux brouillards, toujours très-nombreux. Les vents d'Est, de Sud-Est, de Nord-Est, ont prédominé. Plus d'ozone qu'en Octobre. En somme, mauvaises conditions atmosphériques pour la santé, aussi gravité dans les maladies de poitrine. Encore bon nombre d'angines couenneuses.

Décembre. — Rien de bien saillant dans la constitution atmosphérique, mois d'un hiver normal. Moyenne, +5 degrés ; + 12,8 centig. comme maximum ; le thermomètre s'est abaissé une fois à —4, écart de 16,8 centig. par conséquent. Pression atmosphérique élevée, variations marquées, quoiqu'il n'y ait eu qu'une différence de 20^m. entre les extrêmes. Vents de Sud, de Sud-Ouest et d'Ouest. Brouillards aussi fréquents, mais plus épais, matin et soir, que ceux des mois derniers. Humidité plus prononcée ; enfin très-peu d'ozone.

Cet ensemble de phénomènes ne justifie nullement ce que tous les médecins constatent chaque jour ; ainsi une débilitation générale, surtout des grippes, se propageant comme la foudre, des familles entières toussent, on tousse partout. Evidemment la tendance épidémique est caractérisée. Les angines s'effacent un peu devant cette nouvelle entité morbide.

Janvier 1858. — Généralement beau, mais brumes épaisses matin et soir. Pression atmosphérique très élevée, oscillations journalières sans être brusques. Basse température qui a coïncidé avec les brouillards. Vents d'Est au commencement du mois, puis la température s'est adoucie sous l'influence des vents de Sud, de Sud-Ouest. Moins d'humidité que les mois précédents ; il est tombé aussi plus de pluie. Peu d'ozone.

Au premier rang des maladies de Janvier, nous trouvons la grippe, déjà mentionnée en Décembre, et réellement épidémique. Peu d'angines.

Février. — Continuation de la constitution atmosphérique des mois précédents. Sécheresse plus prononcée qu'en Janvier, par suite des vents d'Est, de Nord-Est et de Sud-Est. Dépression très-sensible du baromètre. Véritable température de l'hiver, froid continu ; moins de brouillards. Quantité de pluie très-minime, $002^m,7$ seulement au lieu de $025^m,5$ le mois précédent. L'ozone a bleui le matin très fréquemment le papier ; vers la fin du mois, plusieurs fois, le soir, la teinte se rapprochait de la moitié de l'échelle.

Diminution de l'épidémie de grippe. Un certain nombre d'angines couenneuses graves ont été observées en Février, toutefois moins meurtrières que de Septembre à Décembre dernier. Plusieurs adultes en ont été atteints.

Arrêtons ici notre coup d'œil rétrospectif sur la constitution météorologique. Nos notes indiquent encore des angines en Mars, en Avril, mais elles semblent rentrer dans la phase normale. Du reste, divers exanthèmes font leur apparition, la rougeole surtout.

Depuis cette époque jusqu'à la fin de notre période d'observation, nous voyons de temps à autre des angines couenneuses, mais le chiffre n'est pas comparable à ce qui s'est passé pendant plusieurs mois.

Qu'appert-il de cet examen des phénomènes atmosphériques, et de leur influence sur le développement de cette affection inconnue, *quant à sa gravité ?* Que les angines ont apparu, sont nées au milieu de grandes variations atmosphériques ; que pendant leur règne qui a duré consécutivement sept à huit mois, nous avons eu une température froide, très humide, et surtout des brouillards extrêmement épais, journaliers, des vents d'Ouest, de Sud-Ouest principalement, un ensemble de phénomènes éminemment dépressifs, affaiblissants. Remontant à la source de ces affections, si nous admettons qu'indépendamment des conditions atmosphériques qui ont pu les déterminer, elles sont dues à un principe particulier, à un miasme, nous voyons que, depuis plusieurs années, leur développement a suivi une marche bien tranchée du Sud, de l'Ouest vers le Nord, vers les côtes du Nord-Ouest de la France avant d'éclater à Dunkerque.

D'après le rapport général présenté par le Dr Barth à l'Académie de Médecine sur les maladies qui ont régné en France en 1855, l'angine couenneuse a sévi dans un grand nombre de communes du département du Pas-de-Calais. A Boulogne, elle a enlevé, en 1855, 143 enfants et 10 adultes ; elle a été grave aussi dans quelques communes rurales. Dans l'arrondissement d'Arras, à Havrincourt, d'après le rapport de M. Dehée, elle a duré grave, de Mai 1855 à Mars 1856. Dans l'arrondissement de St-Pol, même observation faite par le Dr Danvin. Partout, pendant la période la plus intense de l'épidémie, on a noté des jours d'un froid excessif suivi d'une température froide et humide. Les vents ont, en général, soufflé de l'Ouest et de Nord-Ouest. Avant cette époque, *pas d'épidémie d'angine connue,* dit le Dr Danvin.

En ce qui concerne le département du Nord, à Leu-St-Amand, par exemple, l'angine couenneuse, sans causes appréciables, a atteint, au mois d'Août, un adulte et sept enfants. Les sept enfants ont succombé.

Le rapport de 1856 du professeur Trousseau donne un résumé des angines couenneuses dans le Nord de la France. Le Pas-de-Calais se signale par la persistance de cette maladie qui a pris une violence inconnue jusque-là. Le Dr Perrochaud, médecin des épidémies, a résumé, dans un très intéressant mémoire, les résultats, non-seulement de sa propre pratique, mais de celle de ses confrères. La longue durée, la gravité des conséquences de cette épidémie ont vivement préoccupé l'opinion publique. De Janvier 1855 à Mars 1857, 366 décès ont été causés par l'angine, dont 341 chez des sujets âgés de moins de dix ans ; la mortalité moyenne étant d'environ 1000 par année à Boulogne.

Boulogne n'a pas été la seule ville de ce département où l'angine pseudo-membraneuse ait exercé ses ravages. Chose remarquable ! le plus souvent l'épidémie d'angine coïncidait avec une recrudescence de fièvres éruptives, ou succédait tantôt à des rougeoles, tantôt à des scarlatines. Tel a été le cas des arrondissements de St-Omer et d'Arras ; à St-Omer on compta, sur 188 décès d'enfants, 36 rougeoles, 44 angines croupales.

Dans l'arrondissement d'Arras, l'angine succéda à une épidémie de scarlatine.

Dans toutes ces localités, nous trouvons signalés une température froide, humide, nombreuses variations atmosphériques, vents d'Ouest, de Nord-Ouest, de Sud-Ouest.

Chargé de nouveau du rapport pour les épidémies de 1857, le prof. Trousseau signale que la diphthérite qui a sévi à Boulogne, l'année précédente, s'est étendue, gagnant d'autres communes du Pas-de-Calais, en se propageant même jusque vers le département de la Seine-Inférieure. Ce qu'il y a de certain, ajoute-t-il, c'est qu'elle a franchi le détroit, et que l'Angleterre commence à se préoccuper d'une affection dont elle ne connaissait presque l'existence que par les récits des médecins du continent.

Si nous avons relaté cette phase de la constitution médicale chez nos voisins, c'est afin de découvrir sa filiation avec nos angines de 1857-1858 qui, sans avoir été épidémiques, avons-nous déjà dit, ont cependant été très multipliées et plus violentes que jamais à Dunkerque. En 1857, pendant son règne, aucune affection exanthématique; au printemps de 1858, au contraire, elles ont précédé une épidémie de rougeole ; nous avons eu aussi un certain nombre de scarlatines. Mais l'analogie la plus saisissante a été la persistance des mêmes conditions atmosphériques, et surtout sa naissance, sa propagation sous l'influence des vents d'Ouest, de Sud-Ouest, signalée par tous nos confrères dans leur rapport officiel.

Nous allions omettre qu'à la même époque, Gravelines, situé à l'Ouest entre Calais et Dunkerque, a vu apparaître aussi des angines couenneuses. M. Noël, médecin de ce pays, a bien voulu nous donner une note, des plus intéressantes, sur ce sujet.

Nous dépasserions les limites de ce paragraphe, déjà bien long, sur l'angine couenneuse, si nous récapitulions les circonstances multiples et parfois si opposées des angines de toute nature qui ont sévi épidémiquement à d'autres époques, dans les temps les plus reculés; bornons-nous à dire que l'analogie avec ce qui se passe de nos jours, est on ne peut plus frappante, malgré les dénominations diverses employées autrefois, *angine maligne*, *angine aphtheuse*, *aphthes noires*, etc.

Tully (1) mentionne çà et là l'existence de nombreux *maux de gorge*, au printemps, en automne surtout, dans des conditions atmosphériques identiques à celles indiquées actuellement ; mais il ne donne nulle part de renseignements sur la nature de ces affections ; impossible donc de décider si elles ont été semblables aux maux de gorge

---

(1) **Maladies de Dunkerque de 1754 à 1758.**

observés, en 1857-1858, chez nous et en France, depuis quelques années.

MARCHE. — Début identique à peu près à celui de toutes les angines, pourtant moins de fièvre le plus souvent et déglutition moins gênée. Cette première période est assez courte d'ordinaire, puis apparaissent bientôt, sur toutes les surfaces de la gorge, des *exsudats* grisâtres, ou d'un blanc-jaunâtre, irréguliers, de consistance membraniforme, avec engorgement concomitant des ganglions sous-maxillaires. La surface, que ces plaques recouvrent, est d'un rouge pointillé, et est plus foncée à sa périphérie qu'au centre. Les points les plus irrités laissent suinter du sang. Quand les plaques se détachent, elles ne tardent pas à être remplacées par un autre enduit concrété qui adhère de plus en plus, ayant souvent une épaisseur de plusieurs millimètres et prenant successivement diverses teintes. La transsudation sanguine augmente peu à peu. Enfin les surfaces organiques s'altèrent, ecchymoses en certains points, odeur infecte exhalée par les concrétions corrompues; elles se détachent, tombent en lambeaux comme des parties gangréneuses, et cependant il n'y a pas de sphacèle.

La diphthérite se montre aux parties-buccales, aux amygdales, au voile du palais, au pharynx et aux voies laryngiennes. Un caractère saillant est de tendre à envahir les voies aériennes ; alors quintes de toux, respiration sifflante, douleur, aphonie, etc., etc.; enfin surviennent les accidents d'anxiété, de suffocation qui indiquent le croup avec les autres symptômes caractéristiques.

Rarement nous avons vu des plaques dans les fosses nasales. Si le mal s'aggrave, que le malade ait sur le corps des parties excoriées, dénudées par un vésicatoire, par exemple, elles se recouvrent progressivement de concrétions diphthériques.

L'angine couenneuse doit-elle être funeste? Sa marche

est rapide; au troisième ou quatrième jour, le malade succombe. Dans les cas ordinaires, elle se prolonge, et la convalescence n'a lieu que vers le 8e jour à peu près.

Du reste, la durée d'une angine est variable selon une infinité de conditions diverses. Elle est surtout grave dans les temps d'épidémie.

La mort est d'ordinaire produite lorsque les membranes se propagent dans le larynx.

Des malades ont succombé à des pneumonies intercurrentes ; dans d'autres circonstances, des oreillons survenaient avec engorgement de tous les ganglions sous-maxillaires ; ces tumeurs s'enflammaient, et la mort avait lieu promptement.

Nous n'oublierons jamais ce fait intéressant d'un petit malade, Emile B., âgé de deux ans.

D'une très bonne constitution, légèrement enrhumé depuis deux jours, lorsqu'apparaissent, le 22 Août 1857, sur les amygdales, quelques aphthes. Cautérisation avec le nitrate d'argent. Malgré cela, les plaques envahissent en quarante-huit heures tout le fond de la gorge : les amygdales, la luette, les voiles du palais, les piliers, sont recouverts de concrétions grisâtres, et en même temps ganglionite sous-maxillaire. Nouvelles et profondes cautérisations, de plus vomitif.

R. — Sulfate de cuivre... 0,20 centig.
Eau sucrée....... 100 grammes
· Mêlez

une cuillerée toutes les heures, qui détermine l'expulsion de nombreuses membranes, certaines portions évidemment tubaires. Etat général, assez bon.

26 *Août.* — Fièvre, pouls à 120, — oppression, engorgement ganglionnaire. Toux rauque, voix enrouée. Les amygdales seulement sont tapissées de fausses membranes. Cautérisations réitérées. — Tisane. — Bouillon de poulet.

27. — Nuit meilleure, sommeil. Deux vomissements et deux garde-robes. Respiration libre. Les membranes qui tapissent les amygdales se détachent. Il en reste encore çà et là, elles ont une tendance à reparaître ailleurs. Nous conseillons la potion suivante :

    R. — Chlorate de potasse. 4 grammes.
        Julep gommeux.... 125 id.
        f. s. a.

Une cuillerée toutes les heures. Nouvelles cautérisations de toutes les parties malades.

29. — Mieux notable, pouls à 84, peau fraîche, respiration plus facile, toux grasse, voix toujours voilée. La gorge est très rouge, l'amygdale droite est libre. La fausse membrane de l'amygdale gauche est encore large, épaisse. Elle est fortement cautérisée. Continuation du chlorate de potasse. — L'engorgement ganglionnaire paraît s'étendre; cataplasmes au cou.

2 *Septembre*. — La gorge est en bon état, la diphthérie a disparu, l'enfant mange des potages, il est assez bien, quoique tourmenté par une grande gêne au cou.

4. — Aucun vestige de fausses membranes à la gorge. Non-seulement l'engorgement ganglionnaire est très-considérable, mais, de chaque côté, des oreillons énormes se développent. Tension de la peau, fièvre, anxiété. Application de quatre sangsues de chaque côté. Ecoulement abondant pendant trois heures.

5. — Amélioration apparente, moins de fièvre, mais difficulté à avaler la tisane.

7. — L'engorgement sous-maxillaire a augmenté, il en est de même des parotides.

Le soir, phénomènes d'asphyxie sans suffocation, pâleur livide, de l'agitation, puis de la prostration, et le malade ne tarde pas à succomber.

Ce cas d'angine couenneuse (un des premiers aussi

grave que nous ayons vu à Dunkerque), qui avait cédé à une médication active, était certes en voie de guérison, lorsque cet engorgement ganglionnaire si général est venu compliquer la convalescence ; il a été assez profond pour asphyxier promptement ce pauvre enfant que nous nous réjouissions déjà d'avoir arraché à la mort.

Un autre de nos jeunes malades a succombé aussi par asphyxie; chez lui les oreillons ont suppuré. La gorge s'était débarrassée à l'aide de potions émétisées, de chlorate de potasse et de cautérisations.

TRAITEMENT. — En thèse générale, les antiphlogistiques, toujours insuffisants, souvent même nuisibles, n'ont été employés que dans de rares circonstances. Les moyens locaux ont été plus utiles. Voici ceux qui ont été essayés le plus fréquemment par les médecins du pays :

1° Le chlorate de potasse ;
2° Le bi-carbonate de soude ;
3° Le sous-borate de soude ;
4° Le sulfate de cuivre ;
5° Le kermès minéral ;
6° Le tartre stibié ;
7° L'huile de croton tiglium ;
8° Les cautérisations avec le nitrate d'argent, etc.

1° *Chlorate de potasse.* — Il a été prescrit à la dose de 4 à 6 grammes dans les 24 heures, concurremment avec le collutoire de la même substance (6 grammes pour 40 de miel). Sur six cas, le Dr Dutoit a obtenu trois succès. Quelques fausses membranes rejetées et mises en contact, par ce médecin, avec une solution de ce sel, à dose faible, se sont ramollies au point de former, après deux heures, une solution opaline, preuve de l'action dissolvante du chlorate de potasse.

Nos résultats particuliers n'ont pas été aussi favorables : rarement le chlorate de potasse a été donné par nous exclusivement. Associé à d'autres substances, il convenait quelquefois, surtout quand les fausses membranes paraissaient se détacher. Du reste, la spécificité de ce médicament est aujourd'hui bien controversée ; c'est à peine s'il compte encore quelques partisans. Malgré cela, nous le conseillons à l'occasion.

2° *Bi-carbonate de soude.*—Le Dr Dutoit a administré le bi-carbonate de soude en solution (15 grammes dans 500 d'orge). Dans quelques cas où il a donné ce médicament, il avait provoqué des vomissements préalables à l'aide du tartre stibié ; résultats peu satisfaisants. Les membranes, en contact avec ce sel, se ramollissent sans se dissoudre. Nous n'avons pas essayé le bi-carbonate de soude ; mais des confrères ont pensé que, loin d'être utile, il ne pouvait qu'être funeste en enlevant au sang sa plasticité.

3° *Sous-borate de soude.* — Administré par le Dr Dutoit à l'intérieur, 20 grammes dans un litre de tisane, et en potion, 8 grammes dans 120 grammes de liquide, à prendre par cuillerée à bouche. En même temps, il badigeonnait la gorge avec une solution concentrée de ce même sel. Il a constaté deux succès sur six malades. Nous n'avons pas tenté ce moyen.

4° *Sulfate de cuivre.*— A titre de vomitif, il a été très-fréquemment ordonné par beaucoup de médecins. Le Dr Dutoit le conseille à 0,10 centig. par heure ; généralement, vomissements abondants après trois doses. Il cautérise aussi avec du sulfate de cuivre uni au miel (1 gramme sur 15 de miel). Succès variables. M. Thélu, qui en fait usage depuis longtemps, dit obtenir de très-bons résultats de ce médicament. Nous partageons la même opinion, sans toutefois être aussi exclusif.

5° *Kermès minéral.* — Voici comment le Dr Dutoit s'exprime au sujet du kermès : il a été employé mêlé à du sirop de coquelicot à la dose de 0,60 centig. à 1 gramme par jour ; dans l'intervalle des cuillerées, les malades buvaient une solution de sous-borate de soude, et je faisais frictionner la gorge avec une pommade belladonée fortement ammoniacale. Médication excellente. Dans presque tous les cas, les malades vomissaient dès les premières cuillerées, et la tolérance s'établissait parfaitement.

D'autres médecins ont aussi eu recours à cette préparation antimoniale, et ont eu des succès variables.

Les moyens prescrits tout d'abord par nous ayant eu une valeur si douteuse, nous avons songé au kermès, et, depuis 1858, ce sel d'antimoine a été donné dans l'angine couenneuse, le catarrhe suffocant, le croup, nous rappelant ses excellents résultats lorsque les bronches sont encombrées de matières muqueuses, et leur rejet ; seulement la dose était plus élevée. Dans une potion de 100 grammes, nous faisions incorporer 6 décig. à 1 gramme de kermès minéral, et le malade en prenait une cuillerée à bouche toutes les heures. Le médicament était continué ou suspendu en raison des vomissements qui amenaient constamment de fausses membranes. En même temps, cautérisations profondes et réitérées avec le nitrate d'argent.

Non-seulement jamais nous n'avons constaté d'accidents, même chez les enfants les plus jeunes, mais certes les guérisons obtenues par ce moyen ont été les plus nombreuses.

Faut-il attribuer ces succès à la diminution d'intensité générale de l'angine ? Quoi qu'il en soit, nous adoptons ce sel d'antimoine pour le traitement ultérieur des angines, du croup, etc., etc., et avec enthousiasme surtout depuis la lecture de la *Note du Dr A. Chapelle d'Angoulême, sur le traitement du croup par le kermès minéral à haute dose* (1).

---

(1) Note adressée à l'Académie impériale de Médecine, dans la séance du 11 Octobre 1859, et insérée dans l'*Union médicale*, t. 13, p. 184, n° 127, 27 Octobre 1859.

6° *Tartre stibié.* — Tous les médecins ont fait vomir avec le tartre stibié à la dose de 0,15 centig. à 0,40 centig.; mais d'abord cautérisations avec le nitrate d'argent. Nous avons fréquemment prescrit ce moyen, à une dose même de 50 centig. dans une potion calmante, par petites cuillerées, toutes les heures à peu près, ensuite de l'eau tiède. Sous l'influence de cet adjuvant, des portions de membranes étaient rendues, parfois de longs tubes.

En 1858, le traitement du croup, des angines, institué par les docteurs Constantin, Bouchut, n'avait pas encore été formulé dans la presse médicale : sa publication date seulement du commencement de 1859.

Le tartre stibié engendre souvent des irritations de la gorge, du tube intestinal, puis de la diarrhée, et il doit être suspendu aussitôt, bien que le mal existe souvent encore. Ces accidents ne sont pas à craindre avec le kermès. Si un peu de diarrhée apparaît, la suspension du médicament le fait cesser.

7° *Huile de croton tiglium.* — Des frictions ont été pratiquées avec cette huile sur la gorge et la poitrine, tandis qu'à l'intérieur on donnait du tartre stibié ou du sulfate de cuivre. Succès divers, malgré les résultats *si nombreux, si beaux, si complets, si décisifs,* annoncés par M. Sturne, médecin à Blandecques (Pas-de-Calais), et malgré la recommandation toute spéciale qu'en fait ce médecin dans une brochure répandue par milliers d'exemplaires, afin de mettre, dit l'auteur, cette médication à la portée des familles (1)...!!! Quelle erreur !!!

---

(1) *Le Croup et les Angines couenneuses,* par M. Sturne, médecin à Blandecques (Pas-de-Calais), St-Omer. 1858.

En Mars 1859, ce médecin fut appelé pour donner des soins à une jeune fille de seize ans, affectée d'angine croupale ; le danger était pressant. Il pratiqua la trachéotomie ; mais ne s'étant pas pourvu de la canule, il la remplaça par un fragment de sonde en gomme élastique

8° *Cautérisations avec le nitrate d'argent.* — Comme on a pu le voir, les cautérisations avec ce caustique ont été associées aux diverses substances prescrites, et chaque fois elles n'étaient cessées que lorsque les membranes ne se reproduisaient plus ou que la résorption s'en opérait.

Quand les enfants étaient indociles, ou lorsque les membranes s'étendaient du côté de la glotte et hors de la partie visible, nous nous servions d'une éponge fixée au bout d'une baleine et imbibée d'une solution de 3, 4 ou 5 grammes de nitrate d'argent cristallisé sur 30 grammes d'eau distillée, et nous badigeonnions hardiment toutes les parties de la gorge, plus ou moins envahies.

C'est le topique qui a donné le plus de succès; mais nous sommes d'avis qu'il faut cautériser une ou deux fois par jour, non-seulement les surfaces recouvertes de plaques membraneuses, mais encore (moins souvent cependant) celles qui sont débarrassées, et alors les cautérisations agissent *comme modificateurs*.

Quand l'âge des enfants le permettait, quelques médecins ont ordonné des gargarismes dans lesquels entraient l'alun et le quinquina.

Le Dr Lemaire prétend s'être bien trouvé du gargarisme suivant :

    R. Nit. d'arg. crist. — 5,10 ou 15 centig.
    Décoct. de quinq.— 200 grammes.
    f. s. a.

Le traitement local était presque toujours complété par des toniques : l'extrait mou de quinquina, 3 à 5 grammes

---

qui s'obstrua rapidement. Pour dégorger ce tube, il appliqua sa bouche sur le bout externe de cette sonde, et il aspira avec force les mucosités qui asphyxiaient la malade. A peine de retour chez lui, M. Sturne ressentit les effets de l'inoculation de l'angine couenneuse. La maladie fit de très-rapides progrès; et, deux jours après, notre infortuné confrère succombait victime de son dévouement.

dans 25 grammes de potion gommeuse, ou la potion cordiale du Codex, du bouillon fort, etc., etc.

Plusieurs fois nous avons observé, pendant la convalescence, de la dysphagie, une espèce de paralysie du voile du palais et du pharynx, du nasonnement, des troubles de la déglutition, de la difficulté du succion, et une fois l'impossibilité de souffler, de gonfler les joues, de gargariser, etc., etc. Chez les enfants, ces phénomènes n'étaient pas très-appréciables, tandis que chez les adultes on les distinguait facilement, et il était possible de les combattre.

Notre attention particulière n'a été appelée spécialement sur ces symptômes consécutifs à la diphthérie que depuis les travaux récents et multipliés sur ce sujet, insérés dans la presse médicale.

Quatre cas bien constatés seront rappelés ici sommairement :

1° Le premier cas remonte au mois de Juin 1856, époque de l'apparition primitive de l'angine couenneuse. L'historique de cette affection a fourni un exemple des plus probants de la contagion de cette forme d'angine. Cette observation est d'autant plus intéressante que c'est un médecin du pays qui a subi les atteintes d'un mal aussi grave. Nous nous bornerons à en extraire les points les plus saillants (1).

Le 21 Juin 1856, le docteur Dehaene voit un enfant affecté d'angine couenneuse. Le 24, lui-même est pris de malaise, de lassitude, de frissons suivis d'une grande chaleur, de fréquence du pouls, d'agitation, d'une soif très-grande et de diaphorèse considérable. D'abord symptômes d'angine simple, puis le 26, éruption abondante d'herpès labialis.

(1) Pour plus de détails, voir l'*Union Médicale*, T. XI, p. 16, n° 41, 4 Avril 1857.

28. — Apparition d'une fausse membrane sur l'amygdale, cautérisation avec une solution concentrée d'alun.

Jusqu'au 1ᵉʳ Juillet, symptômes très-marqués d'angine couenneuse avec fièvre intense, etc., etc., combattus par des cautérisations répétées qui déterminent l'expulsion des membranes. Mais le 1ᵉʳ, les parties mises à découvert sont tellement rouges, douloureuses, la fièvre est si intense, que M. Dehaene s'applique vingt sangsues.

Du 1ᵉʳ au 5, réapparition de fausses membranes. Elles se détachent et sont expulsées à l'aide de vomitifs, de cautérisations. Fièvre plus ou moins violente. Extinction de la voix, toux sèche, etc., etc.

Du 5 au 10, après des alternatives fréquentes de bien et de mal, retour et expulsion de fausses membranes, la santé se rétablit à peu près complètement. Cependant le 16 Juillet, la luette, le voile du palais, les piliers, les amygdales, les parties du pharynx accessibles à la vue, offrent une teinte rouge très-prononcée, et sont le siége d'un sentiment de sécheresse, de picotement.

M. Dehaene relate ensuite minutieusement les diverses phases des difficultés éprouvées pendant la déglutition et la phonation. Enfin, son état, le 6 Septembre, est amélioré; toutefois la luette est encore le siége d'un léger sentiment de gêne et de sécheresse, qui se fait sentir surtout lors du réveil. Elle présente, de plus, superficiellement quelques stries rouges. Les amygdales, les piliers du voile du palais ont pâli, et les portions visibles du pharynx prennent une teinte rosée qui les rapproche de plus en plus de l'état normal.

Vers la fin de Septembre, toutes les parties lésées avaient repris leur coloration blanchâtre, rosée, naturelle, et leurs fonctions s'exécutaient selon les conditions régulières de la santé.

2° Le 17 Janvier 1859, madame N..., épicière, rue du

Fort-Louis, âgée de 63 ans, d'un tempérament bilioso-sanguin, d'ordinaire bien portante, est souffrante d'un malaise général avec embarras gastrique et d'un mal de gorge assez violent ; elle nous fait demander.

La gorge est rouge, irritée, mais ne présente aucun aphte ni membrane. — Gargarisme émollient et une 1/2 bouteille d'eau de Sedlitz à 50 grammes.

19. — Fièvre assez forte, en même temps nous constatons une angine couenneuse remarquable par l'épaisseur des plaques diphthériques. Cautérisations profondes avec le nitrate d'argent, et, immédiatement après, vomitif qui détermine l'expulsion de plusieurs exsudations. Gargarisme au quinquina.

21.—Toute la gorge est tapissée de fausses membranes, l'amygdale droite et la luette sont même recouvertes d'escharres gangréneuses. La fièvre est assez intense, et Mme N. est dans un grand affaissement. Elle avale assez facilement. Gargarisme avec le quinquina, attouchement des escharres avec l'acide chlorhydrique ; bouillons.

22. — Même embarras au fond de la gorge, moins de fièvre, mais face altérée, moral abattu. La déglutition est difficile. Un nouveau vomitif expulse ces productions morbides, dont quelques-unes sont très-épaisses, et représentent exactement par leur concavité, les surfaces courbes qu'elles recouvraient.

Elles se reproduisent jusqu'au 28, et toujours fièvre continue assez prononcée ; pouls petit. Régime tonique, gargarisme au quinquina.

Enfin Mme N. semble se rétablir assez rapidement ; déjà elle se lève et se remet peu à peu à ses occupations, lorsque, le 10 Février, apparaissent des symptômes bizarres, plus caractérisés, au fur et à mesure que la gorge se nettoie.

Ainsi, la déglutition difficile, pendant la maladie, le devient de plus en plus ; les liquides et les aliments solides reviennent par les fosses nasales. En même temps, faiblesse grande et pénible dans les extrémités inférieures. La vue aussi a diminué. Tous ces phénomènes sont compliqués par une prostration plus grande que précédemment.

Progressivement ces accidents, très-marqués d'abord, diminuent d'intensité; ils durent toutefois six semaines à peu près, sans laisser ensuite le moindre vestige. Aucune autre médication que les toniques et les gargarismes au quinquina n'a été employée. A plusieurs reprises, nous avons vu Mme N.; elle n'a conservé que le souvenir de cette affection si grave.

3° Mlle E .. belle fille de 20 ans, rue du Fort-Lous, 10, tempérament sanguin, tombe malade le 5 Juillet 1859.

Pouls plein, fréquent, douleurs vives dans la gorge, ganglionite sous-maxillaire très-prononcée. Saignée de 500 grammes. 20 sangsues au cou.

7 Juillet.—Dans l'arrière-bouche, fausses membranes, face altérée, déglutition difficile, moral abattu. Cautérisations avec le nitrate d'argent, chlorate de potasse à 5 grammes.

8. — Accablement et agitation, refus de nourriture; pouls petit, lent. Ces symptômes alarmants persistent jusqu'au 12.

12. — Le Dr Thurin est appelé en consultation. Les amygdales sont presque complètement dégagées; mais la toux enrouée, l'aphonie, de l'oppression signalent l'invasion du larynx par la diphthérie; les angoisses et la suffocation sont telles que dans les accès de suffocation la malade se dresse debout sur son lit.

Sous l'influence de vomitifs répétés, de cautérisations, la maladie diminue peu à peu d'intensité; il y a expulsion de fausses membranes tubulées, et le 19 Juillet nous considérons la guérison comme complète; la voix seule reste voilée.

Un mois après on nous fait appeler, Mlle E. ne se remettant pas complètement. Indépendamment de l'aphonie qui persiste, il est survenu une paralysie du voile du palais ; la gêne de la déglutition est telle que nous avons beaucoup de mal à nourrir la malade.

Prescription d'un liniment fortement ammoniacal pour frictions autour du cou, et gargarismes au quinquina.

La persistance de ces moyens ramène progressivement cette fonction à son état normal ; mais Mlle E. se plaint ensuite de fourmillements, d'engourdissement dans les membres inférieurs et d'une faiblesse générale. Aucune douleur cependant le long de la colonne vertébrale.

Sous l'influence de frictions excitantes et d'un régime très tonique, ces divers accidents disparaissent, et la santé générale redevient superbe. Cet état de choses a persisté jusqu'au commencement d'octobre.

Non-seulement la paralysie du voile du palais, du pharynx, et les autres troubles nerveux ont été observés alors que l'angine était couenneuse, mais les angines simples, dans certains cas, se compliquent de la même façon, ainsi que le prouve l'exemple suivant.

4° A la fin de 1859, M. C., âgé de 66 ans, d'un tempérament phlétorique, toussait un peu, sans cependant souffrir d'une bronchite très-prononcée, lorsque apparaît lentement une angine tonsillaire franchement inflammatoire. Ainsi, il éprouve successivement les symptômes suivants : douleur au fond de la gorge, surtout au côté gauche. Déglutition difficile, douloureuse, expulsion de mucosités visqueuses et filantes ; de la céphalalgie existe, etc., etc. Difficulté de parler, de bâiller et surtout d'avaler. Le cou est raide et participe de la tuméfaction ; ouïe dure ; enfin fièvre, malaise général, nausées et symptômes d'embarras gastrique.

Une saignée, deux applications de sangsues, deux purgatifs, des gargarismes émollients opiacés, puis résolutifs font disparaître cette esquinancie en une dizaine de jours, et M. C. se remet sensiblement. Il est étonné d'éprouver, la convalescence se dessinant, une gêne si grande pour *avaler, cracher, souffler, pour gonfler les joues et se gargariser.* Cette gêne se prolonge pendant trois semaines, puis tout rentre dans l'ordre par les seuls efforts de la nature.

AFFECTIONS DU TUBE DIGESTIF. — DIARRHÉES. — DYSSENTERIES.—En thèse générale, ces indispositions n'appartiennent ni à l'hiver ni au printemps. C'est surtout quand il fait chaud et sec, que les affections gastriques et intestinales inflammatoires se dessinent de plus en plus. Si elles s'étaient toujours maintenues, depuis dix ans, dans des proportions moyennes, ne coïncidant qu'avec la constitution météorologique de la saison, nous n'ajouterions rien à la simple mention que nous en avons faite autre part (1); mais, à diverses reprises, elles se sont tellement généralisées que nous devons nous y arrêter quelques instants.

Pendant l'été de 1853, par exemple, les diarrhées et les dyssenteries ont été très-nombreuses et la conséquence d'une température élevée avec des vents d'Ouest, de Sud, de Sud-Ouest, et de l'impression du froid lorsque le corps était très-échauffé. Le plus souvent, les irritations intestinales n'étaient ni précédées ni accompagnées de fièvre bien marquée. Les phénomènes n'existaient que du côté du ventre, gonflé, douloureux au toucher et surtout vers l'ombilic. Selles plus ou moins nombreuses et toujours provoquant des coliques. Quand les conditions hygiéniques n'étaient pas trop mauvaises, et que les malades suivaient un traitement rationnel, ils guérissaient en huit ou dix jours. Dans le cas contraire, la maladie passait à l'état

(1) 2ᵉ partie. Chapitre II. Maladies des saisons.

chronique, ou bien, si elle prenait de l'intensité, elle avait une issue funeste.

Les dyssenteries ont régné en grand nombre, en Juillet surtout. A cette époque, les médecins du pays étaient tentés de les attribuer autant aux chaleurs excessives qu'à l'usage immodéré que fait d'habitude le peuple des fruits mauvais, verts, acerbes, qui mûrissent rarement bien dans notre climat. Sans doute, lorsque Pringle, Sydenham, Zimmermann, etc., etc., qui ont étudié et traité cette question, avec un talent inimité jusqu'à présent, affirment que jamais les fruits de la saison ne doivent être mis au nombre des causes des dyssenteries, ils veulent parler des fruits mûrs. Cette distinction des fruits verts et des fruits mûrs n'existe dans aucun de leurs ouvrages, et cependant elle est indispensable pour qui essaie de remonter aux causes de l'affection.

Les enfants ont été plus particulièrement exposés à la diarrhée séreuse. Chez les adultes, notamment les personnes de 40 à 50 ans, on observait souvent la diarrhée muqueuse ou la dyssenterie.

Ces diarrhées, en 1853, n'ont guère disparu complètement qu'au commencement de Novembre.

En 1854, les dérangements gastriques et intestinaux ont reparu aussi multipliés qu'en 1853. Bien qu'il n'y ait pas eu alors d'influence épidémique, il est certain que, pendant toute cette saison, un élément affaiblissant portait principalement sur les organes digestifs, d'une manière plus générale que d'habitude pendant la saison analogue. Le cachet de ces irritations gastro-intestinales était une langue plus ou moins chargée, des digestions moins énergiques, des pesanteurs à l'estomac, une lassitude extrême, la tête lourde, etc., etc. Cette dépression de l'économie était alors si prononcée, que les sujets, habituellement constipés, avaient des garde-robes plus fréquentes et plus faciles. Chez ceux qui n'avaient ni diarrhée, ni autres troubles intestinaux, le tube digestif était tellement sensible à l'action des purgatifs, que la moitié, le tiers, ou même le quart de la dose ordinaire produisait des effets considérables, et amenait même parfois une superpurgation mortelle. L'abus des fruits ne pouvait guère être invoqué en 1854, car la maladie a enlevé surtout de jeunes enfants.

Depuis 1854, les diarrhées et les dyssenteries n'ont pas prédominé comme pendant les deux étés que nous venons de signaler.

En 1858, année calamiteuse sous le rapport du grand nombre de malades et de la multiplicité des épidémies, la diarrhée reparaît. Les conditions atmosphériques d'Avril et des mois précédents, du reste (température douce, élevée pour la saison, et humidité prononcée quoique intermittente), ont eu, certes, une grande influence sur les maladies régnantes, sur le développement de la diarrhée. Au fur et à mesure qu'approchait la saison d'été, cette dernière affection se propageait avec une violence insolite. Très-souvent elle accompagnait la période d'éruption de la rougeole épidémique ; elle en était même un phénomène favorable ; mais, quand elle était abondante, qu'elle se traduisait par un grand nombre d'évacuations, elle devenait une véritable complication, surtout chez de très-jeunes sujets, et même chez ceux qui avaient franchi la première enfance.

Généralement bénigne, elle n'entravait en rien l'éruption rubéolique ; si, au contraire, les selles étaient nombreuses (15-20 par exemple), l'éruption s'arrêtait tout à coup, pour ainsi dire ; les yeux s'excavaient, les malades tombaient dans une prostration inquiétante, et la dyssenterie survenait. L'ensemble de la position s'aggravant, compromettait alors la vie des malades.

En un mot, la diarrhée et parfois la dyssenterie ont été la complication la plus commune avant, pendant la rougeole, et même long-temps encore après elle.

Septembre 1858 accuse beaucoup plus d'affections du

tube digestif : elles ont constitué, après les rougeoles, les fièvres, la majorité des maladies.

Si elles ont été aussi répandues en 1858, sous le règne d'une forte chaleur, il n'y a plus lieu de s'étonner de leur généralisation en 1859, en présence d'une température plus élevée encore, et d'une sécheresse parfois si prolongée, surtout pendant les mois de Mai-Juin-Juillet, bien qu'en somme il soit tombé, dans le courant des douze mois, un tiers de plus d'eau que l'année précédente.

L'été a commencé plus tôt et fini plus tard que d'habitude ; l'automne a été exceptionnellement chaud. Ces diverses circonstances atmosphériques réunies sont favorables au développement de la diarrhée, de la dyssenterie, même sous nos latitudes tempérées.

Primitivement, en Mars-Avril, la diarrhée s'est montrée accompagnée du cortége de symptômes ordinaires à la saison du printemps; ainsi : embarras gastrique, malaise général, manque d'appétit, fièvre, etc., etc. ; puis, peu à peu en Juin-Juillet-Août-Septembre, en Juillet surtout, des chaleurs tropicales s'étant manifestées, elles ont communiqué à certains états pathologiques une intensité plus prononcée qui a appelé l'attention sérieuse des médecins. Les malades étaient en proie à un abattement marqué des organes digestifs qui s'irritaient facilement lorsque le choix des aliments n'était pas convenablement approprié ; alors on voyait une augmentation de gravité et de fréquence de ces états bilieux, de ces embarras gastriques si communs aujourd'hui, et qui, depuis quelque temps, s'accompagnaient de diarrhées très-nombreuses, choleriformes, devenant assez abondantes pour inspirer des inquiétudes sérieuses déjà.

Parfois le cachet, la physionomie de ces diarrhées rappelait celle prodromique ou prémonitoire du choléra. On constatait aussi des gastrites, des gastro-entérites, des dyssenteries assez rares ordinairement à Dunkerque. Les malades se plaignaient de coliques, avaient de la fièvre, et étaient tourmentés par une soif insatiable.

Cette constitution médicale a sévi toutefois chez nous avec une violence moindre qu'à Paris et dans toute la France, où la dyssenterie a été souvent funeste. Nonobstant, l'année 1859 sera remarquable dans les fastes de la médecine, à cause de cette épidémie qui a frappé les populations pendant l'été.

Les affections intestinales de 1859 ont été non-seulement plus multipliées qu'en 1858, mais plus que depuis une dizaine d'années. Elles ont diminué en Octobre pour disparaître à peu près complètement chez nous en Novembre et Décembre. Elles ont, cette fois, dépassé leur terme ordinaire, et la plupart de celles de cette année étaient plus constamment accompagnées de fièvre intermittente.

Du reste, un fait certain, c'est que la constitution d'un grand nombre d'adultes, d'enfants principalement, était, depuis deux ans, profondément altérée par l'influence palustre; beaucoup d'entr'eux ont eu, à plusieurs reprises, la fièvre intermittente; beaucoup même ont conservé une cachéxie séreuse. En un mot, une constitution régnante de cette nature est toujours fâcheuse pour les personnes placées dans de pareilles conditions. Ajoutons encore que la forme quotidienne était le caractère le plus marqué de cette complication.

Quant à la cause véritable, initiale de cette dyssenterie, indépendamment de la chaleur, de la sécheresse excessive, de l'état hygrométrique de l'atmosphère, qui certes eût pu y prédisposer, il nous faudra reconnaître une fois de plus qu'elle échappe à nos investigations. Peut-être existe-t-elle dans une modification des qualités physiques ou chimiques de l'air ambiant ! !...

Cette année, moins que toute autre, on ne peut accuser l'usage immodéré des fruits non mûrs, puisque nous étions en bonne saison (Juillet-Août-Septembre).

TRAITEMENT. — Pendant tout le temps que ces lésions intestinales ont décimé la population, nous avons essayé bien des remèdes. Notre attention constante était de déterminer exactement les causes du mal : c'est un précepte qui toujours doit dominer la thérapeutique des maladies, et la modifier, par conséquent, selon les nuances importantes qu'elles affectent.

Ainsi, au début de ces diarrhées, c'est à dire à cette époque saisonnière du printemps qui provoquait ces embarras gastriques si habituels, nous prescrivions l'ipécacuanha à dose vomitive, les purgatifs salins, et ces moyens nous donnèrent des succès presque constants.

Plus tard, alors qu'elle se fut généralisée, qu'elle eut pris des nuances si variées, que la dyssenterie même existait, nous avons donné tour à tour, et sans succès, diascordium, décoction blanche de Sydenham, sous-nitrate de bismuth, les opiacés, etc., etc. ; l'ipécacuanha même ne produisait plus l'effet primitif.

Enfin, après de nombreuses hésitations, des tentatives si multipliées, les médecins du pays sont arrivés à prescrire des purgatifs salins qui produisaient un peu d'amélioration, et l'expérience leur a prouvé que cette thérapeutique était la meilleure, malgré les insuccès, ce qui est souvent inévitable, chez les enfants, les vieillards, et lorsque la maladie durait quelques jours. Il n'en était pas de même quand nous étions appelés au début.

Les sels en usage étaient le sulfate de soude à la dose de 15 à 20 grammes, un, deux ou trois jours de suite, et le mieux était constaté. La dose du sulfate de magnésie était double, il en était de même du citrate de magnésie, médicament quelquefois infidèle. Si le ventre était douloureux, nous ajoutions les opiacés.

Indépendamment de cette médication, nous nourrissions nos malades sans aucun inconvénient, convaincu qu'il n'est pas de meilleur tonique qu'une alimentation convenable et donnée à propos.

Chez les enfants plus difficiles à purger avec les sels, nous avons administré de temps à autre le calomel à dose très-fractionnée, 1[2 à 1 centig. toutes les heures, jusqu'à ce que l'on obtenait des garde-robes ; en même temps, frictions sur le ventre avec l'huile de camomille camphrée. Chez quelques-uns, atteints de diarrhée incoërcible, avec vomissements opiniâtres, des sinapismes sur l'épigastre arrêtaient *seuls* les vomissements.

Dans d'autres circonstances, alors que la physionomie intermittente dominait ces irritations intestinales, nous ajoutions le sulfate de quinine aux autres médicaments pour combattre la diarrhée, les dyssenteries, même apyrétiques

Tels sont à peu près les remèdes qui ont caractérisé notre thérapeutique contre les diarrhées et les dyssenteries de 1859. Il résulte de conférences avec plusieurs confrères que déjà ces moyens avaient été tentés en 1858, mais non sur une vaste échelle et d'une façon aussi régulière.

Déjà aussi l'alimentation des malades, en rapport avec les conditions locales et leur état général, était considérée comme un élément essentiel de guérison.

CHOLÉRINES. — L'exposé qui précède relativement à la gravité, à la multiplicité des diarrhées, des dyssenteries en 1853, 1854, 1858, 1859, fait soupçonner que des cholérines ont dû aussi exister comme conséquence de la constitution atmosphérique et médicale régnante. C'est ce qui a eu lieu ; et, sans autre commentaire, nous transcrirons ici une partie de nos notes.

Septembre 1853. — . . . . . . Grand nombre de personnes de tout âge ont été malades de la cholérine avec ses signes caractéristiques, selles blanchâtres, vives tranchées, parfois des crampes, etc., etc.

Ces cholérines, dont quelques-unes ont été assez fortes, ont donné des appréhensions au sujet du fléau asiatique qui s'achemine vers le Nord de la France, et ces craintes peuvent être d'autant plus fondées que le choléra règne en Angleterre.

Hâtons-nous de mentionner que, si nos terreurs ont été momentanées, et les cholérines très répandues, la mortalité n'a pas justifié nos appréhensions.

Octobre. — Cholérines de moins en moins fréquentes : elles cessent, pour ainsi dire, de compter au nombre des maladies régnantes, sans descendre toutefois au degré de rareté qu'elles atteignent ordinairement dans les derniers mois de l'année. Cette décroissance coïncide avec les nouvelles rassurantes venues d'Angleterre au sujet du choléra, qui non-seulement ne s'étend pas sensiblement, mais s'éteint même peu à peu dans les points où il avait primitivement éclaté.

Novembre. — Les irritations intestinales, indice avant-coureur du choléra, déjà si rapproché de nous, disparaissent presqu'entièrement.

Depuis le 15 Octobre, le choléra est au Hâvre. Le 11 Novembre, les premiers cholériques ont été notifiés à Paris. Aucun cas n'a été découvert dans les départements voisins du nôtre.

Les cholérines plus ou moins répandues en Juillet, Août, Septembre, Octobre et Novembre 1854, ont été assez sérieuses pour ne pas être négligées, et réclamer, au contraire, un traitement suivi.

En voici les caractères dominants et la thérapeutique adoptée : Déjections alvines avec ou sans douleurs ; dans certains cas, ténesme, accompagné de nausées, vomissements, anorexie, prostration, pas de fièvre, crampes, légères le plus souvent, parfois extrêmement douloureuses, mais cédant ordinairement en peu de temps, et laissant les malades très-abattus.

Les moyens prescrits, en général, ont été les laxatifs, la limonade citrique, la décoction blanche, l'opium, l'ipéca, etc., etc.

Cette physionomie des maladies régnantes était telle que nous étions tous tentés d'y voir un précurseur du choléra; en effet, les maladies se sont multipliées en si grand nombre, si subitement et souvent sans cause apparente prémonitoire, que l'idée de choléra venait à tout le monde...

Malgré la diarrhée si multipliée en 1858, à peine quelques cholérines ont-elles été vues çà et là.

En 1859, au contraire, sous l'influence des chaleurs tropicales, nous avons eu non-seulement de très-nombreuses diarrhées, dyssenteries, mais aussi beaucoup de cholérines, avec leur cachet indélébile. Les médecins du pays, convaincus que ces diarrhées cholériformes, ces cholérines sont la transition par laquelle doit passer l'état sanitaire d'un pays avant que le choléra y prenne droit de domicile, ont craint ce fléau, comme en 1854. Heureusement il n'en a rien été, car nous ne pouvons considérer comme tel quelques cas sporadiques que chaque année voit paraître dans beaucoup de villes de France, à Paris surtout.

Choléra. — Des cholérines au choléra il n'y a souvent qu'un pas. Bien que nous n'ayons pas grand'chose à en dire, nous nous y arrêterons un instant toutefois, parce que cette maladie, ne s'étant pas encore acclimatée chez nous, ne peut être considérée comme maladie saisonnière. On n'a pas le choléra, comme on a la fièvre typhoïde, la rougeole, etc.

En Août 1853, nous avons vu un choléra sporadique chez une femme de 84 ans, présentant certaines anomalies. Depuis le 15 Juillet, elle habitait Clichy près Paris, chez son fils. Misère très grande. A cette époque une cholérine, fort intense, régnait dans la capitale et les environs.

Vers la fin d'Août, Mme G. subit l'influence épidémique et eut de très fréquentes garde-robes.

Le 27 Août, elle se trouva mieux, et entreprit le voyage de Dunkerque, qui la fatigua horriblement.

Le 28 au soir, symptômes du choléra.

Le 30, à 4 heures du soir, mort.

Chez cette malade, la cholérine primitive s'est aggravée et a revêtu une forme cholérique par cela seul que le sujet était faible, débilité par un grand âge, par les privations et surtout par cet état morbide qui l'a épuisée pendant son séjour chez son fils, dans un pays où elle n'avait pu encore s'acclimater.

Aucune des personnes qui ont soigné la veuve Gellé, n'a subi l'influence infectieuse : il est vrai que toutes les précautions ont été prises pour améliorer l'hygiène de l'appartement et éviter la viciation de l'air ; il est vrai aussi que nous n'étions pas en temps d'épidémie.

« Le choléra (1) a reparu, en 1854, dans 87 communes
» du département du Nord ; sa durée a été moins longue
» que celle de l'épidémie de 1849, et le nombre des vic-
» times beaucoup moins considérable (1,514 décès au
» lieu de 14,741 constatés officiellement en 1848-1849). »

La date de l'invasion du premier cas à Dunkerque remonte au 24 Août 1854, le dernier a été observé le 23 Décembre. Pendant ce laps de temps, onze cholériques ont été signalés dans notre ville, sept malades ont succombé. Le choléra n'a donc fait cette fois qu'un court séjour dans ce pays (2).

---

(1) Rapport sur les travaux du Conseil central, etc. — Tome XIII, — p. 61.

(2) En 1832, les premiers cas constatés en France, ont été observés à Calais.

En 1848, c'est Dunkerque qui eut, selon l'expression du Dr Lemaire, le triste privilège de donner entrée à cette nouvelle invasion de la maladie (Rapport officiel sur les épidémies de 1848-1849, *in* Rapport sur les travaux du Conseil, etc., etc. T. IX, p. 381).

La première personne atteinte fut un Anglais, plongeur, abruti par la boisson : frappé à 6 heures du soir le 24 Août, il mourait le 25, à 3 heures du matin (D' Dutoit).

Le 2 Septembre, nous avons été appelé chez un homme dans la plus profonde misère : diarrhée prodromique depuis le 1er, choléra complet et grave. Des frictions avec la térébenthine, l'infusion de tilleul additionné de rhum, administrée jusqu'à dose enivrante, rejetée d'abord, tolérée ensuite, ont vaincu la gravité du mal. La chaleur a reparu et tout symptôme de choléra a cessé.

Le 3, les deux jeunes enfants du malade ont été pris d'une très-forte cholérine ; elle a duré deux jours, puis heureusement ils ont guéri.

Cinq cas disséminés en Octobre. Un enfant de 9 mois a été enlevé en 24 heures. Pas de médecin.

M. R..., âgé de 55 ans, d'une bonne constitution, très-sobre, impressionnable, est resté deux jours à St-Omer où existait le choléra. Il y fait un léger excès de table. Pendant la nuit qui suit son retour, diarrhée, cholérine, puis choléra. Le 8 Octobre, vers 1 heure du matin, il en ressent les premières atteintes ; il succombe à 3 heures du soir (D' Dutoit et Meneboo).

Le 13 Octobre, un militaire est évacué à l'hôpital de Dunkerque, après avoir séjourné dans celui de St-Omer, ravagé par le choléra. Par curiosité, cet homme visite, à St-Omer, la salle des cholériques. Vivement impressionné des tortures de ses camarades, il s'enfuit épouvanté ; le choléra est sa pensée dominante ! A peine de retour dans sa division, il souffre d'un accès de fièvre qu'il attribue à l'émotion éprouvée ! ! Cette visite a lieu le 11 Octobre ; le 12 il est évacué ayant un peu de diarrhée, et le 13, vers deux heures du matin, il est frappé d'un choléra algide très-prononcé. A 7 heures du soir il mourait ! ! !

Deux militaires, voisins de ce malade, l'un ayant une fièvre tierce, l'autre une fracture de jambe, témoins des diverses phases de l'affection de leur camarade, en sont très-vivement émotionnés : ils se plaignent de cholérine intense pendant la nuit qui suit cette mort. Peu de crampes. Guérison rapide (D`r` Villette, médecin en chef).

Le 4ᵉ cas fut une femme de 50 ans, constitution altérée par la misère. Elle a guéri (D`r` Lemaire).

Le 5ᵉ malade fut une autre femme de 56 ans, vivant dans le plus grand dénûment, adonnée aux alcooliques. Les vomissements, les selles, les crampes, la cyanose, etc., etc., paraissent le 13 Octobre à 4 heures du matin ; elle n'est morte que le 14 à 8 heures du soir (D`r` Lemaire).

En Novembre, trois malades. Le 13 Novembre, un mousse de navire, âgé de 15 ans, est enlevé en quelques heures. Diarrhée prodromique. Aucun secours.

Le même jour, un capitaine anglais, à Dunkerque depuis un mois, sobre, fut pris du choléra vers deux heures du soir. Le 15, guérison (D`r` Dutoit).

Le 14 Novembre, une femme, âgée de 67 ans, abîmée par le travail, par la misère, est foudroyée vers midi par le cortége complet de la maladie. Amendement momentané, puis recrudescence du mal; mort à 5 heures du matin le 16. Diarrhée prodromique (D`r` Lemaire).

Enfin, dans la nuit du 22 Décembre, vers quatre heures du matin, un homme de 56 ans, très-malheureux, souffrant de diarrhée depuis plusieurs jours, éprouve tous les symptômes du choléra. Après huit heures de maladie, il meurt (D`r` Lemaire).

Si l'on remonte à la source de plusieurs des cas de choléra mentionnés très-sommairement ci-dessus, il nous semble qu'ils viennent à l'appui de la théorie de la contagion que l'Académie de Médecine n'a pas encore voulu aborder, dans la crainte d'effrayer les populations.

A notre avis, *un fait est ou n'est pas*, et l'on ne doit

pas le passer sous silence, se refuser à la recherche de la vérité par des motifs puisés en dehors de la science.

Peut-être ne trouvera-t-on pas péremptoires les faits que nous rappelons, des deux enfants couchés dans la chambre du malade du 2 Septembre, et des deux militaires voisins de leur camarade cholérique qui lui-même avait puisé le germe du mal à St-Omer ; mais il faut bien avouer que, s'il n'y a eu ici que coïncidence, cette coïncidence est au moins bizarre, et il est permis de l'invoquer en faveur de notre opinion, nous qui sommes, eu égard au choléra, *contagioniste* dans certains cas, ou plutôt *infectioniste*.

Ces divers malades, objectera-t-on, consécutivement atteints, étant soumis aux mêmes influences, vivant dans le même milieu, il n'y a rien d'étonnant qu'ils aient été frappés de la même maladie. Mais alors il faut renoncer à étudier aucune question de contagion en temps d'épidémie.

Sans recourir à d'autres preuves, notre opinion est encore en tous points conforme aux conclusions formulées dans nos Notes adressées en 1849 à l'Académie de Médecine, insérées dans le Bulletin de l'Académie, même année, et que nous reproduisons ici *in extenso*.

« 1° Depuis le commencement de l'épidémie à Dunker-
» que (Octobre 1848), le choléra n'a choisi ses victimes
» que parmi les malheureux ;

2° Il a sévi indistinctement dans les quartiers les plus
» sains, les plus aérés, comme dans les parties de la ville
» les plus insalubres ;

» 3° Le choléra n'est pas *nécessairement* contagieux ;
» mais sa transmission est *incontestable* dans certaines
» circonstances ;

» 4° Cette transmission ne s'opère jamais par le contact
» *unique* d'un homme cholérique avec un homme bien
» portant ;

» 5° Elle a eu lieu, au contraire, presque toujours :
» 1° lorsqu'il existe une atmosphère cholérique, c'est-à-
» dire lorsqu'il y a épidémie ; 2° par les relations répétées
» qu'ont avec les malades les personnes dominées par la
» *peur*, et dont l'organisme est affaibli par l'ivrognerie,
» l'intempérance, la débauche, la misère, par des mala-
» dies chroniques et par les mille causes d'insalubrité qui
» peuvent les entourer. »

Depuis 1854 jusqu'au 31 Décembre 1859, malgré les diarrhées, dyssenteries et cholérines observées en grand nombre en 1858-1859, aucune manifestation du choléra. Si, çà et là, des confrères ont cru en constater un cas, il a été tellement exceptionnel et sporadique, qu'il n'y a pas lieu d'en indiquer l'époque.

III

MALADIES ENDÉMIQUES OU STATIONNAIRES.

Il est bon de s'entendre sur ces mots. Nous avons vu quelque part qu'il fallait comprendre par *maladies endémiques ou stationnaires* des maladies dominantes qui traversent plusieurs saisons, plusieurs années quelquefois, sans changer de nature. Sydenham, Stoll et son disciple Hildenbrand, fournissent des exemples d'affections qui ont dominé plusieurs années avec le même caractère.

On appelle *endémiques* (morbi endemici) dit Chomel, les affections produites par un concours de causes qui agissent continuellement ou périodiquement dans certains lieux, de sorte que les maladies qui en résultent s'y montrent sans interruption, ou du moins y reparaissent à des époques fixes, en frappant, dans tous les cas, une plus ou moins grande porportion des habitants (1).

(1) Marchal de Calvi.—Des Épidémies.—Thèse pour le concours de la chaire d'hygiène. — 1852. — Introduction, — p. XV.

De plus, on peut qualifier de *constitution endémique, stationnaire, fixe,* celle qui, après s'être manifestée sous forme *épidémique,* par exemple, se prolonge, laisse après elle une traînée qui se perpétue pendant plusieurs mois, plusieurs années, aussi longtemps que l'influence paludéenne, miasmatique, ou toute autre cause mystérieuse, inconnue dans son essence, secrète, inexplicable, conservera une puissance, une activité suffisantes pour reparaître, n'importe sous quelle forme, pour compliquer les autres affections.

Ces définitions précises, ces distinctions tranchées nous ont paru utiles avant d'aller plus loin : elles vont rendre facile l'intelligence des faits que nous nous contenterons de dérouler sommairement.

Notre exposé de la Géographie de cette ville (1) prouve que le sol sur lequel elle est assise ne peut fournir aucun élément infectieux de nature à *entretenir des endémies.*

Nous avons vu que Dunkerque offre, au premier coup d'œil, *les meilleures conditions hygiéniques;* malheureusement plusieurs circonstances de localité viennent compromettre une partie de ces avantages.

Ainsi le Dr Lemaire ne signale-t-il pas dans son rapport officiel pour 1858 : (2)

1° Le canal de ceinture, l'urgence de son curement à fond vif.

2° Le bassin à flot qui mérite de fixer l'attention. Si son état actuel devait se prolonger, nous ne doutons pas un instant qu'il ne devienne une cause infectieuse, susceptible de réagir d'une manière grave sur la santé publique.

Il est de toute nécessité de détourner les égouts qui

---

(1) Voir Géographie de Dunkerque. — 1re partie. — Chap. 1er.
(2) Voir le Rapport sur les travaux du Conseil central, etc., etc. — Tome XVII. — p. 164.

viennent s'y déverser ; leur voisinage est tellement infect, qu'à leur approche un sentiment instinctif vous en éloigne.

3° La nécessité d'aviser, par une étude, au détournement des égouts, des canaux de ceinture, pour les diriger dans le chenal.

4° L'urgence de l'approfondissement des fossés de la place, le curement de ceux qui, par leur envasement, sont une cause permanente de fièvres.

Enfin, la mauvaise qualité des eaux employées aux usages domestiques ne peut être passée sous silence comme nuisible, lorsque la température est élevée et que la sécheresse se prolonge trop.

Certes, si ces divers éléments d'insalubrité qui donnent la fièvre pendant l'automne et même parfois à d'autres époques, chaque année, à la population ouvrière et malheureuse du pays, ne sont pas assez énergiques, en temps ordinaire, pour sévir sur les autres classes d'habitants, pour constituer des causes permanentes d'endémie générale, il n'en est pas moins vrai que cette fièvre intermittente régnant toujours plus ou moins, et imprimant son cachet à un grand nombre de maladies, ils deviennent une aggravation lorsqu'une épidémie de fièvre naît sous l'influence de causes extérieures, accidentelles, dont nous parlerons plus loin.

A l'appui de notre opinion, ne trouvons-nous pas dans cette période de dix ans des preuves suffisantes ? Remontons à plusieurs années au delà, afin que l'évidence soit plus complète.

Lors des travaux de terrassement exécutés pour le canal de dérivation en 1846-1847, la population presque entière fut décimée par une épidémie de fièvre intermittente. Persistante en 1848-1849, l'affection diminue en 1850, sans avoir présenté, pendant ces trois dernières années, de caractère épidémique.

De 1850 à 1857 (3ᵉ trimestre), au printemps et surtout en automne, cette maladie parut plus marquée peut-être en 1853-1855, mais n'attaquant que la classe laborieuse et quelques étrangers jusqu'à leur acclimatement dans ce pays. Elle n'a donc jamais disparu *complètement* de notre cadre nosologique.

En 1857, l'épidémicité se manifesta pour la garnison, et, en 1858, pour la population civile et militaire. Elle ne fut pas seulement la conséquence des éléments d'insalubrité de notre localité signalés tout à l'heure, mais aussi de l'exécution de nouveaux travaux, de remuements de terres dont les émanations ont été suractivées par une sécheresse insolite, par une température très-élevée.

L'épidémie véritable a cessé en 1858 vers la fin de l'année et après la terminaison des travaux, « *sublatâ causâ, tollitur effectus;* » mais il est resté une influence fiévreuse, paludéenne, qui a continué endémiquement en 1859 et qui n'a réellement disparu qu'après l'hiver de 1859-1860. N'est-ce pas là une corroboration de cette traînée, de cette constitution endémique, stationnaire, fixe, indiquée au commencement de ce chapitre?

Espérons que cette influence paludéenne, qui prenait son origine non-seulement aux environs de Dunkerque, mais dans la ville même, qui sévissait, il y a un siècle, du temps de Tully, long-temps encore après, et dont les effets désastreux sont devenus proverbiaux, qui n'agit plus que par intermittence, disparaîtra complètement lorsque auront eu lieu les améliorations réclamées depuis si long-temps, et dont l'autorité poursuit avec ardeur l'exécution aussi prochaine que possible. Malheureusement des transformations de ce genre exigent du temps et de l'argent, mobile indispensable pour toute chose ici-bas !

Sydenham dit que le froid humide tue plus de monde que la peste et la guerre. Il n'a pas exagéré ! ! C'est bien la cause des affections de poitrine, du rachitisme, des scrofules, de la phthisie pulmonaire, des rhumatismes.

. . . .

Cette opinion, juste de tout temps, n'est-elle pas applicable surtout à Dunkerque dont l'atmosphère humide et les variations atmosphériques ne sont pas sans action sur le caractère physique et sur la constitution des habitants de cette ville ? En développant le système lymphatique, l'humidité contribue à la propagation des affections scrofuleuses et tuberculeuses, parfois si redoutables et si communes dans certains quartiers, dans certaines conditions sociales.

L'humidité du sol et de l'atmosphère explique, en outre, cette fréquence des rhumatismes, des névralgies, ce grand nombre des affections catarrhales et gastriques.

Quant aux habitudes des Dunkerquois, leur régime, leur genre de vie, leurs travaux, etc., etc., ils ne présentent réellement rien qui puisse les faire considérer comme des modificateurs assez spéciaux pour constituer des maladies endémiques, stationnaires, qui ne se retrouvent partout ailleurs.

IV

MALADIES ÉPIDÉMIQUES ET CONTAGIEUSES.

Les épidémies qui ont régné depuis dix ans ont été :

1° Les épidémies de rougeole, en 1850-1851, 1854, 1858.

2° Celle de fièvre puerpérale, en 1854-1855.

3° Celle de fièvre intermittente, en 1857-1858.

4° Celles de grippe, de coqueluche, en 1858.

Notre travail ne peut comporter une histoire détaillée de chacune d'elles, aussi ne seront-elles que successivement esquissées à grands traits. Nous tâcherons de ne pas sacrifier outre mesure aux formes didactiques ; nous insisterons sur les points jugés les plus importants, sans nous croire obligé à donner un développement presque égal à tous les chapitres.

1850-1851. — ÉPIDÉMIE DE ROUGEOLE (1).

Le Dr Lemaire, médecin des épidémies, dans son rapport annuel, s'exprimait ainsi..... « C'est vers le 15
» Septembre 1850 qu'ont paru les premiers cas de rou-
» geole. La température, depuis le commencement du
» mois, était douce, avait peu varié ; elle s'était balancée
» entre 15 et 18 degrés centigrades.

» Les cas ont été successivement en augmentant jusqu'à
» la fin d'Octobre, pour décroître rapidement ensuite. En
» Décembre, il y a eu un temps d'arrêt, puis l'affection
» reparut en Janvier 1851, a continué pendant tout le
» mois de Février ; elle a diminué au commencement de
» Mars, et sa disparition complète n'eut lieu que vers
» la fin du mois. »

Pendant cette période de sept mois, la température a été généralement douce ; au début de l'épidémie, elle s'élevait de 15° à 18° + 0 c., disions-nous tout-à-l'heure ; dans les mois suivants, la moyenne thermométrique a été de 5° + 0 c.; il y a eu deux tiers de beaux jours sur un tiers de jours pluvieux et humides. Nous consignons tout d'abord ces données météorologiques, car elles expliquent, d'après nous, l'extrême bénignité de la maladie.

En portant approximativement à plus de 2000 le nombre des malades, nous serons certes beaucoup au-dessous de la vérité. *Quatre décès* seulement ont été à déplorer.

Cette statistique place l'épidémie rubéolique de 1850-1851 à Dunkerque, au premier rang des plus bénignes dont la science ait enregistré le souvenir.

(1) Pour plus de détails, voir notre *Notice sur l'Epidémie de Rougeole.*

Depuis plusieurs années, la rougeole ne s'était plus montrée à Dunkerque sous forme épidémique ; au moment où nous fûmes appelé pour soigner le premier enfant, le même jour et dans divers quartiers de la ville, éloignés les uns des autres, apparurent d'autres malades, sans qu'on pût établir entre ces manifestations simultanées et disséminées aucune filiation vraisemblable.

Très-rare avant l'âge d'un an, on l'a vue concentrer à peu près ses atteintes entre 1 an et 15 ans. Un très-petit nombre d'adultes en ont été affectés ; M. Lemaire a soigné une jeune fille de 18 ans, et nous ne connaissons qu'une seule dame de 36 ans qui ait souffert de l'exanthème.

A l'hôpital militaire, il n'est entré que deux cas de rougeole, entre 20 et 30 ans.

Nous nous sommes attaché à préciser les phénomènes et la durée de l'incubation ; elle a été étudiée sur 264 individus. En limitant cette période depuis le premier malaise jusqu'au développement complet de la série des symptômes précurseurs et caractéristiques de l'invasion éruptive, nous avons constaté que sa durée varie de 3 à 17 jours.

Presque tous les malades se plaignaient, au début, de pesanteur des membres, de malaise, de lassitude, de céphalalgie ; le coryza, l'éternuement, la rougeur des conjonctives n'ont pas fait défaut ; les épistaxis étaient rares, ainsi que la diarrhée dans la première période ; trois enfants sur 264 ont éprouvé des convulsions. La fièvre survenait le plus ordinairement le soir ou le lendemain du jour où les enfants commençaient à se plaindre, toujours d'autant plus intense qu'ils étaient plus robustes. En général, elle affectait une forme continue ; une seule fois nous l'avons vue intermittente.

La première période passée, l'exanthème se développa. Si, dans la majorité des cas, il s'annonça par de petites taches, d'un rose vif, ressemblant aux piqûres de puces, sur la face, puis sur le tronc et le reste du corps, se réunissant plus tard pour s'étendre et constituer des plaques isolées, de forme irrégulière, et inégalement découpées, ou confluentes, jusqu'à leur disparition ou plutôt leur transformation en macules jaunâtres qui eut lieu d'habitude du 4e au 6e ou 7e jour, il n'apparut pas toujours avec la même régularité sur les mêmes parties du corps et avec une confluence analogue ; ainsi tantôt il débuta par le menton, le front, le col ; tantôt la poitrine, les bras offrirent les premières taches ; tantôt encore il se localisa sur certaines régions du corps.

Chez plusieurs malades, la suppression de l'exanthème ne fut suivie d'aucun accident. Pareille remarque a été consignée par le professeur Lévy dans son Mémoire sur la Rougeole des adultes ; il s'exprime ainsi : (1) « Quant » aux conséquences de la suppression de l'exanthème, » voici ce qu'apprennent les faits ; elles ont été nulles » chez 14 malades qui ont aussi promptement guéri » que si l'éruption avait suivi sa marche régulière..... »

Et plus bas : « chez un autre, l'éruption, qui s'était développée du 19 au 20 Janvier, disparut subitement le » 21 ; il éprouva plusieurs vomissements, et guérit sans » autre accident, etc. »

La période de desquammation, habituelle du 8e au 10e jour, ne s'est pas toujours faite normalement. Des irrégularités ont été observées au commencement de l'épidémie ; elles ont cessé, et les rougeoles ont suivi un cours plus uniforme, au fur et à mesure qu'elles se sont multipliées.

A part quelques anomalies, cette épidémie morbilleuse a présenté une marche normale, régulière et bénigne.

Nous avons noté la fréquence des diarrhées et des

---

(1) *Gazette Médicale de Paris*, t. II, p. 351, 1847. Mémoire sur la Rougeole des adultes.

ophthalmies palpébrales consécutives, à titre de complication, chez les enfants de la classe pauvre, habitant des lieux bas et humides.

Sur 264 malades, 183 ont offert des symptômes d'entérite très-prononcés, de forme normale, dont la durée moyenne était de dix jours environ, sans gravité par conséquent. 87 ont été atteints de blépharo-conjonctivites plus ou moins intenses. Le Dr Lemaire, médecin du bureau de bienfaisance du canton Est, où les pauvres occupaient plus de caves et de lieux humides que dans le canton Ouest, a observé un chiffre d'ophthalmies supérieur au nôtre.

La pneumonie lobulaire, bien caractérisée, a été rare. Une seule fois nous avons trouvé un commencement d'ascite et d'anasarque, qui a promptement cédé aux moyens employés.

Quant au traitement, nous nous sommes tenu exclusivement à l'hygiène, au régime et aux délayants, toutes les fois que l'éruption a été régulière ; toujours nous avons insisté sur la nécessité de ne pas trop se départir de cette réserve, lorsque l'exanthème devenait stationnaire ou rétrocessif ; car, comme l'a fort bien dit M. Trousseau : (1) « Lorsqu'un exanthème a une forme discrète, il ne faut
» jamais, dans le but de le rendre plus confluent, donner
» au malade des stimulants. Ce serait une pratique quel-
» quefois dangereuse dans la rougeole simple, et le
» plus souvent mortelle dans la rougeole compliquée. »

En somme, l'épidémie de rougeole de 1850-1851 peut être résumée ainsi : (2) « Elle a sévi pendant sept mois
» sur une nombreuse population ; elle a été dominée dans
» son expansion épidémique par l'influence prépondérante

---

(1) *Journal de Médecine.* Tome 1er, p. 260.
(2) Rapport sur les épidémies de 1850 par M. Michel Lévy, à l'Académie Impériale de Médecine, p. 34-35.

» de certaines limites d'âge, et se maintenant pendant
» toute la durée de son règne à un degré remarquable de
» bénignité. Nous voyons clairement ici quel est le rôle
» des conditions atmosphériques dans l'évolution de
» l'épidémie ; elles ne l'arrêtent point, elles ne restreignent
» point le champ de son action, elles n'altèrent pas les
» caractères essentiels de son type nosologique ; mais
» elles gouvernent sa marche, elles déterminent les com-
» plications, elles fixent leur siége et leur gravité ; quel-
» ques degrés thermométriques de moins, ou plus de
» fluctuations dans l'atmosphère, et les 2,000 rubéoleux
» de Dunkerque auraient fourni de nombreuses victimes,
» par suite des bronchites capillaires et des broncho-
» pneumonies, généralement si graves dans cette maladie.
» Le danger des épidémies réside, d'une part, dans leur
» essence même ; d'autre part, dans leur opportunité, qui
» se déduit des conditions de l'atmosphère. »

En 1852, cette éruption n'a pas cessé de se manifester, plus ou moins générale cependant, sous l'influence des saisons et des variations atmosphériques.

Les premiers mois de 1853 ont fourni un plus grand nombre de cas, et leur progression ascendante pendant tout le mois de mai a été caractéristique.

En même temps aussi, à cette époque, elle débuta sur plusieurs points de la ville. Le nombre des adultes atteints a été très-petit.

La maladie, en 1853, a constamment présenté une marche régulière, et nous n'avons pas remarqué qu'elle affectât sa préférence pour une complication particulière. Quelques morts ont eu lieu pourtant par pneumonies ou pleurésies intercurrentes.

En Juin, les rougeoles diminuèrent sensiblement.

En Juillet, elles avaient à peu près disparu. Nos cons- titutions médicales des mois suivants de l'année relatent que cette maladie de l'enfance s'est éteinte progressivement.

Depuis 1853, nous avons eu chaque année des rougeoles en plus ou moins grand nombre, mais peu multipliées.

1854. — ÉPIDÉMIE DE ROUGEOLE.

Le registre de clinique médicale de l'hôpital militaire contient une note sur une petite épidémie de rougeole qui a régné, presque exclusivement, dans la garnison de Dunkerque, depuis le 2 Avril jusqu'au 19 Mai 1854, note rédigée par le Dr Pingrenon, médecin principal, chef de l'hôpital militaire. En voici les points principaux :

Epidémie de rougeole, parfois assez grave, en raison de l'intensité de la bronchite, de la diarrhée, et des symptômes cérébraux coïncidents, dans un certain nombre de cas. Elle s'est manifestée ainsi : deux jeunes soldats récemment arrivés à pied, de la Creuze et de la Corrèze, à Dunkerque, par un vent froid de N.-O., bien propre à impressionner les étrangers surtout, en ont été atteints les premiers. Puis, la maladie s'est répandue indistinctement parmi les autres, en sévissant successivement dans les chambrées des corridors voisins de la même caserne, se propageant ensuite dans le détachement de Gravelines.

Parmi les 29 militaires entrés à l'hôpital pendant le laps de temps indiqué ci-dessus, deux cas compliqués, l'un d'inflammation intense de la muqueuse pulmonaire et d'hydro-péricarde, l'autre de fièvre sous forme typhoïde cérébrale, ont entraîné la mort. Plusieurs autres ont été affectés à peu près des mêmes symptômes avec moins d'intensité. La maladie n'a pas toujours suivi régulièrement la même marche : quelques malades ont été atteints d'abord de bronchite assez intense pour avoir été confondue avec la pneumonie, à laquelle on avait opposé la saignée, avant de les envoyer à l'hôpital pour cette maladie qui n'était réellement que la rougeole s'y déclarant bientôt. Il est arrivé aussi, une fois, que l'éruption s'est manifestée et dissipée, presque sans prodrômes fébriles ; de même j'ai observé, dit M. Pingrenon, des malades, après l'épidémie, qui avaient la bronchite et quelques symptômes, moins l'éruption ; de même encore j'ai vu deux malades, atteints d'érysipèle, avoir la toux, le coryza, etc., etc., des rubéoleux.

Le traitement suivi a été entièrement hygiénique ou médical, selon la bénignité ou la gravité des cas.

Il faut arriver à 1858, année funeste sous le rapport de l'intensité et du grand nombre de maladies, pour voir reparaître la rougeole sous forme épidémique.

Afin de donner une idée exacte de sa gravité, nous copierons textuellement nos notes médicales mensuelles.

De cette façon, l'influence météorologique sur son développement sera nettement dessinée ; sa progression sera de même plus parfaitement tracée, ainsi que les complications qui en ont fait le caractère principal pendant toute la durée de l'épidémie.

1858. — ÉPIDÉMIE DE ROUGEOLE.

Février 1858. — Quelques cas de rougeole paraissent en Février. Elles sont normales et bénignes.

Mars. — La première quinzaine de Mars a présenté de nombreuses variations atmosphériques. Si la pluie n'a pas dominé, elle a souvent été menaçante, et s'est transformée plusieurs fois en neige assez abondante, en giboulées sous l'influence des vents vifs de N.-E. et de N.-O. La seconde quinzaine, au contraire, n'a été qu'une série de beaux jours, terminés souvent par l'apparition de nuages orageux, même par un orage. Pendant cette partie du mois, les vents de N.-N.-E., de N.-O persistent, mais moins vifs, et ceux du Sud redeviennent plus fréquents.

Avec la neige, les giboulées du commencement du mois, a coïncidé une température assez basse : peu à peu le thermomètre a éprouvé une gradation progressive, en rapport avec la température douce du printemps.

Sensibles oscillations barométriques; toutefois la colonne a conservé une assez grande élévation jusqu'à la fin du mois.

Ozone de plus en plus prononcé en raison des variations atmosphériques.

. . . .

La rougeole s'est montrée assez fréquente, surtout à partir de la seconde quinzaine du mois. Depuis son apparition, elle a été bénigne; cependant, dans certaines circonstances, elle a pris un caractère grave, il y a eu irritation laryngée vive. Alors, les émétiques ont été employés. Sous cette influence, la toux a changé et l'éruption s'est faite normalement.

La propagation qu'affecte cette éruption cutanée nous fait craindre qu'elle ne devienne épidémique sur une très-grande échelle, comme la grippe, la coqueluche de Janvier et de Février.

Avril. — Température douce pendant le mois d'avril. Depuis la seconde quinzaine du mois, le thermomètre s'est maintenu à une hauteur assez prononcée pour la saison. Des brumes plus ou moins épaisses ont précédé et suivi, matin et soir, la majeure partie des belles journées du mois.

Variations barométriques graduelles.

Plus de pluie qu'en Mars, par conséquent plus d'humidité.

Comme en Mars, les vents de N. et de N.-E. ont été les plus marqués; ils ont même, à certains moments, soufflé avec violence.

L'ozone a augmenté de plus en plus.

Les conditions atmosphériques précédentes ont eu une grande influence sur les maladies régnantes. Le nombre des malades augmente de jour en jour. . . . . .

. . . .

La rougeole se propage partout, et, dans la majeure partie des cas, elle est précédée par la coqueluche qu'elle a transformée parfois en bronchite capillaire grave.

Plusieurs rougeoles ont été accompagnées d'angines. Cette complication, due au froid humide d'une partie d'Avril, nous inquiétait souvent, quoiqu'elle n'ait fait aucune victime.

Un autre symptôme nous a préoccupé encore plusieurs fois, c'est une toux croupale qui précédait la période d'invasion ; elle nous faisait craindre un pseudo-croup ou un catarrhe pulmonaire.

Au début, en pareil cas, nous avons prescrit des sangsues au cou et au sommet de la poitrine ; nous étions effrayé de cette oppression considérable, de cette toux rauque, de cette respiration sifflante. Dans d'autres circonstances, nous avons administré des vomitifs ; d'autres fois enfin, le mal paraissant avancé, nous nous bornions à une expectation, ne prescrivant que des boissons chaudes, émollientes. Eh bien ! nous avons acquis la preuve que les sangsues étaient inutiles, que les vomitifs amenaient difficilement le vomissement, que les boissons et applications externes émollientes suffisaient, et que, peu à peu, les accidents, en apparence sérieux, disparaissaient. Ils n'étaient que le prélude de l'éruption rubéolique qui suivait ensuite normalement son cours.

Vers la fin du mois, quelques cas ont été précédés ou accompagnés de diarrhée.

Déjà plusieurs adultes, de plus de 15 ans, ont été frappés par l'éruption.

En avril, aucune rougeole n'a été mortelle.

Mai. — Les premiers jours du mois ont été pluvieux, et la température, qui déjà avait baissé à la fin d'Avril sous l'influence de la pluie, s'est maintenue dans ces conditions, matin et soir surtout, pendant les huit premiers jours de

Mai; puis, nous avons eu une série de journées progressivement chaudes relativement, sans être belles toutefois. Des brouillards le matin, quelques-uns le soir, des alternatives de pluie, de vent, souvent des nuages, tel a été à peu près le bilan du mois. Malgré ces variations si nombreuses, il a été possible encore de compter quatorze jours à peu près beaux.

Le baromètre n'a rien offert de remarquable : oscillations en rapport avec l'état de l'atmosphère. Les vents de Sud, de Sud-Ouest ont dominé, ils ont primé pendant les deux derniers tiers du mois; ceux de N.-E., de N.-O. ont marqué les premiers jours dont la température a été basse et accompagnée de pluie.

Un peu moins d'ozone qu'en avril.

. . . .

Les rougeoles ont été les maladies les plus fréquentes du mois. L'épidémie se répand de plus en plus; les cas de cette rougeole catarrhale sont, en général, très-violents; nous signalerons encore que le plus grand nombre des enfants malades ont surtout souffert d'une diarrhée qui les affaiblissait beaucoup.

Déjà nous avons mentionné cette diarrhée vers la fin d'Avril.

Très-souvent elle accompagne la période d'éruption de la rougeole, et c'est un phénomène favorable; mais quand elle est abondante, qu'elle se traduit par un grand nombre d'évacuations, elle devient une véritable complication. C'est ce qui est arrivé à Dunkerque depuis cinq semaines à peu près, particulièrement chez de jeunes enfants, car elle a été moins observée chez ceux qui avaient franchi la première enfance.

Généralement bénigne, elle n'entravait en rien l'éruption. Si, au contraire, les selles étaient nombreuses (15-20, par exemple, par jour), l'éruption s'arrêtait tout à coup, pour ainsi dire, les yeux s'excavaient, les malades tombaient dans une prostration inquiétante, et la dyssenterie survenait. L'ensemble de la position s'aggravait alors, et compromettait la vie des malades. Dans un cas (enfant Robert, rue de la Paix, 3), la diarrhée a marché de front avec une acuité extraordinaire des symptômes généraux, avec l'éruption, avec une accélération énorme du pouls, etc., etc.; puis, elle s'arrêta subitement, et elle fut suivie d'accidents ataxiques des plus graves à la suite desquels cet enfant succomba.

Quand cette diarrhée était forte, que le médecin devait intervenir, il essayait de la combattre par les opiacés, avec les précautions les plus grandes afin de ne pas stupéfier les enfants. La décoction blanche de Sydenham était souvent employée. Indépendamment de ces moyens, cataplasmes émollients sur le ventre.

Bien que nous nous soyons étendu sur ce symptôme, tantôt précurseur, tantôt concomitant de la rougeole, les autres complications apparaissaient comme durant les mois précédents; ainsi des convulsions, cette toux croupale, et quelquefois des accidents thoraciques assez sérieux.

Pendant les mois de Mars-Avril, l'épidémie a été graduelle; en Mai, elle a envahi simultanément tous les quartiers de la ville. Cette observation a été faite par tous les médecins.

Jusqu'ici peu d'enfants nouveau-nés ont été atteints. Ce n'est guère qu'à l'âge de 2 ou 3 mois qu'ils ont été frappés.

Nous n'avons pas encore constaté de récidives.

Comment expliquer cette réapparition de la rougeole, si grave surtout, en 1858? Quelle en a été la cause prochaine? La trouverons-nous dans les froids vifs accompagnés des vents de N., de N.-E., ou dans les froids humides engendrés par les vents de S. et de S.-O? C'est ce que nous ne pourrons apprécier que plus tard, quand elle aura à peu près disparu de notre pays.

Découvrirons-nous plutôt cette cause prochaine dans la quantité plus ou moins grande d'ozone qui existe dans l'atmosphère ? Nous ne pourrons faire également cette appréciation qu'à la fin de l'épidémie.

En résumé, pendant le mois d'Avril, la rougeole n'était certes pas à son apogée, et cependant l'ozone a été très-marqué ; les papiers chaque jour, chaque matin surtout, étaient extrêmement colorés ; au contraire, en Mai, l'éruption morbilleuse s'est beaucoup propagée, elle a envahi la majeure partie des familles, et l'ozone a été moins sensible que le mois précédent. C'est la seule différence à constater aujourd'hui. Plus tard, le rapprochement de nos observations mensuelles sur l'ozone montrera si, entre ses proportions variables, le développement et l'extinction de l'épidémie, il peut exister une relation quelconque de cause à effet.

En Mai, deux cas de rougeole, compliquée de diarrhée grave, ont été suivis de mort.

Juin. — Le mois de Juin a été magnifique. On a pu compter une longue série de beaux jours interrompus seulement par quelques moments de pluie tellement minime, que le pluviomètre n'a marqué que 001^m, hauteur pour ainsi dire inappréciable. Les brouillards n'ont pas non plus obscurci la sérénité de ces beaux jours ; trois fois seulement ils ont été assez sensibles jusqu'à huit heures du matin ; puis, le ciel devenait d'un bleu d'azur.

Les vents seuls, quoique soufflant le plus souvent de Nord-Est et de l'Ouest, ont offert assez d'inconstance. C'est à cette persistance des vents de Nord-Est qu'il faut attribuer la sécheresse continue pendant presque tout le mois. La température a été d'accord avec l'atmosphère, de plus elle a été assez égale. Cette constance dans l'élévation de température a été remarquable. Il en a été de même pour la colonne barométrique.

Ozone moins sensible que les deux mois précédents.

La rapidité avec laquelle les changements atmosphériques ont exercé leur influence sur la santé publique a été frappante Déjà la température avait été assez élevée pendant une partie de Mai, et avait engendré des affections intestinales; mais depuis le commencement de Juin, que les chaleurs sont bien établies, on rencontre partout un plus grand nombre de ces affections, notamment beaucoup de diarrhées. Les individus malades n'ayant encore pu goûter aucun fruit de la saison, il s'agit bien ici d'une vraie constitution médicale, en rapport, sans contredit, avec l'élévation de température. Cette influence a évidemment agi sur les enfants déjà souffrants, ou prédisposés à la rougeole; aussi ces derniers qui en ont été atteints, ont eu une diarrhée abondante. Elle a présenté des phases aussi graves que le mois dernier, et cependant cette complication, qui a été, en général, combattue par les moyens employés en Mai, n'a déterminé qu'un seul cas de mort.

Les rougeoles continuent à être nombreuses; après la diarrhée, les complications sérieuses les plus fréquentes ont été, au début, cette toux croupale, et les accidents thoraciques avant, pendant et après l'éruption.

Un enfant de quatre ans a succombé à un catarrhe suffocant. Huit enfants, très-jeunes, sont morts de convulsions.

Cet accident a-t-il été un des prodrômes de la rougeole, ou la conséquence de toute autre cause? Le fait est que l'influence rubéolique était générale; que dans la famille de plusieurs d'entre eux, l'éruption régnait: toutefois, chez ceux qui ont été soignés par nous, aucune trace de rougeur faisant même pressentir la rougeole n'a été découverte.

Les convulsions du début de cette maladie ne sont pas graves lorsqu'elles ne se répètent pas trop. Il en est de ce symptôme comme de ce qui se présente chez les jeunes enfants au début de toute affection, la variole, la scarlatine, une affection bronchique ou intestinale.

La médication mise en usage contre l'état convulsif a été subordonnée à son plus ou moins de gravité et aux circonstances déterminantes. Ainsi, traitement simple, légers antispasmodiques, infusions de tilleul ou de feuilles d'oranger, potions calmantes. Dans d'autres circonstances, plus ou moins de sangsues derrière les oreilles, selon l'âge. Certes, nous avons eu la preuve que des enfants devenus exsangues, par un écoulement abondant, étaient plus disposés que d'autres au retour des accidents que nous voulions combattre; mais enfin il fallait agir vite, et une médication énergique était indispensable.

Les opinions des médecins, en pareille occurrence, sont opposées les unes aux autres. Certains, et à leur tête le professeur Trousseau, proscrivent complètement les émissions sanguines, quelle que soit la gravité des convulsions, et ils ne se bornent qu'aux antispasmodiques, aux infusions de tilleul, etc., etc.; d'autres, au contraire, emploient les réfrigérants, les purgatifs, etc., etc.

Tous ces moyens employés d'une manière exclusive sont nuisibles; trop de sangsues affaiblissent l'enfant, l'énervent et le plongent dans les conditions favorables au retour des convulsions; sous l'influence des réfrigérants sur la tête, par exemple, on doit craindre de voir s'aggraver le catarrhe morbilleux; les purgatifs aussi ont un grand inconvénient, celui d'irriter l'estomac, les intestins, et de prédisposer au retour des convulsions plus que les sangsues peut-être.

En somme, au début de la rougeole, traitement en rapport avec l'intensité des convulsions; et malgré l'opinion du professeur Trousseau, nous avons employé quelquefois les émissions sanguines quand cette complication se prolongeait, quand surtout les signes de congestion cérébrale étaient évidents, et malgré la crainte de prédisposer les enfants, par leur faiblesse ultérieure, au retour des accidents.

Juillet. — Le mois de Juillet n'a rien présenté de remarquable dans sa constitution atmosphérique. La température a peu varié, elle a été moins élevée qu'en Juin, et n'a guère été que celle d'un mois d'été ordinaire.

Beaucoup plus d'eau tombée en Juillet qu'en Juin; aussi la sécheresse a-t-elle été bien moins considérable.

Vents d'Ouest dominants.

Oscillations barométriques régulières. Colonne assez élevée.

La moyenne de l'ozonomètre a été supérieure à celle du mois de Juin, le matin surtout.

Beaucoup de rougeoles, tantôt bénignes, tantôt graves. Leurs complications les plus fréquentes ont été, en Juillet, les angines striduleuses, ou laryngites muqueuses, ou catarrhes suffocants, les broncho-pneumonies et la diarrhée.

Dans les cas simples de catarrhes suffocants, adoucissants et révulsifs aux extrémités inférieures. Si la maladie s'aggravait (et chez beaucoup de pauvres nous avons tous constaté cette aggravation), sangsues au larynx, ajoutées aux moyens précédents, et dans les cas menaçants ou rebelles, un vomitif.

Quatre enfants de la classe pauvre sont morts de catarrhe suffocant.

La broncho-pneumonie a été aussi l'une des complications les plus graves de la rougeole et les plus fréquentes en Juillet. Toujours mêmes causes et même catégorie de malades. Deux décès.

Sangsues, vésicatoires, potions kermétisées et quelquefois un vomitif.

Quant à la diarrhée, elle continue à être très-commune, soit devançant l'éruption, soit pendant son cours, et y survivant. Elle s'est jusqu'ici montrée bénigne dans la moitié des cas de rougeole.

Jusqu'à ce jour, 31 Juillet, l'épidémie qui dure depuis le mois d'Avril à peu près, bien que déjà en Février et Mars on signalait quelques cas, paraît avoir atteint son summum d'intensité, car elle n'a pas encore frappé un aussi grand nombre d'enfants de tout âge, des adultes même.

Août. — Le mois d'Août a été variable, tantôt chaud humide, tantôt froid humide.

Relativement à Juin-Juillet, la température n'a pas atteint une trop forte intensité Après un bon nombre de jours beaux, est venue une longue série de jours de pluie et d'orages. Depuis le 1er Janvier, jamais la pluie n'a été aussi abondante.

La colonne barométrique s'est presque toujours tenue au dessus de la hauteur moyenne.

Les vents d'Ouest, de Nord-Ouest, de Sud-Ouest ont dominé.

Moyenne de l'ozone égale à peu près à celle des deux mois précédents, peu développé.

On le voit, l'électricité n'a pas été assez active pour maintenir l'oxygène dans une tension prononcée.

Les maladies observées le plus fréquemment relèvent étroitement de la constitution atmosphérique : ainsi, elles n'ont pas offert exclusivement le caractère gastro-intestinal propre aux affections du mois d'Août dans notre pays. Les maladies de l'appareil respiratoire ont été, au contraire, en plus grand nombre que d'habitude en cette saison, et cependant le peu de développement de l'ozone n'a pas été de nature à les engendrer, l'ozone n'agissant, en général, que par ses caractères irritants.

. . . .

Les rougeoles continuent à sévir épidémiquement. Les catarrhes suffocants les compliquent encore. La fréquence de cette complication concorde avec ces bronchites, ces broncho-pneumonies, exceptionnelles pour la saison.

On a observé encore des accidents cérébraux assez

multipliés. Depuis le commencement de l'épidémie, nous en avions bien constaté çà et là, mais sans caractère de gravité bien tranchée, tandis que dernièrement trois jeunes enfants ont succombé à des encéphalites parfaitement dessinées.

Une broncho-pneumonie a enlevé un petit garçon de 15 mois.

Chez un seul enfant rubéolé, la diarrhée a été grave, et a entraîné la mort.

En somme, onze décès appartiennent aux suites de la rougeole : la progression est sensible depuis le commencement de l'épidémie. Quand elle sera complètement éteinte, nous indiquerons, sous forme statistique, les chiffres des décès, en regard des complications constatées par le médecin chargé de leur vérification.

Août a donné un cas bien avéré de rougeole sans éruption (Jeanne H.....). Quelques faits de ce genre ont, du reste, été aussi observés par nos confrères.

Septembre. — Ce mois a, en général, été assez beau, et les brouillards n'ont obscurci l'atmosphère que momentanément le matin et le soir pendant une quinzaine de jours. Avec ces beaux jours, chaleur presque continue, nullement habituelle dans ce premier mois d'automne. Peu de pluie. Baromètre au-dessus de la hauteur moyenne.

Quantité d'ozone presque identique à celle du mois d'Août.

La rougeole marche, tantôt de proche en proche, de famille en famille, tantôt par sauts et par bonds, abandonnant une circonscription pendant quelques jours, sévissant dans une autre partie de la ville, puis revenant dans le quartier qu'elle avait quitté. Même bizarrerie dans les périodes d'incubation, d'éruption, dans sa marche, dans ses symptômes précurseurs ou concomitants.

Trois enfants sont morts de catarrhe suffocant compliquant l'éruption.

La coqueluche, qui a précédé la rougeole, s'est aussi aggravée chez beaucoup de malades; deux y ont succombé.

Un autre enfant a éprouvé des accidents cérébraux si prononcés qu'une encéphalite aiguë s'est déclarée et est devenue mortelle.

Enfin la 7e victime de la rougeole, pendant le mois de Septembre, n'a pu résister à une broncho-pneumonie qui, déjà, durait depuis six semaines.

Notre pratique nous a offert deux cas de rougeole anormale.

Pendant le mois, nous avons soigné un jeune homme de 16 ans, et une jeune fille de 19 ans, malades d'une rougeole très confluente. Marche régulière. Chez ces deux adolescents, les symptômes précurseurs et concomitants ont été beaucoup plus prononcés que généralement dans l'enfance.

. . . .

Octobre. — Magnifique mois d'Octobre. Peu de pluie ; aussi la sécheresse, qui dure depuis les précédents mois, n'a pas discontinué de régner, pour ainsi dire.

Beaucoup de brouillards matin et soir surtout ; peu d'oscillations de la colonne barométrique.

Vents dominants de S.-O., d'O. et de N.-O.

Peu d'ozone. Les vents dominants ont été ceux de S.-O., d'O. et de N.-O.

Le peu de variations de température et barométrique devait produire peu d'ozone chaque jour, ce qui est arrivé, et cependant les moyennes du matin et du soir, et celles du mois ont été plus marquées que les moyennes des mois précédents.

. . . .

Les rougeoles ont diminué, mais celles qui ont été compliquées par des affections consécutives des organes respiratoires ont été graves et beaucoup suivies de mort.

Indépendamment des laryngites muqueuses (catarrhes suffocants) qui ont enlevé huit jeunes enfants, à la suite de la rougeole, une autre complication a été la coqueluche. Elle a dégénéré et tellement affaibli certains enfants que cinq n'ont pu résister. Ils ont succombé dans un état de marasme prononcé. Les congestions cérébrales, assez nombreuses en Octobre, ont aussi frappé plusieurs enfants malades de rougeole, et quatre, atteints d'encéphalite aiguë, sont morts en peu de jours.

Deux autres enfants, souffrant de broncho-pneumonie chronique, datant d'un à deux mois, sont morts dans un épuisement complet.

Enfin le 20e enfant, mort des suites de la rougeole, inscrit au nécrologe d'Octobre, avait eu cette fièvre éruptive en Août ; une diarrhée qu'il a été impossible de vaincre, et qui l'a miné progressivement, a été la cause de sa mort.

Les décès, à la suite de la rougeole, se sont donc élevés à 20 en Octobre, et la mortalité générale des enfants n'a été que de 48. Ce chiffre de 20 décès a été le maximum depuis le commencement de l'épidémie.

Cette mortalité a certainement été la conséquence des modifications de la constitution atmosphérique et de l'abaissement de la température. Quinze enfants sur vingt ont succombé à des affections des voies respiratoires : cette observation concorde parfaitement avec l'augmentation des bronchites, etc., etc., signalée dans notre constitution médicale de ce mois.

Novembre. — Ce dernier mois de l'automne a été un véritable mois d'hiver. Un certain nombre de beaux jours, mais en même temps température froide sous l'influence des vents d'Est et de Nord-Est dominants.

Oscillations barométriques peu sensibles. Humidité moins grande qu'en Octobre.

Beaucoup de brouillards.

Quant à l'ozone, beaucoup de variations.

La mortalité en Novembre, chez les enfants au-dessous de 10 ans, fut de 45; la rougeole fournit 6 décès. Un enfant mourut de diarrhée chronique ; un autre, qui avait conservé à la suite de l'éruption une bronchite dont l'origine remontait à deux mois, fut pris d'un catarrhe suffocant auquel il succomba. Enfin, quatre jeunes enfants furent enlevés par une encéphalite aiguë. Cette dernière complication eut, en Novembre comme en Octobre, une certaine relation avec les apoplexies indiquées comme fréquentes dans notre statistique médicale de ce mois.

Dans plusieurs circonstances, la rougeole a annihilé des maladies chroniques ; nous croyons inutile de relater en détail les cas observés. Tantôt, par exemple, la rougeole fit disparaître une diarrhée intermittente; une autre fois, ce fut une fièvre intermittente quotidienne rebelle, depuis 2 mois et demi, au sulfate de quinine. Nous pourrions ajouter d'autres exemples ; mais les deux qui précèdent suffisent pour corroborer cette opinion du Dr T. P. Desmartis, de Bordeaux (1) : « Les pathologistes, dit-il, ont souvent
» observé que les affections aiguës éliminent ou neutrali-
» sent certaines maladies chroniques, de sorte que l'état
» morbide primitif se trouve guéri lorsque l'affection
» nouvelle est passagère et guérie elle-même. On dirait,
» dans les maladies chroniques, que l'économie animale,
» habituée à souffrir, est trop accablée pour se relever
» seule, et qu'elle a besoin d'un ébranlement, d'un choc,
» pour reprendre son ressort normal ; mais ces modifica-
» tions salutaires sont produites la plupart du temps par
» le seul hasard. »

Notre confrère a constaté des faits de ce genre pour la rougeole, pour la variole, pour le choléra, etc., etc.

Nous avons eu un nouveau cas de rougeole sans érup-

---

(1) *Abeille Médicale*, 31 Janvier 1859, n° 5.

tion, et cependant tous les autres symptômes étaient bien marqués.

Décembre. — Mois couvert et humide à cause de nombreux brouillards. A plusieurs reprises, pluies abondantes.

Vents fréquents et intenses de N.-O et de S.-O.

Colonne mercurielle à une hauteur moyenne de plus de 760^m. Température modérée, quelques nuits de gelée à peine sensible.

Ozone peu prononcé en Décembre.

La rougeole s'éteint peu à peu, les cas nouveaux sont rares, et les huit enfants, qui en sont morts, avaient eu cette éruption à une époque plus ou moins éloignée.

Six enfants étaient restés souffrants depuis la disparition de l'exanthème ; ils avaient toussé, avaient été négligés par leurs parents ; le mal s'était aggravé, transformé en catarrhe suffocant, et ces malheureux n'ont pas tardé à succomber.

Chez celui qui fut enlevé par une broncho-pneumonie, le mal était passé à l'état chronique.

Enfin, le 8° de la série de Décembre a été miné par une coqueluche passée aussi à l'état chronique, et qui avait complètement altéré sa santé et sa constitution.

Pour la première fois, nous avons observé un exemple d'hydropisie des plus graves, terminé par une guérison inespérée.

Mortalité des enfants jusqu'à l'âge de 10 ans pendant l'épidémie de rougeole en 1858.

Laryngite muqueuse (catarrhe suffocant)	29	décès.
Encéphalite	12	»
Diarrhée	9	»
Coqueluche	8	»
Broncho-pneumonie	7	»
Total.	65	»

Mortalité générale, en 1858, des enfants jusqu'à l'âge de 10 ans. — 529 décès.

La proportion pour la rougeole est donc d'un peu plus de 8 1/2 p. 0/0.

En 1859, la rougeole a été à peine constatée ; elle fut très-bénigne comme en temps ordinaire.

1854-1855. — ÉPIDÉMIE DE FIÈVRE PUERPÉRALE.

Paris n'a pas exclusivement le triste privilége des épidémies de fièvre puerpérale. Plus fréquentes dans la capitale qu'ailleurs, sans doute parce que l'encombrement des femmes en couches y est plus considérable, elles sévissent quelquefois aussi au sein de populations beaucoup moins importantes, et elles ne s'y montrent ni moins graves ni moins meurtrières. Témoin l'épidémie qui a sévi à Dunkerque et dont on va lire ici le résumé. (1)

De mémoire d'homme, notre ville a toujours été épargnée ; c'est donc pour la première fois que la fièvre puerpérale a sévi à Dunkerque en Juin 1854 ; heureusement que le fléau a définitivement abandonné la place en Mars 1855.

L'influence épidémique sur la population s'établit ainsi. En général, les accidents puerpéraux, même les plus légers, n'ont pas porté sur les accouchées de la classe riche. Par exception, six femmes, entourées de bonnes conditions hygiéniques, des aisances de la vie, ont succombé à des symptômes extrêmement graves.

La classe ouvrière peut être divisée en deux séries : la première, comprenant les femmes peu aisées, mais ayant un intérieur propre, a fourni beaucoup de malades, la majeure partie légèrement atteintes. La deuxième série, au contraire, appartenant aux familles nécessiteuses, chez

---

(1) Pour d'autres détails, voir notre *Etude sur la fièvre puerpérale épidémique.*

lesquelles la malpropreté et les privations sont l'état normal, a été frappée parfois avec intensité.

C'est l'histoire de presque toutes les épidémies ; c'est ordinairement dans les habitations ou les localités les plus insalubres qu'elles font le plus de victimes.

D'après notre statistique, l'épidémie, foudroyante dès le début (1 décès sur 9 accouchements en 8 jours), a semblé se ralentir en Juillet (1 sur 21) pour reprendre une plus grande violence en Août et surtout en Septembre (1 sur 10, 1 sur 9); intensité moindre pourtant dans ce dernier mois qu'en Juin, puisqu'au mois de Septembre la mortalité est d'un sur 9 dans l'espace de 30 jours, tandis qu'en Juin elle a présenté la même proportion dans l'intervalle de 8 jours seulement, c'est-à-dire quatre fois moins forte en Septembre que dans le mois de Juin. La maladie s'assoupit en Octobre au point de ne présenter qu'un seul décès sur 81 accouchements ; elle se réveille en Novembre (3 décès sur 64, 1 sur 21); 82 accouchements en Décembre ne fournissent aucun décès. Janvier et Février de l'année 1855 en donnent 3 chacun sur 61, 63 accouchements, 1 sur 20, 1 sur 21. Enfin, un seul cas de mort a lieu le 25 Mars sur 54 accouchements, et l'épidémie s'éteint aussi complètement. De sorte qu'il y a eu dans tout le cours de l'épidémie 32 décès sur 660 accouchements, soit un décès sur 20 20/32 5/8 accouchements.

Si nous comparons ces résultats à ceux des trois années qui ont précédé l'épidémie, la statistique fournit les dondées suivantes :

1851 : sur 939 accouchements, 1 décès dû à une affection puerpérale.

1852 : sur 872 accouchements, 1 décès également dû à une affection puerpérale.

1853 : sur 921 accouchements, 10 décès par la même cause (1 sur 92 1/10). Déjà l'année 1853 annonçait les prodrômes de l'épidémie qui a éclaté en Juin 1854.

Nos recherches prouvent que la mortalité n'a pas été plus forte à Dunkerque qu'en 1838 à l'hôpital des Cliniques à Paris ; qu'elle a été moins funeste que l'épidémie de 1843-1844, qui a régné à Paris, et qui a donné 1 décès sur 7 et une fraction ; la mortalité de l'Hôtel-Dieu ayant été d'un sur 4 et une fraction en 1843 ; celle de l'Hôtel-Dieu-annexe, en 1843, ayant été d'un sur 4 et une fraction ; enfin celle de l'hôpital St-Louis, en 1844, ayant de même été d'un sur 4 et une fraction.

Deux autopsies seulement ont pu être pratiquées. Elles ont révélé la présence d'un litre de pus environ dans le péritoine, principalement dans les fosses iliaques, l'injection des lymphatiques et des veines de la matrice ; et dans un des deux cas, l'imbibition du tissu utérin par des gouttelettes de pus.

Le rapprochement de ces deux autopsies, fait avec les 222 ouvertures des corps pratiquées par M. Tonnellé, a prouvé que la fièvre puerpérale se présentait plus souvent sous la forme de métro-péritonite que sous celle de péritonite isolée.

Le D^r Ch. Dubreuilh, de Bordeaux, a fait les mêmes remarques.

Si nous examinons l'état météorologique de Dunkerque pendant toute la durée de l'épidémie, nous voyons que c'est moins à l'humidité et aux pluies fréquentes qui ont régné, qu'aux variations brusques de l'atmosphère qu'il faut attribuer le développement de cette maladie. Sous ce rapport, nous adoptons les opinions de MM. White, Voillemier pour les épidémies de Paris, de M. Vernay, pour l'épidémie qui régna en 1845-1846 à la Maternité de Lyon. Pour ces observateurs, ce n'est ni la saison froide, ni la saison chaude qui, *à priori*, prédisposent à la fièvre puerpérale ; mais les variations brusques de température, l'exposition au froid, à un courant d'air, immédiatement après l'accouchement.

Il résulte de notre étude statistique et comparative que l'évolution pathologique, durant cette partie des années 1854-1855, a parcouru à peu près ses phases ordinaires, et qu'à côté de la fièvre puerpérale, les seules maladies régnantes habituellement, ayant offert de l'intensité, ont été la fièvre typhoïde, la diarrhée, les exanthèmes.

Toutes ces phlegmasies ont été marquées par une notable diminution des forces, la petitesse, la dépressibilité du pouls, la tendance au refroidissement des membres, la faiblesse et l'inertie des sujets.

Très-souvent nous avons retrouvé cette prostration des forces chez nos malades : elle était compliquée de troubles de l'innervation, de phénomènes fébriles, tantôt intermittents, tantôt rémittents, et quand elle ne cédait pas, survenait la forme typhoïde, principalement adynamique. Les rares malades qui ont guéri ont eu une convalescence des plus lentes.

En un mot, si notre fièvre puerpérale ne s'est pas développée sous l'influence immédiate de telles ou telles combinaisons morbibes, elle a eu, en 1854-1855, avec les manifestations signalées plus haut, une connexion intime, incontestable.

Nous avons attribué une très-grande part, comme causes de la production de l'épidémie, à la misère, à l'alimentation insuffisante et de mauvaise qualité. Elles ont certes été la raison d'être de cette épidémie puerpérale ; et ce qui tendrait à prouver notre assertion, c'est la rareté, sinon l'absence de la maladie dans la classe aisée et moyenne.

La plupart des femmes atteintes avaient été primitivement assez bien constituées, quoique à système musculaire peu développé. Mais la constitution de beaucoup d'entr'elles était détériorée, au moment de leurs couches, par des maladies antérieures, par des accouchements nombreux, et surtout par l'insuffisance ou l'altération des modificateurs hygiéniques.

Presque tous les maris, marins au service de l'Etat, ou ouvriers sans travail, ne pouvant fournir le nécessaire au ménage, leur famille, leur femme, vivaient dans des conditions d'insalubrité domiciliaire et d'alimentation les plus médiocres. Plusieurs étaient même réduites à implorer la charité publique.

Tous les auteurs en conviennent, la fièvre puerpérale dont sont affectées les femmes faibles est plus grave que celle qui atteint les femmes à constitution forte ou moyenne.

Les atteintes les plus violentes du mal ont porté particulièrement sur les accouchées de 22 à 36 ans, c'est à dire sur cette période qui correspond à la plus grande activité, à la plus grande force. Mais on doit admettre que ce n'est pas à cette activité vitale qu'il faut rapporter les suites fâcheuses, mais bien au cachet adynamique dont était empreinte l'épidémie, parce que la forme inflammatoire eût été le caractère dominant de cette maladie chez les femmes de cet âge.

Les émotions de l'âme ont eu aussi leur part d'influence, et, en nous appuyant sur neuf observations, nous avons fait ressortir les conséquences fâcheuses de certaines préoccupations morales comme causes prédisposantes. Notre opinion est corroborée par celles des Drs A. Moreau, Helm, Vernay et Maurat.

La plupart des observateurs avancent que les primipares sont plus exposées que les autres à contracter les maladies puerpérales, et que, le plus souvent, les conséquences en sont très-meurtrières. Ce qui distingue l'épidémie de Dunkerque, c'est que le plus grand nombre des décès s'est montré chez les multipares et non chez les primipares. Ainsi, sur 44 cas graves, il ne s'est rencontré qu'une seule primipare qui ait succombé.

Une fois la maladie a pu être attribuée à des manœuvres obstétricales. Il s'agit d'une rachitique, chez laquelle les crochets aigus durent être employés pour faciliter la sortie d'une tête volumineuse.

Une autre fois encore, mais chez une femme vivant dans l'aisance, la rétention d'un fœtus putréfié devient la cause de la maladie.

Si toutes les causes, que nous venons de mentionner sommairement, ont pu modifier défavorablement l'économie des femmes pendant leur grossesse et l'état puerpéral, en général, elles n'auraient très-probablement pas *toujours* déterminé la fièvre puerpérale sans l'influence d'une cause *sui generis*, plus puissante, dont la nature nous échappe, et que nous appellerons, comme MM. Tonnellé, Dubois, etc., etc., *agent, génie épidémique*.

Quant à la question de la contagion de la fièvre puerpérale épidémique, objet de tant de controverses, tout en reconnaissant qu'elle peut exister, nous nous prononçons cependant pour la négative ; nous appuyons tout naturellement notre manière de voir sur ce qui s'est passé à Dunkerque pendant l'épidémie, où aucun fait de contagion directe ni indirecte ne s'est produit.

Après avoir indiqué les conditions génératrices probables et les circonstances sous l'influence desquelles la fièvre puerpérale s'est développée dans notre pays, examinons maintenant les effets pathologiques de ces causes, c'est à dire les troubles fonctionnels ou la symptomatologie et la marche de l'affection.

Un fait à signaler d'abord, c'est que pendant toute la durée de l'épidémie, la majeure partie des femmes ont été plus ou moins souffrantes, et surtout *de diarrhée*, pendant les derniers temps de leur grossesse. Elles accouchaient naturellement presque toutes plus facilement même que d'ordinaire.

Le 2ᵉ jour, le 3ᵉ dans certains cas, le 4ᵉ et le 5ᵉ se

passaient sans aucun accident. La diarrhée, qui s'était arrêtée, reparaissait quelquefois, et la maladie se dessinait plus ou moins vite par des phénomènes qui ne permettaient pas toujours de reconnaître, au premier abord, une véritable fièvre puerpérale.

La maladie s'est montrée sous deux formes principales, la forme inflammatoire et la forme typhoïde.

La forme inflammatoire, la plus simple et la plus générale, n'a fait aucune victime; elle se terminait ordinairement assez vite par résolution, et les fonctions les plus importantes reprenaient leur cours.

La forme typhoïde était infiniment plus grave. Elle a offert diverses nuances qui ont fait distinguer trois variétés que nous avons désignées sous les noms suivants : 1° *fièvre puerpérale sans siège bien déterminé de lésion*; 2° *péritonite puerpérale;* 3° *métropéritonite puerpérale.*

C'est la forme typhoïde que Dance a décrite avec soin dans sa *Phlébite utérine,* et par suite d'observations analogues, White, Manning, Millaz, Tissot et plusieurs médecins de la même époque ont cru devoir ranger la fièvre puerpérale dans la classe des affections putrides.

Tous les praticiens, et surtout ceux qui exercent dans les hôpitaux, conviennent que la forme typhoïde est la plus commune dans les épidémies puerpérales, et qu'il y a chez les malades autre chose qu'une péritonite simple.

L'intensité et la durée du frisson sont toujours en raison directe de la gravité de la maladie. C'est la remarque qui a été signalée aussi par MM. Voillemier, A. Moreau, Bidault et Arnoult, Bourdon et P. Dubois.

La douleur est tantôt générale, tantôt circonscrite. Quelquefois elle est nulle, quoique l'autopsie fournisse la preuve incontestable d'une péritonite intense. D'autres fois, la douleur ne se manifeste que peu de temps avant la mort. Parfois, au contraire, la sensibilité abdominale est si vive que le poids des cataplasmes, des couvertures, des fomentations même ne peut être supporté.

L'issue de cette deuxième forme a été le plus souvent funeste. Cependant quelques-uns de ces cas les plus graves ont guéri, et les moyens de traitement mis en usage n'ont probablement pas été sans influence sur cette heureuse terminaison.

Deux fois seulement la maladie a passé à l'état chronique : dans un cas, il s'agissait d'une péritonite avec caractères typhoïdes. L'affection primitive, devenant progressivement chronique, s'est terminée par une métastase lente sur le tissu cellulaire. Les jambes ont commencé à se tuméfier autour des molléoles ; la tuméfaction s'est étendue ensuite à toutes les extrémités inférieures, puis a envahi le corps. Une excrétion abondante d'urine l'a fait disparaître peu à peu. Chez une autre malade, il est survenu consécutivement une hydropisie générale avec ascite ; la disparition de la métastase s'est faite, dans ce cas, très-lentement.

A part ces deux cas, les accidents consécutifs ont été nuls chez la plupart des malades, ou tellement peu sensibles qu'ils n'ont imprimé à la marche de l'affection principale aucune modification notable : pas d'abcès de la fosse iliaque, pas de maladies bronchiques, pulmonaires, point d'affections articulaires. La seule complication grave qui ait été constatée a été la méningite aiguë.

Les accidents cérébraux ont fréquemment aggravé la fièvre puerpérale. Plusieurs femmes ont éprouvé subitement, dès le printemps, des céphalalgies violentes, suivies d'un délire, qui, chez quelques-unes, est devenu furieux.

Chez plusieurs malades, il s'est fait une transformation brusque de la forme inflammatoire bénigne en forme typhoïde grave. Dans ce cas, les symptômes phlegmasiques s'arrêtaient tout-à-coup. Cette rémission subite, qui, au commencement de l'épidémie, avait été prise pour l'indice d'une guérison prochaine, n'a jamais été de longue durée ;

elle était suivie bientôt d'une recrudescence avec transformation typhoïde à laquelle les malades ne tardaient pas à succomber.

Dans notre monographie, nous avons divisé le traitement en *prophylactique*, où nous avons énuméré les soins attentifs dont les femmes enceintes et les nouvelles accouchées étaient l'objet, soins se déduisant tous des lois de l'hygiène la plus sévère ; et en *traitement curatif* : nos moyens ont été subordonnés aux diverses formes de la maladie, à sa physionomie, aux constitutions individuelles.

Pour apprécier l'influence du traitement, il est indispensable de connaître préalablement le rapport des guérisons aux morts dans la série des cas graves seulement.

41 observations de cas graves ont été recueillies à Dunkerque, dans l'espace de neuf mois, par plusieurs médecins.

Ces observations donnent 32 morts par les progrès de la maladie et 9 guérisons plus ou moins promptes, plus ou moins lentes par suite de traitement.

Voici les moyens thérapeutiques mis en usage et les résultats qu'il a été possible de recueillir pour chacun d'eux :

La saignée générale était exclue, en tant que traitement direct et initial de la fièvre puerpérale. On y a eu recours trois fois seulement, et toujours après les premiers accidents et dans l'unique but de combattre des complications cérébrales.

L'usage des sangsues a été beaucoup plus étendu que celui de la saignée. Elles ont paru utiles dès l'origine du mal, et même vis-à-vis de ces phénomènes transitoires, éphémères, qui précédaient ou accompagnaient la forme typhoïde. Mais les bons effets qui en ont été obtenus ont été malheureusement eux-mêmes passagers.

Les applications de sangsues ont été faites selon la méthode de Desormeaux, c'est à dire toujours en très-grand nombre à la fois.

Ainsi pratiquées, elles ne débilitaient jamais d'une manière aussi rapide que la saignée générale, et elles étaient très-facilement supportées par les femmes même les plus faibles.

Quoi qu'il en soit, plusieurs confrères prétendent que les émissions sanguines ont été plus nuisibles qu'utiles Pour nous, si les sangsues exclusivement employées n'ont pas enrayé le mal d'emblée, elles ont contribué du moins peut-être à l'action des moyens ultérieurement mis en usage.

Les cataplasmes laudanisés ou non, les fomentations, les embrocations narcotiques, les injections à l'eau de guimauve, simple ou chlorurée, la décoction de têtes de pavot ont été utiles.

Nous avons rejeté l'emploi des bains qui exigent des précautions au-dessus de l'intelligence de ceux qui devraient les administrer.

Les préparations mercurielles ont été prescrites sous deux formes : l'onguent napolitain double associé au calomel ou le calomel seul. Les onctions mercurielles n'ont pas paru produire, en général, une amélioration bien évidente. Le seul fait de quelque intérêt qui ait été constaté, en ce qui les concerne, c'est l'absence de tout accident de salivation et même de gonflement des gencives.

Quant au calomel, il a été administré plutôt comme purgatif que comme altérant ou comme remède spécial. Aussi son mode d'influence n'a pas été distingué de celle des purgatifs en général.

Ceux-ci ont été fréquemment prescrits, non pas à titre de médication exclusive, mais après les émissions sanguines, pour combattre la constipation quelquefois opiniâtre dans la forme inflammatoire. Dans la forme typhoïde, quand l'absence des garde-robes se prolongeait au-delà de deux ou trois jours, les purgatifs étaient prescrits aussi, avec une certaine réserve toutefois, afin de ne pas provoquer de nouvelle diarrhée, si grave, en général, par l'état de faiblesse qu'elle entraîne.

Notre confrère, M. Lemaire, eut l'idée de prescrire le sulfate de quinine pour combattre les rémittences évidentes chez un grand nombre de victimes de l'épidémie. Il le donna à haute dose, 15 à 20 décigrammes, et eut tantôt des succès complets, « tantôt, dit-il dans son rapport » annuel au Préfet, comme médecin des épidémies, bien » que ce moyen ait été suivi d'une amélioration sensible, » d'un temps d'arrêt des principaux symptômes qui nous » faisait espérer un bon résultat, la maladie a suivi son » cours ; mais l'issue nous a paru moins promptement » fatale. »

A l'exemple de M. Lemaire, et encouragé par ses résultats, nous avons aussi eu recours au sulfate de quinine avec d'autant plus de confiance que le redoublement fébrile du soir prenait chez plusieurs malades une intensité et un caractère de régularité assez prononcés pour constituer une véritable rémittence. Des améliorations sensibles, quoique momentanées, ont été constatées, et quelques cas de guérison ont été obtenus.

La majeure partie de nos malades se trouvant dans de mauvaises conditions hygiéniques, nous avions à lutter contre une faiblesse de constitution, un défaut de résistance vitale qui livrait, en quelque sorte, les pauvres femmes aux progrès destructeurs du mal. Aussi, indépendamment de ses propriétés antipériodiques, nous avons donné le remède, vers la fin, à titre de tonique et d'antiseptique.

Quand nous parvenions à vaincre le principe pernicieux, il était possible alors d'agir plus sûrement contre les autres phénomènes pathologiques locaux compliquant très-souvent l'affection principale.

Pour avoir une idée de l'influence favorable qu'a eue le sulfate de quinine, nous rappellerons que sur les 9 cas graves terminés par la guérison, 6, c'est à dire les deux tiers, avaient été traités par cet agent, à haute dose, en lavement ou en pilules.

Bien que ce nombre ne soit pas suffisant pour autoriser une conclusion, si on le rapproche des faits signalés à cette époque à Paris, on y trouvera du moins un motif d'encouragement puissant à expérimenter cette méthode sur une plus grande échelle, et surtout avec plus de persévérance qu'on ne l'a fait jusqu'ici.

Pour terminer l'historique de l'épidémie qui nous occupe, nous relaterons textuellement nos conclusions imprimées en 1856.

1° La fièvre puerpérale, avec toutes ses variétés, observée en 1854-1855 à Dunkerque, a présenté beaucoup d'analogie avec celle qui envahit épidémiquement, de temps à autre, les hôpitaux de Paris, depuis la fin du siècle dernier.

2° Elle a offert ce caractère particulier qu'elle s'est propagée, *en ville*, et a frappé principalement la classe la plus malheureuse de la population. Elle n'a occasionné que de rares décès dans la classe aisée.

3° Elle a régné concurremment avec la fièvre typhoïde à laquelle elle a emprunté quelques caractères extérieurs.

4° Elle a pris un développement vraiment épidémique, et durant la période où elle a sévi, les fièvres typhoïdes ne se sont montrées ni plus ni moins nombreuses que les années précédentes.

5° Presque partout où elle s'est déclarée, les médecins du pays ont constaté l'existence de circonstances débilitantes ; parmi elles surtout une alimentation insuffisante, et de mauvaises conditions hygiéniques qui, en général, favorisent la production des maladies typhiques proprement dites. Toutefois, indépendamment de ces influences, celle d'un agent, que nous ne pouvons définir, est incontestable.

6° Contrairement à ce qu'indiquent toutes les statistiques, les primipares ont été atteintes exceptionnellement.

7° Les deux autopsies ont prouvé que les lésions cadavériques ont été en rapport avec les symptômes observés pendant la vie, et elles expliquent la marche et l'enchaînement des phénomènes constatés chez toutes les autres malades qui, après la mort, n'ont pu être soumises à nos investigations.

8° La lésion principale reconnue a été la formation rapide et étendue du pus dans l'abdomen et dans le système vasculaire de cette région.

9° La constitution médicale de 1854-1855 ne justifie nullement d'une manière satisfaisante l'apparition, le règne de cette épidémie.

10° Notre fièvre puerpérale vient sanctionner, quant à la thérapeutique, le jugement des médecins qui l'ont vue et suivie ailleurs : elle est grave dans tous les cas, fatale surtout chez les natures faibles, débilitées ; un traitement spécial, infaillible, un traitement qui en arrêterait sûrement le développement, est encore à trouver.

1857-1858. — ÉPIDÉMIE DE FIÈVRE INTERMITTENTE.

La question des fièvres intermittentes exigerait plus de développement que n'en comporte l'étude générale que nous avons entreprise ; mais nous nous bornerons, pour l'épidémie de fièvre de 1857-1858, à un résumé aussi succinct que celui des affections précédentes. Et cependant, l'étiologie de cette question des fièvres intermittentes offre un intérêt général si majeur qu'il est du devoir du médecin de dire toute la vérité, quand bien même elle devrait momentanément altérer la renommée de Dunkerque, comme *ville très-salubre*.

L'axiôme « *si vis pacem, pare bellum* » trouve parfaitement son application en présence de l'extension de la dernière épidémie, qui non-seulement a frappé, pendant près d'un an, la population civile et militaire, mais encore a poursuivi son cours, sous forme endémique, pendant toute l'année 1859 et jusqu'après l'hiver de 1859-1860, époque de sa disparition presque complète.

Voici mois par mois, d'après nos notes particulières, la marche, les caractères de l'épidémie, tant chez les habitants que sur la garnison; nous intercalerons, en leur temps, les modes de traitements adoptés selon les circonstances.

Cet exposé mensuel sera suivi d'un résumé 1° du rapport rédigé par le Dr Lemaire, médecin des épidémies, et adressé à l'autorité supérieure ; 2° du remarquable travail fait par le Dr Villette, médecin en chef de l'Hôpital militaire, sur cette épidémie de fièvre, et présenté au Conseil de santé des armées.

Nous discuterons ultérieurement et nous émettrons notre opinion dans une étude spéciale, rétrospective, sur les diverses épidémies de fièvre intermittente qui ont désolé notre pays depuis le commencement de ce siècle.

En Mars 1858, nous inscrivions cette mention : La tendance aux fièvres intermittentes se dessine de plus en plus, surtout depuis le milieu de ce mois à peu près.

Avril. — ..... Les conditions atmosphériques ont une grande influence sur les maladies régnantes. Le nombre des malades augmente de jour en jour. Les fièvres intermittentes se multiplient beaucoup . . . . .

. . . .

Mai. — ..... Les fièvres intermittentes quotidiennes, tierces, sont beaucoup plus fréquentes, plus tenaces, que d'ordinaire au printemps. Elles ne cèdent pas non plus à un éméto-cathartique. Indépendamment de cette médication qui, chaque année à cette époque, suffit presque pour les faire disparaître, il faut prescrire le sulfate de quinine, et le continuer même après la disparition des accès. Aucune cause miasmatique pour justifier l'existence de ces fièvres n'existe à Dunkerque ni aux environs ; on ne peut que les attribuer aux conditions atmosphériques si spéciales, qui régnent depuis plus d'un an dans ce pays et dans certains autres où les fièvres intermittentes ont été plus répandues à cette époque qu'autrefois.

Juin. — ..... Les fièvres intermittentes de tous types se propagent de plus en plus; elles sévissent partout; la classe aisée cependant y est moins sujette que les pauvres et les travailleurs. Elles frappent tous les âges, les enfants même à la mamelle en sont atteints. Déjà des récidives fréquentes, tenaces, ont été constatées, malgré les hautes doses de sulfate de quinine, continué longtemps après la disparition des accès, et remplacé par du vin de quinquina.

Des exemples ont prouvé que, malgré toutes ces précautions, malgré une alimentation aussi substantielle que possible, les récidives avaient lieu dès que les préparations fébrifuges étaient suspendues. Les plus jeunes enfants prenaient le sirop de quinquina. A ceux un peu plus âgés, d'un an, par exemple, nous donnions le sulfate de quinine, en poudre, délayé dans un peu de café noir, bien sucré.

La dose du fébrifuge prescrite aux adultes était de 6 décigr. à 1 gramme par jour. Cette dose élevée ne suffisait pas toujours.

Dans bien des circonstances, la fièvre intermittente qui précédait la rougeole, épidémique alors, disparaissait pendant l'éruption; tantôt elle ne revenait plus, tantôt, après un temps plus ou moins long, on la constatait de nouveau, et elle faisait, par sa ténacité, le désespoir des médecins.

Juillet. — ..... Comme les mois précédents, grand nombre de malades, et surtout parmi les enfants. . .

Les fièvres intermittentes vont en croissant chaque jour, elles constituent une véritable épidémie. Elles frappent, comme les mois précédents, tous les âges, tous les sexes, et récidivent avec une incroyable persistance. Ces récidives s'expliquent tout naturellement: les malades, généralement ouvriers ou pauvres, négligent les conditions les plus élémentaires d'une bonne hygiène, continuent à vivre dans les mêmes milieux où ils ont puisé le miasme, une première, une seconde fois, et ils retombent promptement.

Chez les enfants en bas âge, nous n'avons guère rencontré que les types quotidien et tierce ; même remarque faite par nos confrères.

Quand la fièvre intermittente dure peu chez les enfants, l'altération générale n'est pas sensible. Si, au contraire, les accès se répètent avec tenacité, comme chez un bon nombre qui en souffrent depuis un ou deux mois, alors arrivent la maigreur, la mollesse des chairs, la flaccidité et la teinte jaunâtre de la peau, l'accroissement prodigieux du ventre, dû à une sorte d'œdème ou d'anasarque.

Pour vaincre des complications aussi graves, une altération du sang aussi complète, il faut bien des conditions que nous ne pouvions trouver dans la classe ouvrière ; aussi ces pauvres malades traînent-ils souvent une existence des plus pénibles, et finissent-ils par mourir épuisés.

L'augmentation si considérable des fièvres, en Juillet, a coïncidé avec plusieurs mesures malencontreuses prises par le Génie militaire et l'administration des Ponts et Chaussées, alors que les chaleurs ont été si prononcées en Juin, à peu près les mêmes en Juillet. Ces mesures, véritables causes déterminantes de l'épidémie, ont été l'exécution de travaux de terrassement dans des terrains marécageux, l'assèchement de la Cunette, du canal de Ceinture. Ajoutons, à ces causes nouvelles, l'état marécageux ordinaire de certains fossés, le manque d'eau général, le bassin à flot où se déversent les égouts de la majeure partie de la ville, tels sont les éléments d'insalubrité qui ont appelé l'attention spéciale de l'autorité supérieure et du Conseil de Salubrité.

Août. — ..... Les fièvres intermittentes plus que jamais se propagent : il est vrai que des effluves miasmatiques sont engendrés chaque jour par les travaux de terrassement opérés à l'Est de Dunkerque. Toute cette partie de la ville, la plus rapprochée des travaux, la plus exposée, par conséquent, aux miasmes, est foudroyée par ces effluves. Ainsi, les militaires de la caserne du Hâvre, les détenus occupant une prison voisine de cette caserne, les habitants des diverses rues, riches et pauvres, *tous* ont des accès de fièvre intermittente plus ou moins faciles à vaincre. Sans tarder, les miasmes se répandent dans les autres quartiers de la ville, déjà sous l'influence de cette affection qui n'a pas cessé depuis 1857, et, de ce moment, l'épidémie, quoique bénigne, car c'est son caractère principal, attaque au moins un tiers de la population.

C'est ici le lieu de dire quelques mots sur la position topographique des travaux commencés le 15 Avril 1858, sur celles des casernes du Hâvre, de Ste-Barbe, sur celle de la prison, lieux voisins de ces travaux, et nous ajouterons quelques chiffres dus à l'obligeance du Dr Doquin, médecin-major au 16e de ligne.

Topographie succincte des travaux exécutés à partir du 15 Avril 1858. — Depuis 1855, des travaux de fortifications nouvelles, etc., ont été entrepris par le Génie militaire sur plusieurs points de la place ; ce n'est qu'en 1857 et surtout en 1858 que l'état sanitaire est devenu plus mauvais, que la fièvre intermittente a frappé un si grand nombre de militaires et d'habitants.

Nous écarterons toute la partie de la ville au Sud et à l'Ouest pour ne signaler que les fronts de l'Est situés en avant et très-près des bâtiments destinés à la troupe, à la prison civile.

A l'Est de Dunkerque, depuis la mer jusqu'à la porte d'eau 55, dans la partie de l'enceinte fortifiée correspondante au point d'attaque, et avoisinant la prison, la caserne du Hâvre, etc., se trouvent deux systèmes concentriques ; d'une part, ceux des fronts extérieurs 1. 2. 5. X 10 des corps de place; d'autre part, ceux des fronts extérieurs D. E'. E. séparés par un canal appelé la Cunette des Moëres. De la porte d'eau 55 aux Quatre Ecluses, au sas octogone, il n'existe que les fossés de la place en avant des fronts 10. 12. 14 précédés par la Cunette, déversoir commun, vers la mer, des canaux qui aboutissent aux Quatre Ecluses.

Ces deux lignes doivent exercer sur la caserne Ste-Barbe, placée à l'Ouest relativement à elles, une influence analogue, toutes choses égales d'ailleurs, à celle que font éprouver les systèmes précédents à la population militaire de la caserne du Hâvre, à celle de la prison, et à la population civile qui les entourent ; eh bien ! il n'en a pas été ainsi : les militaires de cette caserne Ste-Barbe et les habitants voisins ont été moins atteints en 1858 par les fièvres paludéennes, que ceux qui étaient logés un peu plus directement en face des travaux exécutés depuis Avril dernier.

Ce sont les fronts extérieurs D. E'. E. qui ont été l'objet des grands travaux de terrassement dans un terrain mélangé de tourbes et de vases (ancien dépôt de marais). Des quantités considérables de terres, de vases, extraites d'anciens fossés voisins de la Cunette, ont été déposées sur la surface de certains points desdits fronts extérieurs D. E'. E.; la Cunette a été mise à sec, et en même temps que ces travaux sont exécutés, l'eau manque, la chaleur est excessive et se maintient très-élevée.

Joignons à ces diverses causes réunies la prédominance des vents d'Est, de Nord-Est, pendant la majeure partie de l'année 1858, et nous arriverons, sans grands efforts, à indiquer d'une manière incontestable l'étiologie réelle, principale de l'épidémie de fièvre intermittente de Dunkerque en 1858, qui, certes, peut être assimilée, quant au nombre de cas, aux épidémies de 1826-1827, 1846-1847.

Casernes du Hâvre et Ste-Barbe. — Prison. — Hygiène des troupes, des prisonniers. — En recherchant dans les logements, dans le régime, dans les habitudes de la vie des soldats du 16e de ligne et des prisonniers, l'origine possible du mal qui les a atteints, on ne trouve rien absolument qui puisse être considéré comme produisant la fièvre intermittente, ou comme y ajoutant la moindre aggravation. En effet, le casernement est, en général, sain, bien aéré ; l'espacement des militaires et des prisonniers dans les chambres et les dortoirs est normal ; les latrines sont éloignées des logements et n'y amènent aucune odeur désagréable ni aucun miasme.

Le régime est convenable, semblable à celui des autres régiments, des prisonniers en général ; enfin les chefs de corps, les officiers, la commission de surveillance de la maison d'arrêt, montrent la plus grande sollicitude en faveur du plus grand bien-être du soldat, des prisonniers.

Les fatigues du soldat, d'autre part, ne sont pas grandes, et l'état sanitaire du 16e de ligne, des détenus, serait excellent, à notre avis, dans les conditions de vie ordinaire.

Sans remonter plus haut, indiquons, comme complément de ce qui précède, le mouvement des fiévreux dans la maison d'arrêt et dans la garnison.

Août. — *Maison d'arrêt.* — Nombre de détenus : 58 en moyenne ; malades de la fièvre : 16 hommes ayant donné 120 jours de maladie.

L'apparition de la fièvre dans la prison remonte au 15 Juillet à peu près.

Garnison. — Les renseignements reçus à l'instant du Dr Doquin, médecin-major au 16e de ligne, ne fournissent des chiffres que pour chaque trimestre ; aussi les indiquerons-nous seulement à la fin de Septembre, fin du 3e trimestre.

Septembre. — ..... Quant aux fièvres intermittentes, elles sévissent toujours sur la population civile et militaire.

Elles continuent à frapper tous les âges. Bien rarement nous avons constaté, tant en Septembre que pendant les mois précédents, que le premier accès de fièvre cédait d'emblée aux préparations de quinquina ; très-souvent cette première attaque a été le prélude de nouveaux accès du même genre et d'une modification particulière de la constitution.

Indépendamment de cette tendance aux récidives, les fièvres, qui résistaient au sulfate de quinine, laissaient presque constamment après elles, chez les enfants surtout, des localisations morbides sur divers organes, le foie, la rate ou l'intestin, ou une cachexie prononcée.

Le Dr Lemaire et moi nous avons essayé, comme succédanées du sulfate de quinine, les pilules à l'extrait d'olivier, préparées par M. Faucher, pharmacien à Batignolles (près Paris).

Nos expériences personnelles ont commencé le 7 Septembre. Plus bas nous donnerons les résultats obtenus.

En Septembre, la prison renfermait 68 détenus ; presque tous ont subi l'influence des émanations provenant des travaux de terrassement exécutés en face ; 23 seulement ont eu des accès de fièvre bien caractérisés. Ces 23 malades ont donné 315 jours de maladie.

Garnison. — 3e *trimestre de* 1858. — 559 fiévreux répartis de la manière suivante en proportion de l'effectif de chaque caserne :

Ste-Barbe : effectif.. 660 hommes. — Fiévreux 198 ;
Hâvre : effectif..... 528 hommes. — Fiévreux 361 ;

Effectif : Total...... 1188 hommes. — Fiévreux 559.

Octobre. — ..... Les fièvres intermittentes primitives ne sont plus aussi fréquentes, mais elles reparaissent et récidivent plusieurs fois. . . . .

Depuis le 15 Octobre à peu près, les fièvres intermittentes diminuent. . . . .

Les récidives sont opiniâtres, elles résistent aux préparations de quinquina sous toutes les formes.

Les pilules Faucher, du 7 Septembre au 4 Octobre, ont été données aux 20 fiévreux de tout type, en général pauvres. Voici les résultats obtenus :

	SUCCÈS	INSUCCÈS
Fièvres int^{es} quot....	5 —	3
Fièvres int^{es} tierces..	2 —	10
	7	13
	20	

Les fièvres paludéennes qui ont été guéries étaient primitives et n'avaient été combattues par aucun traitement. Celles qui ont résisté avaient été déjà rebelles au sulfate de quinine.

Quand la fièvre devait céder, 20 pilules, en moyenne, ont suffi.

Contre les récidives, 40, 50, 60 pilules ont été prescrites.

Des douze fièvres tierces, sept étaient primitives, n'avaient subi aucun traitement, et cinq avaient récidivé plusieurs fois. Deux succès seulement et dix insuccès. Contre certains cas chroniques, 60-70-80 pilules ont été données, aucune amélioration n'a été constatée ; les malades n'ont jamais accusé le moindre trouble dans les fonctions digestives et cérébrales. Quelques fiévreux récidivistes en ont pris impunément cinq, six, huit jours de suite sans en avoir été indisposés.

Le nombre de fièvres intermittentes traitées est trop restreint pour y attacher une grande importance; toutefois les pilules d'extrait d'olivier peuvent être classées parmi nos meilleurs fébrifuges indigènes.

Les Mémoires de médecine militaire contiennent les résultats des essais faits par les officiers de santé militaire français pendant les guerres d'Espagne et dans l'expédition de Morée. Le Dr Pallas, qui a été long-temps attaché à l'hôpital de St-Omer, en a surtout étudié les effets alors que le quinquina manquait. Les succès obtenus lui ont fait prôner les propriétés éminemment fébrifuges de cet arbre.

Octobre. — Nombre de détenus, 58 en moyenne; nombre de fiévreux, 15, ont donné 220 jours de maladie.

Les malades de la garnison diminuent un peu.

Novembre. — . . . .
Les fièvres intermittentes disparaissent beaucoup : en effet, on ne constate guère plus d'accès primitifs; ce sont toutes récidives, opiniâtres, rebelles, tant la constitution est affaiblie, profondément altérée.

Les enfants en bas-âge continuent à en souffrir, et justifient nos remarques de Juillet, relativement aux types, aux altérations qu'entraînent chez les jeunes sujets ces fièvres rebelles.

Reste une dernière observation à élucider. Pendant toute notre épidémie, beaucoup d'enfants en bas-âge ont été atteints de fièvre intermittente tenace, souvent non marquée par le *frisson*, ce grand caractère de la fièvre intermittente aux phases plus avancées de la vie. Cette anomalie apparente nous préoccupa : peu à peu, songeant aux modifications que l'enfance apporte à la maladie, à la diversité de ses formes, à l'irrégularité de ses accès, nous acquîmes la preuve que, chez le jeune enfant, au-dessous de trois ans, par exemple, le frisson ne se traduisait que par une crise convulsive, une éclampsie franchement accusée, puis arrivaient les phénomènes de calorification très-accentués; enfin, au bout d'une heure ou deux, le corps se couvrait de moiteur, et l'accès se terminait ainsi progressivement.

Novembre. — Nombre de détenus, 48 en moyenne;

nombre de fiévreux, 11, ont donné 167 jours de maladie.

Décembre. — . . . .
Cessation presque complète de l'épidémie. De temps à autre, récidives chez les adultes, fréquentes encore chez les enfants qui présentent même çà et là des invasions primitives.

La garnison de Dunkerque est aussi débarrassée de la fièvre. Le nombre des entrées à l'hôpital, en Décembre, n'a été que de 48 hommes atteints d'affections de toute nature, ce qui donne par jour une entrée, plus une fraction. Parmi ces affections diverses, nous comprenons quelques rechûtes de fièvre, si rebelle chez certains sujets.

Pour expliquer ce chiffre de 48 entrées, si minime relativement à ceux de Mai à Octobre, nous devons mentionner que, bien que l'état sanitaire du pays soit revenu à son état normal, depuis le 11 Novembre, l'effectif de la garnison est réduit de six compagnies, et la caserne du Hâvre n'est plus habitée.

Pendant le 4e trimestre, la comparaison pour les fiévreux fournis par les deux casernes du Hâvre et de Ste-Barbe, donne les chiffres suivants :

Ste-Barbe, 60 entrées pour un effectif de 660 hommes
Hâvre, 99 » 508 »
Total, 159 » 1,168 »

du 1er Octobre au 11 Novembre, jour de l'abandon de la caserne du Hâvre, c'est à dire en 42 jours.

Prison. — Décembre. — Disparition complète des fièvres primitives.

Nombre de détenus, 48 en moyenne; nombre de fiévreux, 7, ont donné 153 jours de maladie.

En 1859, la fièvre intermittente n'existait certes plus sous forme épidémique; mais elle s'est montrée cependant beaucoup plus multipliée qu'en temps ordinaire. Ainsi, des récidives fréquentes, chez des malades souffrant depuis longtemps, ont été constatées par tous les médecins ; les enfants en bas-âge et les militaires n'ont pas été épargnés non plus.

Nous ajouterons encore, relativement à l'influence générale de la fièvre, que l'intermittence a imprimé, en 1859 comme en 1858, un cachet spécial aux diverses expressions pathologiques, et que bien des maladies ne cédaient complètement qu'après l'administration du sulfate de quinine. Par suite de l'immixtion de l'élément intermittent, les convalescences ne se consolidaient qu'avec du vin de quinquina longtemps continué et une alimentation des plus substantielles.

En résumé, la fièvre de 1859 a été véritablement *endémique, stationnaire*, et la traînée, qui a persisté jusqu'après l'hiver de 1859-1860, n'a été que la conséquence de l'épidémie de 1857-1858.

Résumé du rapport du Dr Lemaire, médecin des épidémies, sur la fièvre intermittente épidémique de 1857-1858. (1)

Cette fièvre, qui a sévi pendant cinq mois sur la population de Dunkerque, dont un tiers, au moins, a reçu les atteintes, a été, de la part de notre confrère et particulièrement au point de vue de l'étiologie, l'objet de réflexions que nous résumerons ici.

Il passe d'abord en revue les causes qui produisent invariablement les fièvres d'accès; il met en première ligne: les miasmes paludéens, puis l'action de la chaleur jointe à la sécheresse, les vents qui traversent les parties marécageuses, les fonds vaseux mis à nu, et enfin les travaux de terrassement tels qu'il en a été exécuté souvent à Dunkerque.

A cette question : la fièvre est-elle *endémique* à Dunkerque? il répond : « évidemment non ! » et pourtant il

(1) Voir le Rapport sur les travaux du Conseil central de Salubrité, etc., etc. — T. XVII. — p. 153 et suivantes.

ajoute plus loin : « Sans doute, vouloir soutenir que notre
» arrondissement ne renferme *aucun élément endémique*,
» serait aussi déraisonnable que d'attribuer à notre ethno-
» graphie locale toutes les épidémies. »

» Il existe encore, il est vrai, *quelques foyers d'endé-*
» *micité*, les Moëres, le voisinage de quelques becques,
» le lit de l'ancien Vliet, etc., etc.; mais pour celui qui
» connaît le pays, ils ne sont, dans leur état actuel, que
» des foyers d'endémie restreinte toute locale, dont
» l'influence ne saurait avoir une action bien étendue. »

Puis, il apprécie l'état des canaux de navigation, d'irrigation, la constitution du sol, et il n'y découvre aucune cause d'endémicité.

Il ajoute plus bas : « Nous sommes loin de vouloir
» soutenir que Dunkerque, *en particulier*, ne renferme
» aucun élément endémique; loin de nous cette pensée,
» car à plusieurs reprises nous en avons signalé, et avons
» appelé l'attention de l'autorité sur les moyens à employer
» pour les paralyser. »

Ses avis n'ont pas été pris en considération.

Il examine ensuite les causes énoncées par M. le Dr Scrive, Inspecteur du service de santé militaire, et il les combat toutes tour-à-tour, sauf celle qui attribue la propagation de la fièvre intermittente aux émanations provenant des fossés situés en avant de la caserne du Hâvre, lesquels fossés ont été mis à sec pendant les fortes chaleurs.

Il insiste sur ce point que c'est aux fossés seuls et aux travaux de terrassement que, depuis 1848, il faut rattacher la persistance de la fièvre et l'épidémie dernière ; ce que, du reste, le Conseil de Salubrité a constaté par une enquête.

On a reconnu, en effet, dès 1826, que les premiers malades apparaissaient constamment dans les quartiers de la ville les plus voisins des fossés sans eau, ou des travaux de terrassement; puis ils se propageaient en ville suivant la direction des vents.

Cette opinion lui paraît péremptoire pour prouver que les épidémies diverses qui ont frappé Dunkerque ne peuvent être attribuées à l'extension ou à la transformation d'une ou plusieurs causes endémiques *permanentes;* car, sauf les Moëres et les Wateringues, ce n'est que dans un certain rayon des terrains qui sont du ressort du génie militaire, sous sa dépendance, que les fièvres s'observent le plus fréquemment.

Cette remarque a été faite dans le canton de Gravelines et dans celui d'Hondschoote.

Il appelle donc de tous ses vœux les améliorations qui sont de la compétence du génie militaire.

M. Lemaire s'occupe encore de l'introduction possible des eaux salées dans les fossés de la place, et réfute les inconvénients que le Chef du génie paraît redouter.

Il propose comme moyens d'éviter le retour des fièvres, en l'absence de travaux publics, pendant la durée de l'été:

« 1° L'interdiction absolue de tout chômage dans les
» canaux; en cas de nécessité, l'ajourner au mois d'Oc-
» tobre.

» 2° L'empêchement de tout curage dans les fossés marécageux;

» 3° De n'assécher ni la Cunette, ni le canal de Cein-
» ture; d'y maintenir le niveau d'eau des canaux de
» navigation;

» 4° L'obligation de remplir d'eaux fraîches les fossés
» de la place. »

Il n'est pas douteux, selon M. Lemaire, que ces précautions suffiraient pour faire disparaître *en grande partie* les fièvres automnales.

« Depuis assez longtemps on s'est servi de cette appa-
» rence endémique du pays, plus sensible aux approches
» des points fortifiés, comme d'un levier pour faciliter
» l'étiologie du retour fréquent des fièvres » . . . .

Il insiste aussi « 1° sur la nécessité du curage à fond
» vif du canal de Ceinture ;

» 2° Sur le détournement des égouts qui viennent
» infester le bassin à flot, en s'y déversant ;

» 3° Le détournement des égouts des canaux de cein-
» ture, pour les diriger dans le chenal ;

» 4° L'urgence de l'approfondissement des fossés de la
» place, le curement de ceux qui, par leur envasement,
» sont une cause permanente de fièvre. »

Enfin, le D\ Lemaire termine son Rapport par cette profession de foi catégorique :

« *Nous maintiendrons que l'épidémicité qui s'est
» manifestée en* 1857 *pour la garnison, et en* 1858
» *pour la population civile et militaire, est la consé-
» quence, non de causes endémiques liées à notre
» ethnographie, mais bien à des causes accidentelles.* »

Résumé du rapport au Conseil de santé d'une épidémie de fièvre intermittente observée en 1858 sur les garnisons de Dunkerque, de Bergues et Gravelines, par le D\ Villette, médecin en chef de l'hôpital militaire (1).

. . . .

La fièvre intermittente est la maladie *endémique* de Dunkerque, de Bergues et de Gravelines.

Chaque année, la fièvre intermittente est la maladie dominante pendant le printemps, l'été et l'automne. En hiver, les affections de poitrine dominent à leur tour.

En 1857, la fièvre intermittente n'avait pris une plus grande intensité que vers la fin de Juin et aux premiers jours de Juillet.

(1) Nous devons à l'obligeance de notre excellent confrère la communication de son important travail. Dans ce résumé, les points principaux seuls sont indiqués.

En 1858, cette fièvre s'est montrée beaucoup plus hâtive et beaucoup plus intense dès le mois de Mars ; les entrées ont toujours augmenté en nombre jusqu'en Août inclusivement, époque où ce nombre est devenu considérable (402 entrées pendant le mois d'Août). En Juillet et surtout en Août, la maladie a atteint les proportions d'une épidémie.

Du mois de Mars à celui de Septembre inclus, en sept mois, je compte 1,276 entrées à l'hôpital fournies par un effectif de 1,300 hommes. Toute la garnison y a passé. Encore, dans ce chiffre de 1,276, je ne compte que les entrées à l'hôpital de Dunkerque ; or, Gravelines a encore envoyé des malades à Calais et à Lille : je ne connais pas le chiffre de ces entrées.

Sur ces 1,276 admissions en 7 mois, 1,064 malades sont entrés pour la fièvre intermittente. Ces 1,064 cas de fièvre intermittente se décomposent comme il suit :

Fièvre quotidienne. . . .	548
» tierce	417
» quarte	33
» irrégulière	20
» rémittente	43
Total. .	1,064

Ces 1,064 cas de fièvre intermittente ont présenté 327 récidives ainsi réparties :

1re récidive	191
2e »	78
3e »	46
4e »	5
5e »	4
6e »	1
7e »	1
Nombreuses récidives (non comptées). .	1
Total. .	327

Sur le nombre considérable de fièvres intermittentes, il n'y a eu aucun cas réellement grave. La maladie a été bénigne, si l'on ne considère que la nature des accès; mais elle acquiert une véritable gravité par la fréquence de ses récidives : ces récidives ont été très-nombreuses et souvent très-rapprochées.

Je n'ai observé qu'un seul cas de cachexie paludéenne; encore n'était-il que peu prononcé : il se bornait à un facies chlorotique, à la lenteur des mouvements ; mais les viscères abdominaux ne présentaient aucun engorgement appréciable à la palpation et à la vue. Il paraît que, parmi les malades évacués sur St-Omer et sur Lille, il s'est trouvé un certain nombre de cas plus prononcés, entr'autres avec engorgement marqué des viscères abdominaux.

La médication des fièvres intermittentes a consisté uniquement dans l'usage du sulfate de quinine, et, après la cessation des accès, dans l'usage du vin de quinquina aidé d'une alimentation substantielle et tonique.

Le sulfate de quinine n'est administré que les jours d'accès, 6 ou 8 heures avant l'accès. Dans les jours intercalaires, et si l'apyrexie est complète, les malades mangent et boivent du vin.

J'ai essayé le traitement par les purgatifs, par les sels neutres ; je n'y ai rien gagné : je n'ai rien changé ni à l'heure ni à l'intensité des accès. J'ai toujours été obligé d'en venir au sulfate de quinine après avoir perdu du temps, et avoir laissé revenir un accès que j'aurais peut-être évité par l'administration immédiate du fébrifuge.

Cependant, dans les fièvres tierces ou quartes, il m'arrive quelquefois, dans les jours intercalaires et lorsque la langue fournit cette indication, d'administrer 30 grammes de sulfate de magnésie dans une bouteille d'eau gazeuse, sous forme d'eau de Sedlitz.

Lorsque la langue est large, jaune, ou blanche, limoneuse, lorsque le malade est constipé depuis plusieurs jours, lorsqu'il sollicite une médecine, je la lui accorde, mais seulement s'il existe un ou deux jours apyrétiques pendant lesquels la dose de sulfate de quinine ne sera pas nécessaire.

Dans les fièvres quotidiennes, même avec les indications aux purgatifs, je commence par le sulfate de quinine ; quand les accès sont coupés et si les mêmes indications persistent, ce qui est bien rare, alors j'emploie les sels neutres.

Ainsi les purgatifs ne sont employés que comme accessoires et pour satisfaire à une symptomatologie secondaire et non comme moyens de traitement de la fièvre intermittente.

Le véritable traitement, le seul que je connaisse, est le sulfate de quinine. Il a été prescrit à la dose de cinq décigrammes dans les fièvres quotidiennes. Pour les fièvres tierces ou quartes, il est porté à la dose de six décigrammes.

Dans les fièvres rémittentes, ou intermittentes irrégulières, lorsqu'on ne sait à quelle heure l'accès doit revenir, je donne le sulfate de quinine à la dose d'un gramme ou même de deux grammes à prendre à doses fractionnées, une pilule ou une cuillerée de solution toutes les heures. Ce moyen m'a toujours réussi, souvent dès le premier jour, toujours au second.

1° Causes ordinaires, permanentes, de la fièvre intermittente *endémique* à Dunkerque.

A. — Pays de plaine, basse, humide, sillonnée de canaux et de watergangs.

B. — Voisinage des Moëres, vaste marais à l'état de dessèchement fort avancé, situé dans l'E.-S.-E. de la ville, à neuf kilomètres environ de distance, et dont les eaux marécageuses, élevées par des pompes à feu et des moulins à vent, arrivent par le canal des Moëres et par la Cunette jusque dans la ville, à deux cents pas, environ, des deux quartiers habités par la troupe.

C. — Etat du rivage et du chenal dont chaque marée basse laisse à découvert, dans une étendue considérable, le fond vaseux et infect. Le bassin Becquet, le canal de Déversement et la Cunette qui entourent la ville, sont aussi périodiquement mis à sec deux fois dans les 24 heures, pendant trois ou quatre jours à chaque époque de la nouvelle et de la pleine lune, pour produire les chasses dirigées contre les bancs.

D. — Il n'existe aucun cours d'eau potable à Dunkerque ni dans toute la campagne environnante. On boit l'eau de pluie recueillie dans les citernes.

E. — La vie en caserne.

F. — Température extrêmement variable ; sol plat, très peu élevé au dessus de la mer, exposé, sans le moindre abri, à tous les vents : Vent de Sud, chaud humide ; — vent de Nord, froid ; — vent d'Ouest, humide, tantôt froid, tantôt plus doux ; — Vent d'Est, froid et sec. Ce dernier, avant d'arriver à Dunkerque, a passé sur les marais des Moëres.

2° Causes spéciales à l'année 1858 de l'intensité endémique de la fièvre intermittente.

A. — Sécheresse continue pendant 18 ou 20 mois. Ses conséquences.

B. — Le dévasement de toutes les lignes de fortifications autour de la ville, et exposition de la vase sur les talus des glacis.

C. — Travaux qui ont nécessité l'évacuation des bassins à flot du port à chaque marée.

Observations générales sur ces causes. — Plusieurs sont niées par la Commission hygiénique : entr'autres, l'influence du flux et du reflux. Ces négations sont intéressées ; on craint, en les admettant, de nuire à la ville, de la signaler comme insalubre. Ne lui nuit-on pas bien davantage en cachant les causes qui sont réelles? Là où l'on ne reconnaît pas un mal, on ne cherche naturellement pas un remède.

1858. — ÉPIDÉMIE DE GRIPPE.

Avant de nous occuper de cette affection qui a été dominante surtout en Janvier 1858, relatons les caractères saillants de la météorologie de ce mois.

Le mois de Janvier 1858 peut être considéré comme ayant été assez généralement beau, bien que, pendant une partie des matinées et des soirées, des brumes épaisses envahissaient presque toute l'atmosphère.

La colonne barométrique s'est maintenue, comme les mois précédents, à une grande hauteur ; les oscillations, quoique à peu près journalières, n'ont cependant été ni brusques ni trop sensibles.

Pendant les huit premiers jours du mois, le thermomètre a été assez bas; aussi le froid a-t-il régné d'une manière, pour ainsi dire, permanente.

Cette température froide s'est surtout fait sentir le matin. Elle a coïncidé avec d'épais brouillards. Le 7, à 7 heures du matin, il a fait très-froid, le thermomètre minimà a indiqué 10 degrés centig. au-dessous de zéro. Vers la fin du mois, cette température a reparu sous l'influence des vents d'Est; mais ceux-ci ayant été remplacés par des vents de Sud, de Sud-Ouest, le thermomètre est remonté.

L'hygromètre a marqué assez d'humidité, et pourtant la quantité d'eau tombée a été minime.

Vents de Sud et de Nord-Ouest les plus fréquents.

L'ozone n'a dépassé, le matin, qu'une seule fois la moitié de l'échelle ozonométrique ; le soir, le papier a été à peine coloré, la teinte s'est presque constamment tenue à 0 ou au n° 1.

Au premier rang des maladies qui ont régné en Janvier, il faut citer la grippe déjà mentionnée en Décembre. C'est vers la fin de ce dernier mois seulement qu'elle a pris un caractère épidémique bien tranché ; puis, presque tout-à-coup, au commencement de Janvier, elle a, sans exagération, frappé les deux tiers de la population. Bien des personnes ont été atteintes à deux reprises.

Déjà deux fois elle a paru épidémiquement à Dunkerque, en 1832 et en 1849 (moins grave en 1849), et elle n'a pas été, d'après les confrères qui l'ont observée à ces époques, plus meurtrière qu'en 1858.

Sans nous étendre beaucoup sur cette affection bénigne, nous dirons seulement que cette année, comme en 1832 et 1849, comme à Paris, comme enfin dans tous les pays où elle a sévi, elle a consisté en une fièvre catarrhale dans laquelle la bronchite n'est qu'une des localisations les plus habituelles, et qui est principalement caractérisée par des lassitudes, des douleurs vagues, de la chaleur à la peau, de la céphalalgie, des frissons, et parfois des nausées et des vomissements. Le mal de tête est intense, continu, il augmente, et la perte des forces est progressive. L'état saburral des premières voies se maintient ; il existe enfin une prostration générale qui est, pour ainsi dire, le caractère propre, le cachet de toute maladie épidémique.

La durée moyenne de cette affection n'a été que d'un septenaire ; chez quelques personnes, elle durait seulement trois ou quatre jours ; chez d'autres, elle s'est prolongée jusqu'à 12 et 14 jours ; enfin, chez quelques malades, la bronchite a dégénéré en pneumonie catarrhale, en phthisie pulmonaire, comme chez une de nos malades, jeune femme de 22 ans (Mme H...) morte en Juillet 1859.

L'indication dominante du traitement de cette grippe a été les évacuants. Cette médication a presque invariablement déterminé un amendement général, et surtout de la diminution de la céphalalgie, symptôme le plus pénible.

De tous les agents évacuants, la potion éméto-cathartique suivante a paru devoir être préférée :

R. Ipéca..... Un gramme.
Eau...... Cent grammes.
Tart. stib. Cinq centig.
f. s. a.

Elle était la prescription faite à un adulte, et une dose un peu inférieure était donnée à un enfant.

Ce traitement était complété par l'usage de boissons pectorales et gommeuses, et d'autres de nature à provoquer la diaphorèse.

La grippe a attaqué indistinctement les malades, les valétudinaires, les personnes de tout âge en bonne santé.

Sous le rapport de la transmission, elle s'est comportée comme dans les épidémies de 1832-1849 ; elle s'est propagée de la même façon que la plupart des maladies infectieuses. Un individu était-il atteint de cette maladie, les habitants de la même maison tombaient grippés.

Attribuerons-nous cette grippe épidémique aux brouillards très-fréquents de Décembre et de Janvier, au froid humide, à la clémence exceptionnelle de la saison, etc., etc.? Non évidemment, car le génie épidémique qui a dominé, depuis le commencement de cet hiver, s'est étendu sur toute la France, même à l'étranger, et la maladie d'alors a différé absolument de la constitution médicale propre à ce pays dans cette période de l'année.

On ne peut donc méconnaître l'existence d'une cause spéciale, inconnue dans son essence, répandue dans l'atmosphère, impossible à définir jusqu'à présent.

Vers la fin de Janvier, la grippe a diminué sensiblement; mais la constitution médicale étant éminemment nerveuse, la coqueluche a apparu : elle semble vouloir se propager.

. . . .

En Février, la grippe a cessé peu à peu. . . . . .

. . . .

1858. — ÉPIDÉMIE DE COQUELUCHE.

Février a été la continuation de la période de beaux jours et de sécheresse qui a marqué les mois de Décembre 1857 et Janvier 1858. Cette sécheresse même a été plus prononcée qu'en Janvier, par suite des vents d'E., de N.-E., de S.-E.; ils ont régné pendant la majeure partie du mois, et plusieurs fois ils ont soufflé avec violence.

La colonne du baromètre a subi une dépression très-sensible, bien opposée à cette ascension à laquelle le baromètre s'était tenu si longtemps.

La température a été, le matin surtout, véritablement celle de l'hiver. Mais, si le plus grand froid du mois n'a pas été aussi prononcé que celui du mois précédent, la gelée s'est fait sentir d'une manière plus continue.

Beaucoup d'ozone, le matin principalement.

. . . .

La constitution médicale éminemment nerveuse de Janvier, disions-nous alors, devait faire naître la coqueluche. En effet, elle s'est développée et a frappé un grand nombre d'enfants. Elle n'a rien offert jusqu'ici de particulier dans ses symptômes et son traitement.

Mars. — La coqueluche s'est propagée surtout par le rapprochement des enfants dans les écoles; toutefois, quelques-uns, complètement isolés, ont souffert de cette maladie.

Comme d'habitude, la coqueluche était, pendant quelques jours, constituée par une toux sèche, de l'anxiété, du gonflement des yeux; puis la toux devenait caractéristique; la face était rouge, bouffie, et l'accès se terminait par l'expectoration de mucosités ou par un vomissement.

La bronchite, la pneumonie lobulaire, la congestion cérébrale, les convulsions furent, avec quelques diarrhées, les principales complications constatées.

Pendant le mois, un seul enfant succomba de la coqueluche, ou plutôt par suite des convulsions qui vinrent la compliquer.

Le traitement de la coqueluche simple a été celui qui est habituel : infusions pectorales, emploi de la belladone et des vomitifs dans quelques cas.

Congestion cérébrale combattue par des purgatifs et des révulsifs aux extrémités inférieures. Contre la bronchite, expectorants et vésicatoires; la diarrhée ne résistait pas aux opiacés et aux amylacés.

Dans quelques circonstances, la coqueluche succéda à la rougeole ; mais le plus souvent elle se déclara d'abord, ce qui n'est pas habituel, et la rougeole ne modifia en rien son développement. Cette anomalie de la coqueluche précédant la rougeole, est un fait à noter. Elle vient corroborer une partie de l'observation du Dr Fournier, dans la Moselle, et signalée par le professeur Trousseau, dans son rapport de 1857, à l'Académie de Médecine, sur les Epidémies de 1856. Le rapporteur écrit dans son compte-rendu, page 10 : « . . . Une épidémie de coqueluche
» aurait eu cela de rare que la rougeole, au lieu de la
» précéder comme d'usage, serait survenue pendant son
» cours, et aurait arrêté son développement. Si ce fait est
» parfaitement exact, il aurait peu d'analogie en épidé-
» miologie. »

Jusqu'à la fin de 1858, la coqueluche a persisté sans rien présenter de particulier, tantôt isolée, tantôt généralisée, selon les circonstances de son apparition, et surtout selon celles qui coïncidaient avec son développement ; ainsi, par exemple, l'accumulation d'un grand nombre d'enfants dans une même maison, une même famille, etc., etc.

Neuf enfants au-dessous de 10 ans ont succombé à la coqueluche bien caractérisée et sans autre transformation. Dans ces neuf cas, elle a tellement affaibli les petits malades qu'ils n'ont pu résister. Ils sont morts dans un état de marasme complet.

Très-probablement, si les renseignements des médecins traitants et des familles avaient été mieux transmis, un plus grand nombre de décès eût pu être attribué à la coqueluche simple ou compliquée ; mais, dans cette circonstance comme dans tant d'autres, la constatation certaine, incontestable des décès, est difficile, sinon impossible.

En 1859, la coqueluche a régné comme en temps ordinaire, ni plus ni moins, et n'a rien offert de saillant à noter.

V

FRÉQUENCE DES MALADIES SELON LES AGES, LES SEXES, LES SAISONS, LES CONDITIONS DE FORTUNE, L'ACUITÉ.

Après avoir étudié le tableau des affections qui naissent sous l'influence des diverses constitutions atmosphériques et telluriques, parcourons, de même, celui des maladies aiguës ou chroniques que les âges, les sexes éprouvent, ou que les conditions de fortune déterminent.

Les remarques suivantes ne sont pas, on le concevra facilement, le résultat unique de nos observations pendant ces dix dernières années ; elles ont été constatées depuis longtemps, et elles le seront à toutes les époques. Les passer sous silence dans ce travail, constituerait une lacune que nous croyons devoir éviter.

Il n'est pas possible d'établir numériquement la fréquence des maladies selon les sexes et les âges, dans une ville aussi étendue que la nôtre ; mais comme il est permis, dans certains cas, de conclure du particulier au général, là surtout où la classe malheureuse forme à peu près le quart de la population, nous dirons, d'après nos relevés journaliers, qu'il y a toujours plus de femmes malades que d'hommes, et que le chiffre des enfants est inférieur à celui de ces derniers.

Parmi les maladies de l'enfance, aucune n'est plus répandue que la croûte laiteuse ; on la remarque chez le riche où les règles de l'hygiène sont les moins violées, comme chez l'indigent où tout conspire pour la faire naître.

Les scrofules, le rachitis et le carreau sont très communs ; mais ces affections se rencontrent principalement chez les enfants de la classe la moins éclairée du peuple. Les erreurs de régime, réunies à l'insalubrité de l'air qu'ils respirent, en sont les principales causes.

Et cependant, quelle différence dans certaines habitations, certains quartiers, mauvais encore aujourd'hui, avec les demeures d'autrefois, avec ces caves humides, ces réduits affreux, malsains, où l'air et la lumière jamais ne pénétraient ! Les enfants y périssaient de bonne heure, ou arrivaient péniblement à un âge un peu plus avancé, en présentant ces caractères indélébiles du rachitisme et de l'étiolement.

La leucorrhée, qui peut être regardée comme endémique en Hollande et en Flandre, est une maladie commune chez les femmes à Dunkerque. Les filles comme les mères en sont atteintes ; ces dernières toutefois l'éprouvent plus fréquemment.

Les anomalies dans les fonctions de l'utérus s'offrent assez souvent au médecin, et ces vices de la menstruation déterminent parfois les maladies les plus graves.

Les affections nerveuses forment encore ici la part des maladies qui frappent beaucoup d'individus du sexe le plus aimable ; elles revêtent mille formes, et c'est sous ces mille formes, véritable protée, qu'elles rendent leur existence pénible et fâcheuse.

Les hommes éprouvent à Dunkerque peu de maladies qui leur soient particulières ; pourtant les affections cutanées et le scorbut semblent se développer chez eux de préférence. Toutes les classes n'y sont pas également sujettes; les marins, les pêcheurs et les ouvriers sont ceux chez lesquels elles sont observées le plus souvent. Un régime diététique mal réglé, l'abus des boissons spiritueuses, les intempéries paraissent être les causes de leur production.

La syphilis est commune à Dunkerque, comme dans toutes les villes maritimes ou commerçantes. On doit avouer néanmoins qu'elle n'est plus aussi multipliée qu'autrefois, grâce à une police vigilante, sagement dirigée, qui en empêche la propagation en surveillant les maisons de débauche et sequestrant de la société les individus qui en sont atteints. Mais, malgré toute cette vigilance, elle ne peut toujours saisir ces nymphes qui vont

. . . . vers le déclin du jour
En cent lieux fréquentés colporter leur amour!!...

Oui, la source qui fournit le plus d'aliments à la prostitution, c'est la débauche latente, clandestine, que les besoins impérieux et toujours croissants du luxe dans la misère, entretiennent et développent avec une incroyable activité.

Espérons qu'en appelant l'attention de l'autorité supérieure sur cette dernière cause des affections vénériennes trop nombreuses encore, elle, qui doit posséder des ressources de tous genres, arrivera un jour à faire disparaître la majeure partie de ces maux, dont les victimes sont plus à plaindre qu'à blâmer.

Terminons par quelques détails relatifs à cette perturbation aiguë dans les voies digestives produite par l'ingestion des huîtres, leur usage comme aliment étant assez général. Les renseignements suivants sont extraits d'une Note fournie à l'autorité par le Dr Zandyck père (1), à

---

(1) Rapport inséré dans le *Journal Universel des Sciences médicales*, tome XIV, et cité dans la *Faune des Médecins*, par Hipp. Cloquet. Article HUÎTRES, tom. V, p. 452.

l'occasion d'accidents nombreux survenus à la suite de l'ingestion des huîtres en 1849. Ces troubles, qui se sont représentés il y a trois ou quatre ans, en 1856 ou 1857, et qui peuvent reparaître chaque année, doivent être connus afin que chacun puisse les éviter ou ne pas trop s'effrayer. Mais laissons parler l'auteur du Rapport :

« Les aliments les plus salubres, même ceux dont
» l'usage est le plus habituel, peuvent acquérir des qua-
» lités malfaisantes, et déterminer des accidents d'autant
» plus multiples que la sécurité avec laquelle on s'en
» nourrissait, était plus grande. C'est ainsi que les huîtres
» qui sont ingérées par les estomacs les plus délicats,
» sans exciter le moindre trouble dans l'économie, peu-
» vent devenir la source d'accidents nombreux, comme
» nous venons d'en voir des exemples tant à Dunkerque
» que dans quelques endroits environnants.

» Ces huîtres avaient été expédiées de la Hougue, en
» Normandie, où une infinité de fosses les retiennent en
» dépôt. Elles arrivèrent à Dunkerque au commencement
» du mois de Septembre dernier, et une partie fut livrée à
» la consommation, tandis qu'une autre fut expédiée pour
» Lille et autres villes voisines. On en mangea avec avi-
» dité, parce qu'elles étaient les premières qui arrivaient,
» ce commerce étant interrompu pendant les mois de l'été.

» A peine quelques personnes en eurent-elles mangé
» que l'on vit naître des coliques, des vomissements, des
» diarrhées. D'abord, on eut peine à en accuser ce coquil-
» lage qui paraissait à l'abri de tout soupçon ; mais la masse
» des faits devint si grande que l'autorité publique crut
» devoir prendre des mesures pour fixer son opinion sur la
» qualité de cet aliment. Je fus chargé de faire connaître
» le résultat de mes recherches.

» Plusieurs de ces huîtres présentaient les caractères
» suivants : en les ouvrant, on trouvait le manteau ainsi
» que les diverses membranes retirés vers le corps de

» l'animal, ce qui lui donnait un aspect désagréable ; l'eau
» qu'elles renfermaient, abandonnait un dépôt limoneux,
» tant sur l'huître elle-même, que sur les parois de la co-
» quille, et avait un goût saumâtre très-prononcé.

» D'autres, moins maigres, moins laiteuses, recélaient
» aussi une eau beaucoup plus salée qu'elle n'a coutume
» de l'être, quoique moins chargée de parties hétérogènes.

» Chez la plupart des individus qui en avaient mangé,
» on remarquait une irritation des voies digestives accom-
» pagnée de vomissements et de coliques plus ou moins
» intenses. Ces douleurs se faisaient principalement sen-
» tir dans l'étendue de l'intestin colon, et étaient suivies
» d'un flux dyssentérique. Ceux, chez lesquels l'irritabilité
» était excessive, éprouvaient des mouvements nerveux
» qui compliquaient cette scène de désordre dont la durée
» était plus ou moins longue, selon la quantité des huîtres
» ingérées ou selon l'idiosyncrasie du malade.

» Cinq ou six huîtres suffirent chez quelques personnes
» pour faire regretter d'en avoir mangé, tandis que chez
» d'autres, un nombre beaucoup plus grand ne produisit
» aucun effet fâcheux.

» Quoique je ne pusse désigner d'une manière rigou-
» reuse la cause des accidents que les huîtres avaient
» déterminés, rien ne m'annonçant qu'ils étaient dus ou
» au frai très-âcre des *astéries (asterias,* Linn.) qui se
» trouve quelquefois interposé dans les valves, ou à la
» présence de petits crabes *(cancer pinnotheres,* Linn.)
» regardés comme nuisibles, je fus porté à en trouver la
» cause dans l'état de faiblesse et de langueur de l'huître
» qui n'avait point assez animalisé l'eau de mer qu'elle
» renfermait, et en accuser, par conséquent, moins la
» chair elle-même, que le liquide qui l'entourait. Cette
» opinion me parut confirmée par le genre de traitement
» qui avait le mieux réussi et qui consistait dans l'admi-
» nistration des mucilagineux combinés avec les calmants.

» Considérant donc la qualité malfaisante de ces mollus-
» ques, je proposai : 1° de retirer de la circulation toutes
» les huîtres qui y étaient répandues et d'en ordonner
» l'enfouissement ; 2° de suspendre la vente de celles
» qui se trouvaient encore en dépôt dans les fosses de
» l'huîtrière jusqu'au 15 Octobre suivant ; espérant que
» pendant ce laps de temps elles auraient pu se refaire et
» devenir plus salubres.

» En effet, ces mesures ayant été prises, et les huîtres
» séquestrées ayant été rendues à la circulation à l'époque
» précitée, on n'entendit plus parler d'accidents déter-
» minés par cet innocent mollusque dont les gastrono-
» mes purent de nouveau se rassasier sans crainte. .
» . . . .

VI

MORTALITÉ.

Quelques données sur la mortalité générale sont le complément nécessaire de ce travail ; malheureusement les renseignements nous manquent pour les années 1850-1851-1852. Depuis 1853, les états numériques par sexes, par âges, par genres de maladies, par professions, des personnes décédées à domicile et aux hôpitaux, nous ont fourni les chiffres suivants.

Moyenne annuelle des décès à Dunkerque (population fixe 26,531 âmes) (1), de 1853 à 1859 inclus. . . 825
Naissances. 919

Différence moyenne 94 en faveur des naissances.

Mortalité moyenne chez les hommes 410
Mortalité moyenne chez les femmes 386
Différence. 24

(1) Elle s'élève à plus de 30,000 âmes avec la population flottante.

Celle des hommes l'emporte sur celle des femmes; mais, on le voit, la différence est insignifiante.

La mortalité est forte chez les enfants au-dessous de 10 ans; elle constitue presque la moitié de la totalité des décès. Le chiffre moyen annuel est de 360 qui se subdivise ainsi :

Sexe masculin 197
Sexe féminin 163
Différence. 34

La mortalité des garçons est aussi supérieure à celle des filles. La différence, quoique minime, est un peu plus élevée que celle des hommes.

Les principales maladies qui règnent dans notre pays donnent en moyenne les décès suivants :

1° Affections de poitrine, catarrhes, phthisie pulmonaire : 189, c'est à dire à peu près le quart du chiffre total des décès. Presque autant d'hommes que de femmes ; une différence de 5 ne peut être indiquée.

2° Fièvres typhoïdes : 31 décès par année, plus une fraction.

3° Scrofules : 10 enfants y succombent à peu près chaque année.

4° Rougeole compliquée : en 1858, 65 enfants sont morts de cette maladie, 31 garçons et 34 filles.

Enfin, en 1853, un homme de 52 ans mourut d'hydrophobie (1).

---

(1) Voir la Note de M. Thélu, médecin, dans le Tome 1er, page 216, des Mémoires de la Société Dunkerquoise.

RÉSUMÉS
DES
OBSERVATIONS MÉTÉOROLOGIQUES
FAITES A DUNKERQUE (NORD)
ANNÉE 1850.

Les lieux et les temps d'observations ayant été indiqués dans le IX chapitre, pages 67, 68 et 69, nous n'en reparlerons plus.

Température atmosphérique. Thermomètre (1).

1850. Heures.	Matin 7 heures.	Midi.	Soir 9 heures.	Moyenne des mois.
Janvier . . .	— 1,3	— 1,2	— 1,6	— 1,3
Février . . .	+ 5,4	+ 7,3	+ 5,8	+ 6,1
Mars	2,2	3,3	4,5	3,3
Avril	9,9	13,9	10,0	11,2
Mai.	12,7	15,8	11,2	13,2
Juin	16,0	21,1	15,9	17,3
Juillet . . .	17,5	21,4	17,2	19,0
Août	17,0	20,1	16,7	18,0
Septembre . .	14,3	17,4	14,7	15,4
Octobre . . .	8,7	11,2	9,0	9,6
Novembre. . .	7,0	10,2	8,2	8,4
Décembre. . .	4,2	5,3	4,9	4,8
Température moyenne des heures de l'année.	8,1	11,0	8,2	9,2 Moyenne de l'ann.

Année météorologique.

HIVER.	PRINTEMPS.	ÉTÉ.	AUTOMNE.
Décembre 1849 \ Janvier... 1850 } 2,5 Février........ /	Mars.... \ Avril.... } 9,2 Mai...... /	Juin.... \ Juillet .. } 18,2 Août.... /	Septembre \ Octobre ... } 11,1 Novembre /

(1) Jusqu'au 13 Janvier au matin, pas d'observations; le thermomètre est en réparation.

N'ayant pas de thermomètre maximà et minimà, le tableau suivant ne représentera que le maximà et le minimà de la journée.

MAXIMA DE LA JOURNÉE.			MINIMA DE LA JOURNÉE.			DIFFÉRENCE.
Mois.	Dates.	Degrés c.	Mois.	Dates.	Degrés c.	
Janvier..	26 à midi.	9,5	Janvier.	22 matin.	—9,4	18,9
Février..	11 »	11,0	Février..	14 »	2,0	9,0
Mars...	31 1 h. soir	11,0	Mars...	17 »	—3,0	14,0
Avril...	8 »	17,5	Avril...	24 »	7,0	10,5
Mai...	31 midi.	22,5	Mai...	2 »	6,0	16,5
Juin...	26 »	25,0	Juin...	15 soir.	11,0	14,0
Juillet..	23 »	27,5	Juillet..	8 »	13,0	14,5
Août...	5 »	26,0	Août...	22 matin.	13,0	13,0
Septemb.	3 1 h. soir	19,5	Septemb.	30 »	10,0	9,5
Octobre.	4 midi.	16,0	Octobre.	23 »	3,5	12,5
Novemb..	2 »	15,5	Novemb..	30 »	—1,5	17,0
Décemb..	15 4 h. soir	12,0	Décemb..	1,10,11,23	0,0	12,0
Moyenne....		17,7	Moyenne....		2,6	15,1

Pression atmosphérique. — Baromètre.
Hauteur absolue.

Mois.	Dates.	Maximà en 24 h.	Mois.	Dates.	Minimà en 24 h.	Différence.
Janvier..	22,27	0,782	Janvier..	15	0,748	0,034
Février..	17,25,26,27	0,778	Février..	6	0,735	0,043
Mars...	5,6,7,12,13	0,782	Mars...	23,24	0,753	0,029
Avril...	19,25	0,771	Avril...	2,11	0,751	0,020
Mai....	1,2.29	0,776	Mai....	7,8,24	0,755	0,021
Juin...	2,19	0,780	Juin...	15,	0,755	0,025
Juillet...	6,	0,773	Juillet...	26,	0,758	0,015
Août...	31,	0,778	Août...	21,	0,755	0,023
Septembre	2,	0,780	Septembre	30,	0,753	0,027
Octobre..	12,13,	0,776	Octobre..	28,	0,748	0,028
Novembre.	9,	0,778	Novembre	20,	0,739	0,039
Décembre.	23,24	0,782	Décembre.	15,	0,742	0,040
Moyenne....		0,778	Moyenne....		0,749	0,029

Année météorologique.

HIVER.		PRINTEMPS.		ÉTÉ.		AUTOMNE.	
Décemb. 1849 Janvier.. 1850 Février.........	0,762	Mars. Avril. Mai...	0,762	Juin... Juillet. Août..	0,765	Septemb. Octobre.. Novemb..	0,765

Hygromètre de Saussure.

On remarquera dans les tableaux hygrométriques des années 1850-1851-1852-1853-1854, plusieurs lacunes et quelques minimums impossibles; nous les avons transcrits cependant. Notre instrument était défectueux, parfois même il ne donnait aucune indication. Il n'en a pas été ainsi en 1855-1856-1857-1858-1859. Notre hygromètre de Saussure était alors dans de meilleures conditions, et il a indiqué tout ce que peut donner de précis un instrument dont, en général, les défauts sont nombreux et qui s'altère facilement.

Mois.	Dates.	Maximum d'humidité.	Mois.	Dates.	Minimum d'humidité.
Janvier..	—	—	Janvier..	—	—
Février..	2	72 degrés.	Février..	6	10 degrés.
Mars...	24	85 »	Mars...	—	—
Avril...	4	90 »	Avril...	10	25 degrés.
Mai....	8	97 »	Mai....	4	10 »
Juin...	7	90 »	Juin....	21	30 »
Juillet..	4,19,28	100 »	Juillet...	10	25 »
Août...	—	—	Août...	—	—
Septembre	18	90 »	Septembre	26	25 degrés.
Octobre..	28	100 »	Octobre..	15	25 »
Novembre.	1,23	100 »	Novembre.	13	50 »
Décembre.	6,8,15	100 »	Décembre.	20	60 »
Moyenne....		92 degrés.	Moyenne....		28 degrés.

Direction diurne du vent dominant (*courant inférieur*).

Dans le tableau suivant, les vents *très-forts*, la *tempête*, et le nombre de fois qu'ils ont soufflé, seront représentés par les lettres F, T, suivies d'un chiffre et placées en exposant à côté de ceux qui indiquent le vent dominant de la journée; l'intensité des autres est considérée comme modérée.

Mois.	N.	N.-E.	E.	S.-E.	S.	S.-O.	O.	N.-O.
Janv.	-	2	10^{F2}	9		4^{F2}	3	3
Fév..		1			5^{F2}	14^{F6}	2^{F2}	6^{F4}
Mars.	3^{F2}	8^{F2}	3	2	1	4	3^{F1}	7
Avril	2	2		4	1	8^{F3}	6^{F2}	7^{F2}
Mai..	2	11				3^{F2}	5	10
Juin.	3	16^{F4}					10^{F6}	1
Juill.	6	4		1		4^{F2}	8^{F2}	8^{F1}
Août.	2^{F2}	3^{F1}		1		6^{F2}	13^{F8}	6
Sept.	2	8^{F1}	5		2	3	7^{F1}	3^{F1}
Oct..	3^{F1}	2		1		4^{F2}	13^{F2}	8^{F3}
Nov..	1	1^{F}	2		1	6^{F3}	12^{F3}	7
Déc..	5		1	5	5	3^{F1}	12^{F4}	
Année.	29	58	21	23	15	59	94	66

Total . . . . . 365 jours.

Météores aqueux.

N'ayant pas de pluviomètre, parce qu'il ne se trouve pas, dans notre cour, d'endroit assez favorable pour le placer, nous nous bornerons à noter, pour chaque mois, le nombre de jours pendant lesquels la pluie est tombée, et les différents vents *(courant inférieur)* qui l'ont accompagnée.

Pluie tombée pendant le jour par les différents vents *(courant inférieur).*

Mois.	Nombre de jours de pluie.	N.	N.-E	E.	S-E.	S.	S.-O.	O.	N.-O
Janvier..	9		1	2			4	2	
Février..	11					2	8	1	
Mars...	10	3	2				1	2	2
Avril...	11				1	1	4	2	3
Mai....	8	1	1					2	4
Juin...	9		3					5	1
Juillet..	10		1		1		4	2	2
Août...	16	1	1				4	6	4
Septemb..	9	1	1	1		1	3	2	
Octobre.	14	2					3	5	4
Novembre	16	1				1	5	5	4
Décembre	17					1		6	
Total...	130	9	10	3	2	6	36	40	24

Total 130

Pluie tombée, nuit et jour, pendant le croissant et le déclin de la lune.

		Nombre de fois.	
		Déclin	Croissant
N. L. le 13 Janvier.	D.	2	
P. L. le 28 Janvier.	C.		8
N. L. le 12 Février.	D.	10	
P. L. le 26 Février.	C.		4
N. L. le 13 Mars.	D.	3	
P. L. le 27 Mars.	C.		7
N. L. le 12 Avril.	D.	6	
P. L. le 26 Avril.	C.		6
N. L. le 11 Mai.	D.	3	
P. L. le 26 Mai.	C.		4
N. L. le 10 Juin.	D.	4	
P. L. le 24 Juin.	C.		3
N. L le 9 Juillet.	D.	7	
P. L. le 24 Juillet.	C.		5
N. L. le 7 Août.	D.	7	
P. L. le 22 Août.	C.		9
N. L. le 6 Septembre.	D.	9	
P. L. le 21 Septembre.	C.		3
N. L. le 5 Octobre.	D.	9	
P. L. le 21 Octobre.	C.		8
N. L. le 4 Novembre.	D.	10	
P. L. le 19 Novembre.	C.		9
N. L. le 3 Décembre.	D.	13	
P. L. le 19 Décembre.	C.		7
	D.	3	
		86	73

Ce total indique non-seulement le nombre de fois qu'il a plu pendant le jour, mais encore pendant la nuit. Cette année, il est donc tombé plus de pluie pendant le déclin de la lune que pendant le croissant.

Les deux tableaux suivants indiquent le nombre de fois qu'il est tombé de la neige et de la grêle (nuit et jour).

Neige.

Mois.	Dates	Direction des vents.	Hauteur barométrique.	Température atmosphérique.
Janvier.	9	S.-E.	0,771	Ther. en réparation.
»	11	N.-O.	0,760	»
»	12	E.	0,762	»
»	15	E.	0,748	—7,0
»	16	S.-E.	0,753	0,0
»	17	N.-E.	0,760	—2,0
»	18	N.-E.	0,760	+1,0
»	20	E.	0,765	—3,0
»	27	E.	0,780	—3,0
Mars..	24	N.-O.	0,753	+2,0
»	25	E.	0,758	+3,0

Grêle.

Mois.	Dates.	Direction des vents.	Hauteur barométrique.	Température atmosphérique.
Janvier.	28	N. E.	0,765	+6,0
Mars . .	23	N.-E.	0,753	+4,0
» . .	24	N.-O.	0,753	2,5
Avril ..	8	S.-O.	0,755	13,5
Octobre.	27	N. O.	0.760	6,0
Novemb.	14	N.-O.	0,769	8,5
Décemb.	20	N.	0,769	4,5

Brouillards.

Mois.	Dates.
Janvier ..	22, 23, 24, 26, 29, 31.
Février ..	8, 9, 10, 11, 14, 17, 18, 19, 22, 24.
Mars ...	1, 2, 4, 7, 8, 9, 10, 14, 21, 25, 29, 30.
Novembre.	3, 7, 8, 9, 12, 14, 15, 17, 20, 21, 23, 25, 26.
Décembre.	5, 6, 7, 8, 9, 10, 11, 12, 21, 22, 23, 24.

Orages.

Mois.	Dates.	Heures.	Direction des vents	Hauteur barométrique.	Température atmosphérique
Juin ..	28	4 h. du soir.	N.-E.	0,760	22,0
»	29	10 h. du m.	O.	0,758	15,0
Juillet .	9	6 h. du soir.	N.-O.	0,765	16,0
»	15	5 h. du soir.	N.-E.	0,767	24,0
»	17	midi.	N.	0,765	25,0
»	19	11 h. du m.	S.-O.	0,767	20,0
»	23	5 h. du soir.	S.-E.	0,763	22,0
»	29	2 h. du m.	N.	0,767	19,0
Août ..	13	tout le jour	N.-O.	0,762	19,0

Etat du Ciel.

Mois.	Serein.	Couvert.	Nuageux.	Nombre de jours du mois
Janvier ...	6	4	21	31
Février ...	8	5	15	28
Mars	10	5	16	31
Avril	17	6	7	30
Mai	16	7	8	31
Juin.....	18	3	9	30
Juillet. ...	19	5	7	31
Août	9	4	18	31
Septembre .	16	8	6	30
Octobre ...	12	4	15	31
Novembre..	8	10	12	30
Décembre..	6	8	17	31
Total des jours de l'année.				365

ANNÉE 1851.

Température atmosphérique. Thermomètre.

1851. Heures.	Matin 7 heures.	Midi.	Soir 9 heures.	Moyenne des mois.
Janvier	4,4	6,6	4,7	5,0
Février	2,3	5,9	4,0	4,0
Mars	5,7	8,7	5,8	6,7
Avril	8,6	12,2	8,6	9,7
Mai	11,0	14,4	11,0	12,1
Juin	15,6	19,7	16,0	17,1
Juillet	16,2	20,1	13,4	16,5
Août	17,1	21,9	18,1	19,0
Septembre	13,7	17,5	14,5	15,2
Octobre	11,1	14,4	11,6	12,3
Novembre	4,2	6,2	4,8	5,0
Décembre	2,0	5,2	4,3	3,8
Température moyenne des heures de l'année.	9,3	12,6	9,7	10,5 Moyenne de l'année.

Année météorologique.

HIVER.	PRIMTEMPS.	ÉTÉ.	AUTOMNE.
Décembre. 1850 \ Janvier.... 1851 } 4,6 Février............ /	Mars.. \ Avril.. } 9,5 Mai ... /	Juin..... \ Juillet .. } 17,5 Août.... /	Septembre \ Octobre... } 10,8 Novembre. /

N'ayant pas de thermomètre maximà et minimà, le tableau suivant ne représentera que le maximà et le minimà de la journée.

MAXIMA DE LA JOURNÉE.			MINIMA DE LA JOURNÉE.			DIFFÉRENCE.
Mois.	Dates.	Degrés c.	Mois.	Dates.	Degrés c.	
Janvier..	1er à midi.	12,0	Janvier..	24 s., 26 j.	0,0	12,0
Février..	20 »	10,5	Février..	17 matin.	—1,5	12,0
Mars...	29 1 h. soir	13,0	Mars...	9 »	0,0	13,0
Avril..	20 »	19,0	Avril...	5 soir.	4,0	15,0
Mai...	25 »	20,0	Mai...	6 matin.	5,0	15,0
Juin...	27 »	26,0	Juin...	2 »	6,0	20,0
Juillet..	1er 2 h. soir	27,5	Juillet..	10 soir.	11,0	16,5
Août..	13 »	27,0	Août...	29 matin.	12,0	15,0
Septemb.	1er à midi.	21,0	Septemb.	26 soir.	8,5	12,5
Octobre.	11-13 »	18,0	Octobre.	17 matin.	4,0	14,0
Novemb..	1-7 »	9,0	Novemb..	21 »	1,0	8,0
Décemb..	10 »	12,0	Décemb..	29 »	—2,0	14,0
Moyenne. . . .		17,9	Moyenne		3,4	14,5

Pression atmosphérique. — Baromètre.
Hauteur absolue.

Mois.	Dates.	Maximà en 24 h.	Mois.	Dates.	Minimà en 24 h.	Différence
Janvier.	23	0,778	Janvier..	31	0,751	0,027
Février..	10	0,780	Février..	1	0,753	0,027
Mars...	2	0,778	Mars...	21,29	0,731	0,047
Avril...	1,2	0,771	Avril...	22,30	0,755	0,016
Mai....	30	0,778	Mai....	5,6	0,751	0,027
Juin....	18	0,776	Juin...	10	0,755	0,021
Juillet...	11	0,769	Juillet...	25	0,751	0,018
Août...	19,20	0,773	Août...	28	0,751	0,022
Septembre	10,16	0,778	Septembre	30	0,753	0,025
Octobre..	25	0,774	Octobre..	30	0,746	0,028
Novembre.	13	0,776	Novembre	24	0,751	0,025
Décembre.	11,12	0,778	Décembre.	22	0,755	0,023
Moyenne. . . .		0,775	Moyenne. . . .		0,750	0,025

Année météorologique.

HIVER.		PRINTEMPS.		ÉTÉ.		AUTOMNE.	
Décemb. 1850		Mars.		Juin...		Septemb.	
Janvier.. 1851	0,765	Avril.	0,760	Juillet.	0,765	Octobre..	0,762
Février........		Mai...		Août..		Novemb..	

Hygromètre de Saussure.

Mois.	Dates.	Maximum d'humidité.	Mois.	Dates.	Minimum d'humidité.
Janvier..	29,28	100 degrés.	Janvier..	2	60 degrés.
Février..	13	75 »	Février..	28	30 »
Mars...	15,20	100 »	Mars...	9	20 »
Avril...	22	100 »	Avril...	19	30 »
Mai....	5	80 »	Mai....	—	—
Juin...	10	60 »	Juin....	—	—
Juillet..	20	75 »	Juillet...	—	—
Août...	30	40 »	Août...	—	—
Septembre	2	95 »	Septembre	10	—
Octobre..	10	95 »	Octobre..	8	25 degrés.
Novembre.	2,21	100 »	Novembre.	14	20 »
Décembre.	2,22	100 »	Décembre.	21	60 »
Moyenne....		86 degrés.	Moyenne....		35 degrés.

Direction diurne du vent dominant (*courant inférieur*).

Dans le tableau suivant, les vents *très-forts*, la *tempête*, et le nombre de fois qu'ils ont soufflé, seront représentés par les lettres F, T, suivies d'un chiffre et placées en exposant à côté de ceux qui indiquent le vent dominant de la journée; l'intensité des autres est considérée comme modérée.

— 221 —

Mois.	N.	N.-E.	E.	S.-E.	S.	S.-O.	O.	N.-O.
Janv.				4^{F1}	T1 7^{F2}	8	9	3^{F1}
Fév..	1	4^{F1}	1	3^{F1}	3	5^{F2}	6^{F2}	5
Mars.	2	1^{F}	1	1	4^{F3}	6^{F2}	11^{F5}	5^{F2}
Avril	6^{F2}	6	1		2	3^{F4}	7^{F1}	5^{F1}
Mai..	7^{F3}	1^{F1}	5^{F1}		1	4	7^{F3}	6^{F3}
Juin.	1^{F}	2	5^{F1}	1	1^{F}		15^{F10}	5^{F1}
Juill.	7^{F2}		2		1	2^{F1}	13^{F4}	6^{F3}
Août.	6	4^{F3}	1	1		3^{F1}	11^{F3}	5^{F4}
Sept.	8^{F2}	13^{F3}	1		1^{F1}	1^{F1}	2^{F1}	4^{F1}
Oct..	4^{F2}	2	2		7^{F3}	8^{F2}	7	1
Nov..	4^{F2}	2	2	1	2^{F2}	1	3	15^{F7}
Déc..	6	2	5		5	2	8	3^{F1}
Année..	52	37	26	11	34	43	99	63

Total. . . . . 365 jours.

Météores aqueux.

N'ayant pas de pluviomètre, parce qu'il ne se trouve pas, dans notre cour, d'endroit assez favorable pour le placer, nous nous bornerons à noter, pour chaque mois, le nombre de jours pendant lesquels la pluie est tombée, et les différents vents *(courant inférieur)* qui l'ont accompagnée.

Pluie tombée pendant le jour par les différents vents *(courant inférieur).*

Mois.	Nombre de jours de pluie	N.	N.-E	E.	S.-E.	S.	S.-O.	O.	N.-O
Janvier. .	7					1	4	2	
Février. .	10	1	1		1	2	2	3	
Mars . . .	15	1				1	5	5	3
Avril. . .	8		1	1		2	3		1
Mai. . . .	8	1						3	4
Juin . . .	6							5	1
Juillet . .	9			1		1	2	3	2
Août . . .	4							2	2
Septemb..	7	4					1	2	
Octobre .	9	3				2	1	3	
Novembre	17	3	1			2	1	2	8
Décembre	4	2				1			1
Total. . .	104	15	3	2	1	12	19	30	22

Total. 104

Pluie tombée, nuit et jour, pendant le croissant et le déclin de la lune.

		Nombre de fois.	
		Déclin	Croissant
N. L. le 2 Janvier	C.		2
P. L. le 17 Janvier	D.	5	
N. L. le 1 Février	C.		10
P. L. le 16 Février	D.	3	
N. L. le 3 Mars	C.		6
P. L. le 17 Mars	D.	9	
N. L. le 1 Avril	C.		4
P. L. le 15 Avril	D.	4	
N. L. le 1 Mai	C.		5
P. L. le 15 Mai	D.	3	
N. L. le 30 Mai	C.		1
P. L. le 13 Juin	D.	2	
N. L. le 29 Juin	C.		3
P. L. le 13 Juillet	D.	6	
N. L. le 28 Juillet	C.		2
P. L. le 11 Août	D.	2	
N. L. le 26 Août	C.		8
P. L. le 10 Septembre	D.	6	
N. L. le 25 Septembre	C.		9
P. L. le 10 Octobre	D.	2	
N. L. le 24 Octobre	C.		12
P. L. le 8 Novembre	D.	14	
N. L. le 23 Novembre	C.		7
P. L. le 8 Décembre	D.	2	
N. L. le 22 Décembre	C.		1
		58	73

Ce total indique non-seulement le nombre de fois qu'il a plu pendant le jour, mais encore pendant la nuit. Cette année, il est donc tombé plus de pluie pendant le croissant de la lune que pendant le déclin.

Les deux tableaux suivants indiquent le nombre de fois qu'il est tombé de la neige et de la grêle (nuit et jour).

Neige.

Mois.	Dates	Direction des vents.	Hauteur barométrique.	Température atmosphérique.
Mars ..	2	N.-E.	0,778	4,0
»	10	S.-O.	0,755	1,0
Novemb.	4	O.	0,760	3,0
»	20	O.	0,758	1,5
Décemb.	28	N.-E.	0,771	0,0

Grêle.

Mois.	Dates.	Direction des vents.	Hauteur barométrique.	Température atmosphérique.
Mars ..	1	N.-O.	0,771	4,0
»	2	N.-E.	0,776	1,0
»	31	N. O.	0,769	8,0
Avril ..	30	S.-O.	0,755	10,0
Mai. ..	19	O.	0,763	12,0
Août ..	13	S.-E.	0,765	23,0
Octobre.	30	N.	0,746	5,0
Novemb.	2	S.	0,751	6,5
»	7	N.-O.	0,758	5,0
»	14	N.	0,767	5,0
»	17	N.-O.	0,758	1,5
»	20	O.	0.760	3,0
»	22	N.	0,760	3,0

Brouillards.

Mois.	Dates.
Janvier ..	5, 6, 7, 24, 25, 26, 27, 29, 31.
Février ..	11, 14, 19, 23, 24, 25, 27.
Octobre..	2, 5, 6, 7, 9, 20, 21, 22, 23, 24, 25.
Novembre.	1, 2, 3, 4, 5, 7, 8, 9, 22.
Décembre.	12, 13, 14, 18, 19, 24, 30.

Orages.

Mois.	Dates.	Heures.	Direction des vents	Hauteur barométrique.	Température atmosphérique
Mai...	10	9 h. soir.	S.-O.	0,758	13,0
»	11	3 h. soir.	S.-O.	0,758	16,0
»	19	2 h. soir.	O.	0,763	12,0
Juillet..	1	5 h. soir.	E.	0,765	20,0
»	2	6 h. soir.	O.	0,763	19,0
»	10	midi.	N.-O.	0,758	21,0
»	12	1 h. soir.	O.	0,767	23,0
»	17	11 h. matin	N.-O.	0,760	15,0
»	23	2 h. soir.	E.	0,758	23,0
»	29	7 h. matin	O.	0,760	18,0
»	30	8 h. matin	S.-O.	0,760	16,0
Août..	7	6 h. soir.	E.	0,765	19,0
»	9	midi.	N.	0,765	25,0
»	13	4 h. soir.	S.-E.	0,767	25,0
»	28	7 h. soir.	N.-O.	0,758	15,5
»	29	4 h. soir.	O.	0,758	15,0
Octobre.	4	3 h. matin	S.-O.	0,755	10,0
Novemb.	22	1 h. matin	N.	0,760	3,5

Etat du Ciel.

Mois.	Serein.	Couvert.	Nuageux.	Nombre de jours du mois
Janvier...	10	3	18	31
Février...	12	2	14	28
Mars....	9	1	21	31
Avril....	9	7	14	30
Mai.....	11	5	15	31
Juin.....	15	3	12	30
Juillet....	3	8	20	31
Août....	13	6	22	31
Septembre.	8	10	12	30
Octobre...	8	5	18	31
Novembre..	2	17	11	30
Décembre..	7	16	8	31
Total des jours de l'année				365

ANNÉE 1852.

Température atmosphérique. Thermomètre.

1852. Mois.	Matin 7 heures.	Midi.	Soir 9 heures.	Moyenne des mois.
Janvier	3,0	5,3	5,1	4,4
Février	3,1	6,4	3,8	4,4
Mars	1,8	8,2	4,0	4,6
Avril	6,0	11,1	7,0	8,0
Mai	10,8	15,1	11,0	12,3
Juin	13,8	17,9	14,0	15,2
Juillet	18,4	25,6	19,9	21,3
Août	15,3	21,1	16,3	17,5
Septembre	12,8	17,2	14,1	14,7
Octobre	8,5	12,1	9,3	9,9
Novembre	9,9	12,0	10,4	10,7
Décembre	7,3	10,0	8,1	8,4
Température moyenne des heures de l'année.	9,2	13,5	10,2	10,9 Moyenne de l'ann.

Année météorologique.

HIVER.	PRINTEMPS.	ÉTÉ.	AUTOMNE.
Décembre 1851 Janvier 1852 } 4,2 Février	Mars Avril } 8,3 Mai	Juin Juillet } 18,0 Août	Septembre Octobre } 11,7 Novembre

N'ayant pas de thermomètre maximà et minimà, le tableau suivant ne représentera que le maximà et le minimà de la journée.

\multicolumn{3}{c}{MAXIMA DE LA JOURNÉE.}	\multicolumn{3}{c}{MINIMA DE LA JOURNÉE.}	DIFFÉRENCE.
Mois.	Dates.	Degrés c.	Mois.	Dates.	Degrés c.	
Janvier..	15 à midi.	13,0	Janvier..	5 matin.	—2,0	15,0
Février..	2 3 heures	12,7	Février..	13 »	—2,5	15,2
Mars...	24 »	13,5	Mars...	6 »	—2,5	16,0
Avril..	23 2 h. soir	18,0	Avril..	17 »	+1,0	17,0
Mai...	18 »	23,5	Mai...	2 »	4,0	19,5
Juin...	28 1 h. soir	25,0	Juin...	1 »	7,0	18,0
Juillet..	7 »	35,7	Juillet..	2 »	11,0	24,7
Août..	1er »	33,0	Août...	21 »	8,0	25,0
Septemb.	8 »	22,5	Septemb.	18 »	7,0	15,0
Octobre.	11 »	18,5	Octobre.	16 »	4,0	14,5
Novemb..	2 midi.	18,0	Novemb..	30 »	4,0	14,0
Décemb..	15 »	12,5	Décemb..	22 »	0,5	12,0
Moyenne. . . .		20,4	Moyenne		2,8	17,6

Pression atmosphérique. — Baromètre.
Hauteur absolue.

Mois.	Dates.	Maximà en 24 h.	Mois.	Dates.	Minimà en 24 h.	Différence.
Janvier.	18,19	0,773	Janvier..	11	0,745	0,028
Février..	22,23	0,778	Février..	9	0,744	0,034
Mars...	5,6,7	0,780	Mars...	30	0,748	0,032
Avril...	13	0,773	Avril...	30	0,753	0,020
Mai....	15	0,773	Mai....	29,30	0,753	0,020
Juin....	24,25	0,769	Juin...	14	0,748	0,021
Juillet...	3	0,773	Juillet...	26	0,758	0,015
Août ...	23	0,772	Août ...	11,12	0,748	0,024
Septembre	23	0,777	Septembre	19,28	0,746	0,031
Octobre..	19,20	0,776	Octobre..	5	0,742	0,034
Novembre.	8,9	0,771	Novembre	16	0,739	0,032
Décembre.	18	0,773	Décembre.	15	0,746	0,027
Moyenne. . . .		0,774	Moyenne. . . .		0,747	0,027

Année météorologique.

HIVER.		PRINTEMPS.		ÉTÉ.		AUTOMNE.	
Décemb. 1851 ⎫		Mars. ⎫		Juin… ⎫		Septemb. ⎫	
Janvier.. 1852 ⎬	0,751	Avril. ⎬	0,765	Juillet. ⎬	0,760	Octobre.. ⎬	0,758
Février……… ⎭		Mai… ⎭		Août.. ⎭		Novemb.. ⎭	

Hygromètre de Saussure.

Mois.	Dates.	Maximum d'humidité.	Mois.	Dates.	Minimum d'humidité.
Janvier..	25	100 degrés.	Janvier..	9	25 degrés.
Février..	8	100 »	Février..	—	—
Mars…	30	100 »	Mars…	—	—
Avril…	29,30	100 »	Avril…	—	—
Mai….	13	90 »	Mai….	—	—
Juin…	17	100 »	Juin….	25	10 degrés.
Juillet..	11	75 »	Juillet…	—	—
Août…	15	96 »	Août…	3	16 degrés.
Septembre	5,18,28	100 »	Septembre	3,22	10 »
Octobre..	23	100 »	Octobre..	—	—
Novembre.	2,20,22,29	100 »	Novembre.	10	50 degrés.
Décembre.	7,8,17	100 »	Décembre.	20	32 »
Moyenne….		96 degrés.	Moyenne….		23 degrés.

Direction diurne du vent dominant (*courant inférieur*).

Dans le tableau suivant, les vents *très-forts*, la *tempête*, et le nombre de fois qu'ils ont soufflé, seront représentés par les lettres F, T, suivies d'un chiffre et placées en exposant à côté de ceux qui indiquent le vent dominant de la journée; l'intensité des autres est considérée comme modérée.

Mois.	N.	N.-E.	E.	S. E.	S.	S.-O.	O.	N.-O.
Janv.	3			3	4^{F1}	12^{F4}	7^{F6}	2
Fév..	5	2	3	2	1	2^{F2}	10^{F7}	4^{F1}
Mars.	6	8	9	2	2		4^{F1}	
Avril	1	10^{F1}	16^{F3}				3	
Mai..	5	8^{F2}	1	3		3^{F1}	5^{F2}	6^{F1}
Juin.	1			1	4	10^{F3}	14^{F2}	
Juill.	3^{F1}	9^{F1}	4^{F1}	3		3	7	2
Août.	4^{F2}	4			3	7^{F1}	7^{F1}	6^{F1}
Sept.	2^{F1}	6^{F1}	5			2^{F1}	7^{F4}	8^{F1}
Oct..	3^{F1}	5	3			3^{F1}	6^{F4}	11^{F8}
Nov..	1^{F1}	4	1	1	8^{F6}	5^{F2}	7^{F2}	3
Déc..	2^{F1}	1	1	2	6^{F1}	8^{F4}	9^{F2}	2^{F1}
Année..	36	57	43	17	28	55	86	44

Total. . . . . 366 jours.

Météores aqueux.

N'ayant pas de pluviomètre, parce qu'il ne se trouve pas, dans notre cour, d'endroit assez favorable pour le placer, nous nous bornerons à noter, pour chaque mois, le nombre de jours pendant lesquels la pluie est tombée, et les différents vents *(courant inférieur)* qui l'ont accompagnée.

Pluie tombée pendant le jour par les différents vents *(courant inférieur)*.

Mois.	Nombre de jours de pluie.	N.	N.-E	E.	S -E.	S.	S.-O.	O.	N.-O
Janvier. .	9				2	1	6		
Février. .	6	1					2	2	1
Mars . . .	1					1			
Avril . . .	3		1					2	
Mai. . . .	6	1		1	1		1		2
Juin . . .	12	1				2	5	4	
Juillet . .	4							4	
Août . . .	10					1	3	5	1
Septemb..	14	1	3				2	3	5
Octobre	11						3	3	5
Novembre	10		1			2	2	4	1
Décembre	12	1				2	3	5	1
Total. . .	98	5	5	1	3	9	27	32	16

Total 98

Pluie tombée, nuit et jour, pendant le croissant et le déclin de la lune.

		Nombre de fois.	
		Déclin	Croissant
P. L. le 7 Janvier	D.		9
N. L. le 21 Janvier	C.	7	
P. L. le 5 Février	D.		4
N. L. le 20 Février	C.	1	
P. L. le 6 Mars	D.		»
N. L. le 20 Mars	C.	1	
P. L. le 4 Avril	D.		1
N. L. le 19 Avril	C.	3	
P. L. le 3 Mai	D.		4
N. L. le 19 Mai	C.	4	
P. L. le 2 Juin	D.		6
N. L. le 17 Juin	C.	6	
P. L. le 1 Juillet	D.		1
N. L. le 17 Juillet	C.	2	
P. L. le 31 Juillet	D.		13
N. L. le 15 Août	C.	1	
P. L. le 29 Août	D.		5
N. L. le 13 Septembre	C.	8	
P. L. le 28 Septembre	D.		8
N. L. le 13 Octobre	C.	7	
P. L. le 28 Octobre	D.		3
N. L. le 11 Novembre	C.	12	
P. L. le 26 Novembre	D.		12
N. L. le 11 Décembre	C.	8	
P. L. le 26 Décembre	D.		
		61	**66**

Ce total indique non-seulement le nombre de fois qu'il a plu pendant le jour, mais encore pendant la nuit. Cette année, il est donc tombé plus de pluie pendant le croissant de la lune que pendant le déclin.

Les deux tableaux suivants indiquent le nombre de fois qu'il est tombé de la neige et de la grêle (nuit et jour).

Neige.

Mois.	Dates.	Direction des vents.	Hauteur barométrique.	Température atmosphérique.
Février.	11	N.	0,767	3,5
»	18	O.	0,755	4,0
»	19	N.-O.	0,753	2,5
»	20	N.	0,765	2,0
»	27	N.	0,767	0,0
Avril..	19	N.-E.	0,765	2,5

Grêle.

Mois	Dates.	Direction des vents.	Hauteur barométrique.	Température atmosphérique.
Février.	10	N.-E.	0,755	2,5
Mars..	3	N.-E.	0,762	2,0
»	26	N.	0,760	3,0
Avril.	19	N.-E.	0,767	4,0
Mai...	2	N.-E.	0,767	6,0
Juin..	17	S.	0,753	15,0
Octobre.	6	S.-O.	0,755	12,0
Décemb.	8	O.	0,748	8,0
»	17	O.	0,748	7,0
»	18	N.	0,763	8,0

Brouillards.

Mois.	Dates.
Janvier..	29, 31.
Avril...	6, 7, 9, 10, 12, 16, 19, 21, 24.
Mai...	26, 27,
Juillet...	11, 12, 16, 20, 23, 24, 27.
Septembre.	5, 6, 9, 17, 21, 23, 28, 29.
Octobre..	16, 17, 18, 19, 20, 21, 22, 23, 28, 31.
Décembre.	1, 4, 7, 9, 14, 16, 17, 19, 21, 22, 23, 24.

Orages.

Mois.	Dates.	Heures.	Direction des vents	Hauteur barométrique.	Température atmosphérique
Mai...	17	11 h. soir.	S.-E.	0,763	15,0
»	26	5 h. soir.	E.	0,760	13,0
»	30	7 h. soir.	N.-O.	0,758	9,0
Juin..	6	11 h. matin	S.	0,765	20,5
»	7	8 h. soir.	S.-E.	0,755	13,0
»	8	tout le jour.	S.	0,758	18,0
»	16	6 h. soir.	S.	0,753	14,0
»	17	10 h. matin	S.	0,753	15,0
»	18	3 h. soir.	S.-O.	0,758	19,5
»	25	4 h. soir.	O.	0,769	20,0
Juillet..	1	tout le jour.	S.-O.	0,767	16,0
»	17	4 h. matin	O.	0,763	15,0
»	17	5 h. soir.	O.	0,763	20,0
»	21	9 h. matin	O.	0,765	16,0
»	25	6 h. soir.	O.	0,758	23,0
»	26	tout le jour	N.-O.	0,758	21,0
Août..	7	tout le jour.	S.	0,751	17,5
»	9	4 h. soir.	O.	0,755	17,0
»	14	11 h. matin	O.	0,760	15,0
»	21	11 h. matin	N.-O.	0,767	18,0
Septem.	5	9 h. matin	N.-E.	0,767	17,0
»	7	tout le jour.	N.-O.	0,765	17,5
»	8	6 h. soir.	N.-E.	0,765	15,0
»	9	tout le jour.	E.	0,763	16,5
Octobre.	6	6 h. soir.	S.-O.	0,758	11,0
Décemb.	17	2 h. matin	O.	0,748	6,0

Etat du Ciel.

Mois.	Serein.	Couvert.	Nuageux.	Nombre de jours du mois
Janvier...	10	5	16	31
Février...	10	2	17	29
Mars....	20	4	7	31
Avril....	18	3	9	30
Mai.....	10	6	15	31
Juin.....	9	3	18	30
Juillet....	11	4	16	31
Août....	10	1	20	31
Septembre.	8	5	17	30
Octobre...	5	1	25	31
Novembre..	5	2	23	30
Décembre..	8	2	21	31
Total des jours de l'année				366

ANNÉE 1853.

Température atmosphérique. Thermomètre.

1853. Mois.	Matin 7 heures.	Midi.	Soir 9 heures.	Moyenne des mois.
Janvier . . .	4,3	7,7	6,0	6,0
Février . . .	—0,8	2,0	—0,3	1,5
Mars	0,5	6,3	2,6	3,1
Avril	6,0	12,1	6,6	8,2
Mai	10,4	15,5	11,0	12,3
Juin	13,8	19,0	14,6	15,8
Juillet . . .	15,6	21,5	16,7	17,9
Août	15,2	21,9	16,0	17,7
Septembre . .	13,4	16,8	14,0	14,7
Octobre . . .	9,5	13,3	10,5	11,1
Novembre . .	1,9	6,4	3,5	3,9
Décembre . .	—2,7	—0,5	—1,9	—1,7
Température moyenne des heures de l'année.	7,5	12,1	9,0	9,5 Moyenne de l'ann.

Année météorologique.

HIVER.	PRINTEMPS.	ÉTÉ.	AUTOMNE.
Décembre 1852 Janvier... 1853 5,3 Février............	Mars .... Avril.... 7,8 Mai......	Juin .... Juillet .. 17,0 Août....	Septembre Octobre... 9,9 Novembre

En 1853-1854-1855-1856, le maximum de la température a été observé à l'aide du thermomètre horizontal *maximà* à aiguille d'acier; le minimum de température à l'aide du thermomètre horizontal *minimà* à alcool.

Dorénavant les chiffres indiqués représenteront les extrêmes de température en 24 heures.

MAXIMA EN 24 HEURES.			MINIMA EN 24 HEURES.			DIFFÉRENCE.
Mois.	Dates.	Degrés c.	Mois.	Dates.	Degrés c.	
Janvier..	12	11,0	Janvier..	25	—2,0	13,0
Février..	1er	7,5	Février..	14	—6,5	14,0
Mars...	31	13,5	Mars...	18	—5,5	19,0
Avril...	4	14,8	Avril...	27	1,5	13,3
Mai...	27	22,5	Mai...	8	2,2	20,3
Juin...	28	31,0	Juin...	5	7,0	23,0
Juillet..	27	27,5	Juillet..	23	11,5	16,0
Août...	10	28,5	Août...	30	10,0	18,5
Septemb.	12	21,0	Septemb.	26	6,0	15,0
Octobre.	27	17,7	Octobre.	3	4,0	13,4
Novemb..	2	13,7	Novemb..	23	—2,7	16,4
Décemb..	6	5,0	Décemb..	17	—11,5	16,5
Moyenne.....		17,8	Moyenne....		0,4	17,4

Pression atmosphérique. — Baromètre. Hauteur absolue.

Mois.	Dates.	Maximà en 24 h.	Mois.	Dates.	Minimà en 24 h.	Différence.
Janvier.	1er	0,771	Janvier..	17	0,739	0,032
Février..	1er	0,773	Février..	10	0,739	0,034
Mars...	9,10,11	0,771	Mars...	2	0,748	0,033
Avril...	9	0,771	Avril...	25	0,742	0,039
Mai....	23	0,771	Mai....	8	0,751	0,020
Juin...	8,9	0,769	Juin...	26	0,753	0,016
Juillet...	3	0,771	Juillet...	14,15	0,751	0,020
Août...	10,11	0,773	Août...	27	0,748	0,025
Septembre	4,5	0,773	Septembre	25	0,744	0,029
Octobre..	24	0,770	Octobre..	17	0,743	0,027
Novembre.	9	0,759	Novembre	15	0,755	0,004
Décembre.	9	0,771	Décembre.	14,15	0,744	0,027
Moyenne.....		0,770	Moyenne....		0,745	0,025

Année météorologique.

HIVER.		PRINTEMPS.		ÉTÉ.		AUTOMNE.	
Décemb. 1852 Janvier.. 1853 Février...........	0,745	Mars. Avril. Mai...	0,759	Juin... Juillet. Août..	0,760	Septemb. Octobre.. Novemb..	0,758

Hygromètre de Saussure.

Mois.	Dates.	Maximum d'humidité.	Mois.	Dates.	Minimum d'humidité.
Janvier. .	20,21	100 degrés.	Janvier. .	11	40 degrés.
Février. .	4,12,27	100 »	Février. .	25	30 »
Mars . . .	6,7	100 »	Mars . . .	4	30 »
Avril . . .	10	90 »	Avril . . .	—	—
Mai. . . .	31	100 »	Mai. . . .	—	—
Juin . . .	25	100 »	Juin. . . .	11	10 degrés.
Juillet . .	10	85 »	Juillet. . .	—	—
Août . . .	23	95 »	Août . . .	—	—
Septembre	23,25	100 »	Septembre	26	15 degrés.
Octobre. .	17	100 »	Octobre. .	3	19 »
Novembre.	26	100 »	Novembre.	10	30 »
Décembre.	23	100 »	Décembre.	1	49 »
Moyenne. . . .		97 degrés.	Moyenne		27 degrés.

Direction diurne du vent dominant (*courant inférieur*).

Dans le tableau suivant, les vents *très-forts*, la *tempête*, et le nombre de fois qu'ils ont soufflé, seront représentés par les lettres F, T, suivies d'un chiffre et placées en exposant à côté de ceux qui indiquent le vent dominant de la journée; l'intensité des autres est considérée comme modérée.

— 235 —

Mois.	N.	N.-E.	E.	S.-E.	S.	S.-O.	O.	N.-O.
Janv.	1	5^{F3}	4	2	1	6	7^{F4}	5
Fév..	5^{F2T1}	1^F	10	2	»	3^{F1}	2	5^{F4}
Mars.	2^{F1}	4	8	2	6	4	4	1
Avril	3^{F1}	1^F	1	1	2^F	6^{F3}	10^{F3}	6^{F4}
Mai..	3^{F1}	9^{F8}	9^F	2	1	»	5^{F2}	2^F
Juin.	4^{F1}	7	2	»	»	6^{F1}	9^{F3}	2
Juill.	»	1	1	»	4^{F1}	10^{F3}	13^{F7}	2
Août.	7^{F1}	7^{F1}	2	1	3^{F1}	2^{F1}	7^{F3}	2
Sept.	2^{F1}	4	4	2^F	4	5^{F3}	7^{F3}	2^{F1}
Oct..	1	»	1	8^{F2}	8^F	7^{F1}	2^{F1}	4^{F1}
Nov..	1^{F1}	»	6	12	4^{F1}	2	2	3
Déc..	1	7^{F1}	12	3	5	»	3^{F1}	»
Année..	30	46	60	35	38	51	71	34

Total. . . . . 365 jours.

Météores aqueux.

N'ayant pas de pluviomètre, parce qu'il ne se trouve pas, dans notre cour, d'endroit assez favorable pour le placer, nous nous bornerons à noter, pour chaque mois, le nombre de jours pendant lesquels la pluie est tombée, et les différents vents *(courant inférieur)* qui l'ont accompagnée.

Pluie tombée pendant le jour par les différents vents *(courant inférieur)*.

Mois.	Nombre de jours de pluie.	N.	N.-E	E.	S.-E.	S.	S.-O.	O.	N.-O
Janvier..	21		5			1	5	6	4
Février..	4			1			1	2	
Mars...	6	1				2	2	1	
Avril...	16	1				1	6	6	2
Mai....	5	1			1	1		1	1
Juin...	11	1	2				1	7	
Juillet..	9		1			2	3	3	
Août...	10	2	2	1		3	1	1	
Septemb..	14	2	2		1	2	3	3	1
Octobre.	17	1		1	1	5	4	2	3
Novembre	1								1
Décembre	2				1			1	
Total...	116	9	12	4	3	17	26	33	12

Total 116

Pluie tombée, nuit et jour, pendant le croissant et le déclin de la lune.

		Nombre de fois.	
N. L. le 9 Janvier	D.	7	
P. L. le 25 Janvier	C.		11
N. L. le 8 Février	D.	4	
P. L. le 23 Février	C.		2
N. L. le 9 Mars	D.	7	
P. L. le 25 Mars	C.		3
N. L. le 8 Avril	D.	11	
P. L. le 23 Avril	C.		12
N. L. le 8 Mai	D.	8	
P. L. le 22 Mai	C.		2
N. L. le 6 Juin	D.	5	
P. L. le 21 Juin	C.		7
N. L. le 6 Juillet	D.	5	
P. L. le 20 Juillet	C.		11
N. L. le 5 Août	D.	6	
P. L. le 18 Août	C.		3
N. L. le 3 Septembre	D.	11	
P. L. le 17 Septembre	C.		8
N. L. le 2 Octobre	D.	9	
P. L. le 17 Octobre	C.		12
N. L. le 1 Novembre	D.	6	
P. L. le 15 Novembre	C.		1
N. L. le 30 Novembre	D.	1	
P. L. le 15 Décembre	C.		2
N. L. le 30 Décembre	D.	2	
		82	74
		Déclin.	Croissant.

Ce total indique non-seulement le nombre de fois qu'il a plu pendant le jour, mais encore pendant la nuit. Cette année, il est donc tombé plus de pluie pendant le déclin de la lune que pendant le croissant.

Les deux tableaux suivants indiquent le nombre de fois qu'il est tombé de la neige et de la grêle (nuit et jour).

Neige.

Mois.	Dates.	Direction des vents.	Hauteur barométrique.	Température atmosphérique.
Janvier.	27	E.	0,758	0,0
Février.	4	N.	0,751	4,0
»	5	E.	0,758	—1,5
»	11	N.	0,746	1,5
»	12	E.	0,748	3,5
»	16	S.-O.	0,758	4,5
»	17	N.	0,758	2,0
»	18	N.	0,748	—0,2
»	20	N.-E.	0,754	3,5
»	26	S.-O.	0,742	2,5
»	27	N.-O.	0,751	2,0
»	28	N.-O.	0,760	3,0
Mars . .	2	S.-O.	0,748	1,6
»	3	N.-E.	0,760	1,8
»	17	E.	0,763	—2,0
»	18	E.	0,767	—2,0
»	19	E.	0,767	—2,0
»	20	N.	0,767	—0,5
»	22	N.-E.	0,760	1,0
»	23	N.-E.	0,760	0,6
»	24	N.-E.	0,760	0,1
Décemb.	9	E.	0,771	0,0
»	15	S.-E.	0,744	—4,0
»	16	N.-E.	0,746	—2,8
»	17	E.	0,755	—2,0
»	20	E.	0,758	—2,0
»	27	N.	0,763	—0,1
»	28	N.-E.	0,762	—4,0
»	30	O.	0,753	1,5
»	31	O.	0,753	—2,0

Grêle.

Mois.	Dates.	Direction des vents.	Hauteur barométrique.	Température atmosphérique.
Janvier.	15	O.	0,753	9,0
»	18	N.-O.	0,763	6,0
»	22	N.-O.	0,753	3,5
»	27	E.	0,758	0,0
Février.	23	O.	0,746	0,0
»	24	N.-O.	0,753	1,5
»	25	N.-O.	0,746	2,5
»	26	S.-O.	0,742	2,5
Mars . .	2	S.-O.	0,748	1,5
»	14	N.	0,758	0,8
Avril . .	9	N.	0,769	3,5
»	14	N.-O.	0,765	4,0
»	15	N.-O.	0,767	3,0
»	25	S.-O.	0,746	3,7
Mai. . .	8	N.-O.	0,753	6,5
Juillet. .	8	E.	0,765	25,0
»	15	O.	0,753	21,0
Octobre.	14	S.	0,760	14,0
Décemb.	23	O.	0,758	3,0
»	30	O.	0,753	—0,5

Brouillards.

Mois.	Dates.
Février . .	2, 3, 5, 6, 8, 11, 16, 21, 23.
Mars . . .	6, 7, 8, 9, 10, 11.
Avril . . .	18, 30.
Mai	4, 26.
Juin. . . .	2, 15, 22 29.
Septembre.	16, 17, 22, 28, 30.
Novembre.	4, 5, 6, 7, 8, 11, 14, 15, 16, 18, 20, 21, 22, 23, 24, 25, 27, 28, 29, 30.
Décembre .	1, 2, 3, 4, 5, 6, 7, 8, 12, 13, 26, 29.

Orages.

Mois.	Dates.	Heures.	Direction des vents	Hauteur barométrique.	Température atmosphérique
Février.	23	7 h. soir.	O.	0,746	0,0
Mai. . .	8	9 h. soir.	N.-O.	0,758	6,0
»	16	11 h. soir.	E.	0,758	14,0
»	27	5 h. soir.	O.	0,758	16,5
Juin . .	9	midi.	O.	0,769	20,0
»	12	10 h. soir.	N.	0,758	14,0
Juillet. .	7	6 h. soir.	S.	0,763	22,0
»	8	10 h. matin	E.	0,763	18,0
»	9	midi.	O.	0,765	24,0
»	13	10 h. soir.	N.-E.	0,753	18,0
»	28	6 h. matin	N.-O.	0,758	17,0
Août . .	23	11 h. soir.	N.	0,760	13,0
Septem.	24	7 h. soir.	N.-O.	0,760	9,0
»	25	11 h. soir.	S.-O.	0,744	10,0
Octobre.	13	5 h. soir.	S.-E.	0,760	11,0
»	14	midi.	S.	0,760	14,0
»	27	4 h. soir.	S.-E.	0,760	12,0

État du Ciel.

Mois.	Serein.	Couvert.	Nuageux.	Nombre de jours du mois
Janvier . . .	6	5	20	31
Février . . .	9	3	16	28
Mars	10	»	21	31
Avril	8	2	20	30
Mai	11	5	15	31
Juin	12	9	9	30
Juillet. . . .	15	2	14	31
Août	18	2	11	31
Septembre .	10	3	17	30
Octobre . . .	10	»	21	31
Novembre . .	10	»	20	30
Décembre . .	8	3	20	31
Total des jours de l'année				365

ANNÉE 1854.

Température atmosphérique. Thermomètre.

1854. Mois.	Matin 7 heures.	Midi.	Soir 9 heures.	Moyenne des mois.
Janvier.......	1,0	1,9	—1,9	—0,5
Février.....	1,3	5,4	2,5	3,0
Mars.......	3,0	9,6	6,2	6,2
Avril.......	7,8	12,5	8,6	9,6
Mai........	10,5	14,0	10,3	11,6
Juin.......	13,2	14,3	12,6	13,4
Juillet.....	15,1	19,4	15,5	16,6
Août.......	16,6	19,8	16,0	17,4
Septembre...	12,9	18,3	15,1	15,4
Octobre.....	8,6	12,8	6,7	9,3
Novembre...	5,3	7,1	4,8	5,7
Décembre...	6,0	6,5	5,4	5,9
Température moyenne des heures de l'année.	8,4	11,8	8,8	9,3 Moyenne de l'année.

Année météorologique.

HIVER.	PRIMTEMPS.	ÉTÉ.	AUTOMNE.
Décembre. 1853 ⎫ Janvier.... 1854 ⎬ 1,7 Février............ ⎭	Mars.. ⎫ Avril.. ⎬ 9,1 Mai ... ⎭	Juin..... ⎫ Juillet .. ⎬ 15,8 Août.... ⎭	Septembre ⎫ Octobre... ⎬ 10,1 Novembre. ⎭

MAXIMA EN 24 HEURES.			MINIMA EN 24 HEURES.			DIFFÉRENCE.
Mois.	Dates.	Degrés c.	Mois.	Dates.	Degrés c.	
Janvier..	30 à midi.	12,0	Janvier..	Nuit du 2 au 3	—8,4	20,4
Février..	7, »	10,7	Février..	13, »	—5,2	15,9
Mars...	14, 2 heures	15,4	Mars...	5, »	—2,5	17,9
Avril...	19, »	24,0	Avril...	3, »	2,0	22,0
Mai...	31, 1 heure.	22,0	Mai...	19, »	4,0	18,0
Juin...	25, »	26,0	Juin...	18, »	8,0	18,0
Juillet..	23, 2 heures	29,9	Juillet..	11, »	9,4	20,5
Août...	30, »	29,0	Août...	16, »	10,0	13,0
Septemb.	12, »	25,2	Septemb.	30, »	6,6	18,6
Octobre.	5, 3 heures	21,2	Octobre.	28, »	1,2	20,0
Novemb..	1er, 1 heure.	13,4	Novemb..	20, »	—3,3	16,7
Décemb..	15, midi 1/2.	11,9	Décemb..	19, »	—1,0	12,9
Moyenne....		20,0	Moyenne...		1,8	18,2

Pression atmosphérique. — Baromètre. Hauteur absolue.

Mois.	Dates.	Maxima en 24 h.	Mois.	Dates.	Minima en 24 h.	Différence.
Janvier..	27, 7 h. mat.	0,779	Janvier..	4, 5, 9h. s.	0,737	0,042
Février..	13, 9h.s.14m.	0,779	Février..	18, 7h.m.	0,747	0,032
Mars...	1, 4, 9h.s.5m.	0,782	Mars...	26, 7h.m14s	0,762	0,020
Avril...	4, 7h.m.1h.s.	0,777	Avril...	22, 7h.m2s	0,749	0,028
Mai...	19, 9h.s.20m.	0,770	Mai...	1, 9h.s.2m	0,746	0,024
Juin....	23, à midi.	0,770	Juin...	2, m, 9h. s.	0,755	0,015
Juillet...	21, 9h.s et 22	0,771	Juillet...	4, 7h.mat.	0,756	0,015
Août...	27, 9h.s 29m.	0,776	Août...	2, midi.	0,757	0,019
Septembre	5, m. 6 7h.mat.	0,775	Septembre	17, 7h.m.	0,761	0,014
Octobre.	12, midi 9h. s.	0,775	Octobre.	25, 7h.9s.	0,741	0,034
Novembre.	7, midi.	0,777	Novembre	22, à midi.	0,737	0,040
Décembre.	29,m.30à10h.m.	0,776	Décembre.	20, 7h.mat	0,742	0,034
Moyenne....		0,775	Moyenne....		0,749	0,026

Année météorologique.

HIVER.	PRINTEMPS.	ÉTÉ.	AUTOMNE.
Décemb. 1853 \ Janvier.. 1854 }0,762 \ Février........ /	Mars. \ Avril. }0,765 \ Mai... /	Juin... \ Juillet. }0,762 \ Août... /	Septemb. \ Octobre.. }0,762 \ Novemb.. /

Hygromètre de Saussure.

Mois.	Dates.	Maximum d'humidité.	Mois.	Dates.	Minimum d'humidité.
Janvier..	12 midi	98 degrés.	Janvier..	1er midi.	40 degrés.
Février..	11 »	100 »	Février..	8 »	10 »
Mars...	8 »	97 »	Mars...	—	—
Avril...	30 »	100 »	Avril...		
Mai....	23 »	100 »	Mai....	20 »	15 »
Juin...	2, 20 m.	100 »	Juin....	14 »	16 »
Juillet..	4,7,27»	100 »	Juillet...	23 »	10 »
Août...	3, »	100 »	Août...	13 »	20 »
Septembre	17, »	100 »	Septembre	12 »	10 »
Octobre..	6,18,20,25»	100 »	Octobre..	4 »	30 »
Novembre.	24, midi	96 »	Novembre.	14 »	15 »
Décembre.	18, »	100 »	Décembre.	4 »	35 »
Moyenne....		99 degrés.	Moyenne....		20 degrés.

Direction diurne du vent dominant (*courant inférieur*).

Dans le tableau suivant, les vents *très-forts*, la *tempête*, et le nombre de fois qu'ils ont soufflé, seront représentés par les lettres F, T, suivies d'un chiffre et placées en exposant à côté de ceux qui indiquent le vent dominant de la journée; l'intensité des autres est considérée comme modérée.

Mois.	N.	N.-E.	N.-O.	S.	S. E.	S.-O.	E.	O.
Janv.	1	1	»	8^{F1}	7	6^{F2}	2^{F2}	6
Fév..	5^{F2}	1	9^{F4T1}	»	»	2^{F1}	4^{F1}	7^{F4}
Mars.	5	4^{F2}	1	2	2	1	3	13^{F3}
Avril	5^{F3}	7^{F2}	4^{F1}	3	1	»	4^{F1}	6^{F1}
Mai..	2	6^{F3}	3	1^{F1}	1	5^{F1}	1	12^{F4}
Juin.	4^{F2}	4^{F4}	1	2	»	9^{F4}	2	8^{F2}
Juill.	3	7^{F2}	5	1	1	3	2	9^{F1}
Août.	3	4^{F1}	6^{F2}	4	1	4^{F2}	»	9^{F4}
Sept.	1	11^{F2}	1^{F1}	2	3	5^{F3}	1^{F1}	6^{F4}
Oct..	1^{F1}	3^{F1}	8^{F4}	6^{F2}	2	4	3^{F1}	4^{F2}
Nov..	2^{F2}	6^{F4}	9^{F6}	4	4^{F1}	1	1	3^{F1T1}
Déc..	1^{F1}	»	10^{F7}	»	»	5^{F3}	»	15^{F7}
Année..	33	54	57	33	22	45	23	98

Total . . . . . 365 jours.

Météores aqueux.

N'ayant pas de pluviomètre, parce qu'il ne se trouve pas, dans notre cour, d'endroit assez favorable pour le placer, nous nous bornerons à noter, pour chaque mois, le nombre de jours pendant lesquels la pluie est tombée, et les différents vents *(courant inférieur)* qui l'ont accompagnée.

Pluie tombée pendant le jour par les différents vents *(courant inférieur)*.

Mois.	Nombre de jours de pluie.	N.	N.-E	N.-O	S.	S.-E.	S.-O.	E.	O.
Janvier. .	13	1	1		2	3	3	1	2
Février. .	11	3		4			1		4
Mars . . .	8	2	2			1			3
Avril . . .	9		3	2	2				2
Mai. . . .	13			1		1	4		7
Juin . . .	16	1	2	1	1		6	1	4
Juillet . .	13	1	1	2		1	1		7
Août . . .	7	1		2					4
Septemb. .	8		1	1			3		3
Octobre .	18	1	3	5	3		3		3
Novembre	11			6		2	1	1	1
Décembre	15	1		4			4		6
Total. . .	142	11	13	28	8	8	25	3	46

Total 142

Pluie tombée, nuit et jour, pendant le croissant et le déclin de la lune.

		Nombre de fois.	
P. L. le 14 Janvier....	C.	8	
N. L. le 28 Janvier....	D.		2
P. L. le 13 Février....	C.	10	
N. L. le 27 Février....	D.		8
P. L. le 14 Mars......	C.	1	
N. L. le 28 Mars......	D.		8
P. L. le 13 Avril.....	C.	1	
N. L. le 27 Avril.....	D.		5
P. L. le 12 Mai.......	C.	9	
N. L. le 26 Mai.......	D.		5
P. L. le 10 Juin......	C.	9	
N. L. le 25 Juin......	D.		10
P. L. le 10 Juillet...	C.	10	
N. L. le 25 Juillet...	D.		6
P. L. le 8 Août.......	C.	9	
N. L. le 23 Août......	D.		4
P. L. le 6 Septembre..	C.	1	
N. L. le 22 Septembre..	D.		8
P. L. le 6 Octobre....	C.	3	
N. L. le 21 Octobre....	D.		12
P. L. le 4 Novembre...	C.	8	
N. L. le 20 Novembre...	D.		9
P. L. le 4 Décembre...	C.	8	
N. L. le 19 Décembre...	D.		13
	C.	8	
		85	90
		Croissant.	Déclin.

Ce total indique non-seulement le nombre de fois qu'il a plu pendant le jour, mais encore pendant la nuit. Cette année, il est donc tombé plus de pluie pendant le déclin de la lune que pendant le croissant.

Les deux tableaux suivants indiquent le nombre de fois qu'il est tombé de la neige et de la grêle (nuit et jour).

Neige.

Mois.	Dates	Direction des vents.	Hauteur barométrique.	Température atmosphérique.
Janvier.	1	O.	0,748	—1,0
»	4	E.	0,737	—1,3
Février.	11	N.-O.	0,768	2,4
»	15	N.	0,761	2,0
»	18	N.-O.	0,750	2,0

Grêle.

Mois.	Dates.	Direction des vents.	Hauteur barométrique.	Température atmosphérique.
Janvier.	3	E.	0,739	—2,5
»	4	E.	0,737	—0,5
»	15	S.-E.	0,758	2,6
Février.	9	N.-O.	0,763	5,3
»	10	N.	0,766	4,6
»	18	N.-O.	0,754	1,0
Avril.	24	N.-E.	0,769	4,6
»	25	N.-E.	0,773	6,0
Mai.	9	S.-O.	0,757	8,2
Octobre.	23	S.-O.	0,750	10,5
»	24	S.-O.	0,752	4,8
Novemb.	9	N.	0,765	6,1
»	21	S.-E.	0,742	0,0
Décem.	18	N.	0,747	0,7

Brouillards.

Mois.	Dates.
Janvier.	5, 10, 11 12, 14, 16, 17, 18, 19, 23.
Février.	2, 3, 4, 7, 11, 15, 17, 26, 27.
Mars.	4, 5, 6, 7, 8, 9, 13, 14, 15, 18, 21, 22, 24, 27.
Septembre	29, 30.
Octobre.	1, 2, 14, 15, 27, 30, 31.
Novembre.	2, 7, 8, 23, 24, 25, 27, 28.
Décembre.	11, 12, 13, 17, 19, 20, 24, 29.

Orages.

Mois.	Dates.	Heures.	Direction des vents	Hauteur barométrique.	Température atmosphérique
Février.	18	matin.	N.-O.	0,758	8,0
Mai...	23	matin.	O.	0,755	14,0
Juin..	28	matin.	S.	0,757	11.5
Juillet.	30	soir.	S.-E.	0,763	18,1
Août..	1	la nuit.	S.-O.	0,757	17,0
Septemb	21	6 h. du soir.	O.	0,768	13,5
Octobre	25	3 h. du soir.	N.-E.	0,743	9,0
Décemb	18	soir.	N.	0,747	0,7

Etat du ciel.

Mois.	Serein.	Couvert.	Nuageux.	Nombre de jours du mois
Janvier...	10	21	»	31
Février...	10	11	7	28
Mars.....	13	13	5	31
Avril....	17	7	6	30
Mai.....	9	10	12	31
Juin..,.	2	20	8	30
Juillet....	14	7	10	31
Août.....	20	6	5	31
Septembre..	15	10	5	30
Octobre...	7	16	8	31
Novembre..	»	20	10	30
Décembre..	4	18	9	31
Total des jours de l'année,.....				365

ANNÉE 1855.

Température atmosphérique. Thermomètre.

1855. Mois.	Matin 7 heures.	Midi.	Soir 9 heures.	Moyenne des mois.
Janvier	0,6	3,1	1,2	1,6
Février	—3,5	—0,2	—3,4	—2,3
Mars	0,6	5,5	2,3	2,8
Avril	5,7	9,5	6,4	7,2
Mai	5,9	12,9	6,3	8,3
Juin	13,2	17,4	13,5	14,7
Juillet	15,1	16,6	13,2	14,9
Août	12,3	20,4	13,5	15,4
Septembre	13,1	14,8	11,0	12,9
Octobre	10,5	13,7	11,6	11,9
Novembre	3,6	5,9	4,5	4,6
Décembre	—1,0	2,1	1,4	0,7
Température moyenne des heures de l'année.	5,8	10,8	4,3	6,3 Moyenne de l'ann.

Année météorologique.

HIVER.	PRINTEMPS.	ÉTÉ.	AUTOMNE.
Décembre 1854 Janvier 1855 } 1,4 Février	Mars Avril } 6,1 Mai	Juin Juillet } 14,6 Août	Septembre Octobre } 9,8 Novembre

Mois.	Dates.	Degrés c.	Mois.	Dates.	Degrés c.	DIFFÉRENCE.
MAXIMA EN 24 HEURES.			MINIMA EN 24 HEURES.			
Janvier..	6, 2 h. s.	9,8	Janvier..	Nuit 19 au 20	−14,1	23,9
Février..	28, »	8,0	Février..	» 31 1er	−14,0	22,0
Mars...	17, 3 h. s.	12,0	Mars...	» 9 10	−4,0	16,0
Avril...	16, »	17,0	Avril...	» 1 2	−1,0	18,0
Mai...	26, »	33,5	Mai...	» 5 6	0,0	33,5
Juin...	6, 2 h. s.	38,7	Juin...	» 1 2	6,5	32,2
Juillet.	22, 3 h. 1/2 s.	30,6	Juillet..	» 4 5	10,0	20,6
Août...	28, »	28,8	Août...	» 26 27	9,1	19,7
Septemb.	22, 2 h. 1/2 s.	24,0	Septemb.	» 25 26	4,7	19,3
Octobre.	7, 1 h. 1/2 s.	22,5	Octobre.	» 24 25	4,9	17,6
Novemb..	10, 2 h. s.	13,0	Novemb..	» 25 26	−2,8	15,8
Décemb..	29, 3 h. s.	10,5	Décemb..	» 21 22	−13,6	24,1
Moyenne....		20,7	Moyenne...		−2,4	21,8

Pression atmosphérique. — Baromètre.
Hauteur absolue.

Mois.	Dates.	Maximà en 24 h.	Mois.	Dates.	Minimà en 24 h.	Différence.
Janvier.	7,10,11,12 à 9 h.s.	0,778	Janvier..	31, midi.	0,752	0,026
Février.	24, 7. h. mat.	0,765	Février..	14, 7h. m.	0,744	0,021
Mars...	29, 9h.s.30m.	0,775	Mars...	22, m. 23, à 7h. m.	0,736	0,039
Avril...	1er, 7h. matin.	0,778	Avril...	10, m. 9h s	0,746	0,032
Mai....	18, 9 h. soir.	0,768,4	Mai...	11, 7h.m.	0,749	0,019,4
Juin....	27, midi.	0,774	Juin...	16, 7h.m.	0,750	0,024
Juillet...	1er, midi à 9 h.s.	0,771	Juillet...	11, 7h.m.	0,751	0,020
Août...	17, 7 h. matin.	0,773,3	Août...	8	0,758	0,015,3
Septembre	7, 24, 9h. s.	0,776	Septembre	30, 9 h.s.	0,754	0,022
Octobre..	20, m. 9 h. 22m.	0,771	Octobre..	30, à mid.	0,742,3	0,028,7
Novembre.	26, 9 h. soir	0,773	Novembre	3, 7h. m.	0,752,8	0,020,2
Décembre.	18,19,m,30m. au 31 à midi.	0,773	Décembre.	6, à midi.	0,747	0,026
Moyenne....		0,772,9	Moyenne...		0,748,6	0,024,3

Année météorologique.

HIVER.	PRINTEMPS.	ÉTÉ.	AUTOMNE.
Décemb. 1854 ⎫ Janvier.. 1855 ⎬ 0,761,6 Février......... ⎭	Mars. ⎫ Avril. ⎬ 0,761,1 Mai... ⎭	Juin... ⎫ Juillet. ⎬ 0,764,4 Août.. ⎭	Septemb. ⎫ Octobre.. ⎬ 0,761,8 Novemb. ⎭

Hygromètre de Saussure.

Mois.	Dates.	Maximum d'humidité.	Mois.	Dates.	Minimum d'humidité.
Janvier . .	6 midi	86 degrés.	Janvier . .	17 midi	70 degrés.
Février . .	24 »	89 »	Février . .	11 »	40 »
Mars . . .	29 »	79 »	Mars . . .	19 »	55 »
Avril . . .	26 »	75 »	Avril . . .	5 »	51 »
Mai. . . .	22 »	92 »	Mai. . . .	18 »	45 »
Juin . . .	4 »	95 »	Juin. . . .	18 »	55 »
Juillet . .	12 »	94 »	Juillet. . .	8 »	58 »
Août . . .	13 »	90 »	Août . . .	22 »	52 »
Septembre	22 »	95 »	Septembre	26 »	60 »
Octobre. .	29 »	100 »	Octobre. .	1 »	81 »
Novembre.	5 »	99 »	Novembre.	15 »	78 »
Décembre.	2 »	96 »	Décembre.	3 »	72 »
Moyenne. . . .		90 degrés.	Moyenne		59 degrés.

Direction diurne du vent dominant (*courant inférieur*).

Dans le tableau suivant, les vents *très-forts*, la *tempête*, et le nombre de fois qu'ils ont soufflé, seront représentés par les lettres F, T, suivies d'un chiffre et placées en exposant à côté de ceux qui indiquent le vent dominant de la journée; l'intensité des autres est considérée comme modérée.

Mois.	N.	N.-E.	N.-O.	S.	S.-E.	S.-O.	E.	O.
Janv.	2	5	3F2	»	2	5	9	5F2
Fév..	3	3F1	1	4	3	»	11F3	5
Mars.	1	11F2	2	»	2F1	3F2	5	7F2
Avril	3F3	12F5	4F3	2	2	1F1	1	5F3T1
Mai.	7	5F3	4F1	1F1	2	5F4	1	6F2
Juin.	6F3	6F1	3F2	1	1	3F1	1	9F3
Juill.	»	5	9	1	»	5	»	11F2
Août.	1	5	4	»	1	7F2	1	12F2
Sept.	4F1	14F7	2F1	1	3	2	3	1
Oct..	»	2	1F1	12F2	2	5F4	1	8F4T1
Nov..	4F1	7F	2F1	7	3F1	»	7F1T1	»
Déc..	»	1	5F1	3	2	6F2	8F4	6F4T1
Année..	31	76	40	32	23	42	48	73

Total . . . . . 365 jours.

Météores aqueux.

N'ayant pas de pluviomètre, parce qu'il ne se trouve pas, dans notre cour, d'endroit assez favorable pour le placer, nous nous bornerons à noter, pour chaque mois, le nombre de jours pendant lesquels la pluie est tombée, et les différents vents *(courant inférieur)* qui l'ont accompagnée.

Pluie tombée pendant le jour par les différents vents *(courant inférieur)*.

Mois.	Nombre de jours de pluie.	N.	N.-E	N.-O	S.	S.-E.	S.-O.	E.	O.
Janvier..	7			2			1		4
Février..	7			1	2	1		1	3
Mars...	8	1		1		1	1	1	3
Avril...	9	2		1	1	2			3
Mai...	12	4	2	2			3		1
Juin...	11	4	2				1		4
Juillet..	13		2	3			4		4
Août...	8		1				3		4
Septemb..	9	1	4	1		1	2		
Octobre.	17		3			6	1	4	3
Novembre	11	3		1	1	2		4	
Décembre	10			3	2		2		3
Total...	122	15	14	15	12	8	21	5	32

Total 122

Pluie tombée, nuit et jour, pendant le croissant et le déclin de la lune.

		Nombre de fois.	
		Croissant.	Déclin.
P. L. le 3 Janvier	C.	13	
N. L. le 18 Janvier	D.		10
P. L. le 2 Février	C.	1	
N. L. le 16 Février	D.		5
P. L. le 3 Mars	C.	7	
N. L. le 18 Mars	D.		7
P. L. le 2 Avril	C.	4	
N. L. le 16 Avril	D.		12
P. L. le 2 Mai	C.	3	
N. L. le 16 Mai	D.		11
P. L. le 31 Mai	C.	5	
N. L. le 14 Juin	D.		6
P. L. le 29 Juin	C.	12	
N. L. le 14 Juillet	D.		7
P. L. le 29 Juillet	C.	11	
N. L. le 12 Août	D.		11
P. L. le 27 Août	C.	7	
N. L. le 11 Septembre	D.		4
P. L. le 25 Septembre	C.	9	
N. L. le 11 Octobre	D.		12
P. L. le 25 Octobre	C.	17	
N. L. le 9 Novembre	D.		18
P. L. le 23 Novembre	C.	8	
N. L. le 9 Décembre	D.		12
P. L. le 23 Décembre	C.	4	
		101	115

Ce total indique non-seulement le nombre de fois qu'il a plu pendant le jour, mais encore pendant la nuit. Cette année, il est donc tombé plus de pluie pendant le déclin de la lune que pendant le croissant.

Les deux tableaux suivants indiquent le nombre de fois qu'il est tombé de la neige et de la grêle (nuit et jour).

Neige.

Mois.	Dates.	Direction des vents.	Hauteur barométrique.	Température atmosphérique.
Janvier.	16	N.-E.	0,765	0,1
»	19	E.	0,760	—7,8
»	20	E.	0,758	—7,0
»	21	S.-E.	0,761	—13,0
»	22	S.-E.	0,761	—6,0
»	23	N.	0,760	—2,0
»	24	N.-E.	0,762	—1,8
»	25	N.-O.	0,763	1,6
»	26	N.	0,763	1,0
»	31	N.-E.	0,752	—5,0
Février.	1	E.	0,756	—3,8
»	7	N.-E.	0,757	0,0
»	8	E.	0,758	—1,5
»	15	N.	0,753	—2,5
»	23	S.-E.	0,763	—1,0
Mars . .	8	N.-E.	0,764	1,5
»	9	N.-E.	0,767	0,2
»	10	E.	0,761	—2,3
»	12	O.	0,740	0,7
Novemb	3	E.	0,755	3,4
»	21	S.-E.	0,762	0,7
»	25	N.-E.	0,762,5	0,8
Décemb.	8	N.-E.	0,753	—2,1
»	10	E.	0,766	—3,1
»	12	S.-O.	0,757	—1,8
»	13	N.-O.	0,762	1,8

Grêle.

Mois	Dates.	Direction des vents.	Hauteur barométrique.	Température atmosphérique.
Janvier.	25	N.-O.	0,762	1,5
Février.	3	S.	0,753	—2,2
Mars . .	3	S.-O.	0,741	7,0
»	13	N.-O.	0,751	4,0
Novemb	2	N.-O.	0,757	2,4
Décemb.	6	O.	0,748	2,4
»	7	O	0,751	2,0
»	23	S.	0,758	—0,6

Brouillards.

Mois.	Dates.
Janvier . .	2, 3, 4, 5, 7, 8, 9, 10, 11, 12, 13, 14, 16, 20, 26, 27, 28, 29, 30, 31.
Février . .	4, 5, 6, 19, 21, 22, 23, 26, 27, 28.
Mars . . .	5, 6, 7, 8, 9, 19, 20, 21, 22, 24.
Avril . . .	2, 3, 5, 6, 7, 13, 14.
Mai	3, 16, 21, 22.
Juin. . . .	10, 22.
Juillet . . .	7, 8.
Août. . . .	18, 30.
Septembre.	7, 8, 9, 11, 12, 13, 16, 17, 18, 19, 20, 21.
Octobre. .	1, 2, 3, 4, 6, 8, 9, 13, 17, 18, 19, 20, 22, 29, 31.
Novembre.	5, 6, 7, 9, 10, 11, 12, 13, 14, 15, 16, 17, 18, 19, 20, 21, 22, 23, 24, 26, 28, 29, 30.
Décembre .	1, 3, 4, 8, 9, 10, 11, 16, 17, 18, 22, 25, 27, 29, 30, 31.

Orages.

Mois.	Dates.	Heures.	Direction des vents	Hauteur barométrique.	Température atmosphérique
Mai...	31	2 h. 1/2 s.	N.-E.	0,752	16,0
Juin...	13	4 h. soir.	N.-E.	0,756	15,0
Juillet..	9	à div. rep.	N.-E.	0,759	17,0
»	16	pend. la n.	S.-O.	0,757	15,0
Août...	23	9 h. soir.	N.-E.	0,760	19,5
»	24	pend. la n.	O.	0,759	16,0
Octobre.	9	5 h. soir.	S.-O.	0,753	11,0

Etat du Ciel.

Mois.	Serein.	Couvert.	Nuageux.	Nombre de jours du mois
Janvier...	8	23	»	31
Février...	13	15	»	28
Mars....	15	13	3	31
Avril....	18	6	6	30
Mai.....	16	13	2	31
Juin.....	17	13	»	30
Juillet....	15	16	»	31
Août....	22	9	»	31
Septembre.	18	12	»	30
Octobre...	7	20	4	31
Novembre..	6	22	2	30
Décembre..	7	22	2	31
Total des jours de l'année......				365

ANNÉE 1856.

Température atmosphérique. Thermomètre.

1856. Mois.	Matin 7 heures.	Midi.	Soir 9 heures.	Moyenne des mois.
Janvier	1,0	4,7	0,5	2,0
Février	4,1	7,7	4,9	5,5
Mars	2,5	3,4	4,3	3,4
Avril	7,6	11,8	8,5	9,3
Mai	9,7	13,0	9,7	10,8
Juin	14,5	14,8	14,6	14,6
Juillet	15,1	18,8	15,7	16,5
Août	17,1	21,0	17,6	18,5
Septembre	12,6	15,5	13,0	13,7
Octobre	10,0	10,5	11,6	10,9
Novembre	3,9	6,9	4,9	5,2
Décembre	5,7	5,8	5,3	5,6
Température moyenne des heures de l'année.	8,6	11,1	9,2	9,6 Moyenne de l'année.

Année météorologique.

HIVER.	PRIMTEMPS.	ÉTÉ.	AUTOMNE.
Décembre. 1855 \} Janvier... 1856 \} 2,8 Février.......... \}	Mars.. \} Avril. \} 7,8 Mai ... \}	Juin..... \} Juillet.. \} 16,5 Août.... \}	Septembre \} Octobre... \} 9,9 Novembre. \}

MAXIMA EN 24 HEURES.			MINIMA EN 24 HEURES.			DIFFÉRENCE.
Mois.	Dates.	Degrés c.	Mois.	Dates.	Degrés c.	
Janvier..	24, 2 h. s.	12,0	Janvier..	Nuit 13 au 14	—7,8	19,8
Février..	12, 1 h. s.	13,9	Février..	» 3 4	—3,0	16,9
Mars...	18, »	13,8	Mars...	» 29 30	—4,5	18,3
Avril...	25, 1 h. 1/2 s.	26,0	Avril...	» 31 1er	—0,2	26,2
Mai...	21, 2 h. s.	24,1	Mai...	» 5 6	1,2	22,9
Juin...	27, »	31,0	Juin...	» 6 7	7,3	23,7
Juillet..	23, »	30,5	Juillet..	» 8 9	8,4	22,1
Août...	2, 1 h. s.	34,5	Août...	» 23 24	10,0	24,5
Septemb.	10, »	21,6	Septemb.	» 4 5	7,0	14,6
Octobre.	5, 2 h. s.	20,0	Octobre.	» 28 29	1,8	18,2
Novemb..	23, 3 h. s.	13,0	Novemb..	» 5 6	—4,0	17,0
Décemb..	7, »	16,0	Décemb..	» 3 4	—3.5	20,1
Moyenne....		21,5	Moyenne...		+2,1	19,4

Pression atmosphérique. — Baromètre.
Hauteur absolue.

Mois.	Dates.	Maximà en 24 h.	Mois.	Dates.	Minimà en 24 h.	Différence.
Janvier.	13, midi.	0,780	Janvier..	8, 7 h. m.	0,739	0,041
Février..	29, midi.	0,778	Février..	18, 9 h. s.	0,757	0,021
Mars...	1er, midi à 9 h. s.	0,779	Mars...	19, 7 h. m.	0,760	0,019
Avril...	20, midi 9 h. s.	0,772	Avril...	10, 7 h. m.	0,745	0,027
Mai....	20, midi.	0,767,7	Mai....	7, midi.	0,745	0,022,7
Juin....	7, tout le jour.	0,773	Juin....	14, 7 h. m.	0,755	0,018
Juillet...	31, 9 h. soir.	0,773	Juillet...	8, 7 h. m.	0,749	0,024
Août...	5, midi 9 h. s	0,771	Août...	18, 19, »	0,750	0,021
Septembre	3, 9 h. soir.	0,773	Septembre	28, 7 h. m.	0,740	0,033
Octobre..	25 midi	0,777,3	Octobre..	15, 9 h. s.	0,756	0,021,3
Novembre.	7, 7 h. matin	0,778,2	Novembre	11, midi.	0,744	0,034,2
Décembre.	16, midi.	0,778,5	Décembre	26, 7 h. m.	0,736	0,042,5
Moyenne....		0,775	Moyenne....		0,748	0,27

Année météorologique.

HIVER.	PRINTEMPS.	ÉTÉ.	AUTOMNE.
Décemb. 1855 ⎫ Janvier.. 1856 ⎬ 0,760,3 Février...... ... ⎭	Mars.⎫ Avril.⎬ 0,761,5 Mai...⎭	Juin...⎫ Juillet.⎬ 0,765,1 Août..⎭	Septemb.⎫ Octobre..⎬ 0,764,5 Novemb..⎭

Hygromètre de Saussure.

Mois.	Dates.	Maximum d'humidité	Mois.	Dates.	Maximum d'humidité
Janvier..	9, 16, 17, 21, 22, 23 midi.	100 deg.	Janvier..	14	midi.	50 deg.
Février..	8, 10, 11, 19. 20, 22, midi	100 »	Février..	3	»	64 »
Mars...	2, 8, 17, midi	98 »	Mars...	7, 13, 14 »		70 »
Avril...	8, 9, 13, 14, 15, 30, midi	100 »	Avril...	17	»	60 »
Mai....	7, 13, midi.	100 »				
Juin...	13, 28. »	100 »	Mai....	3	»	50 »
Juillet..	9, 11, 20, 22, 24, midi.	100 »	Juin....	3	»	65 »
Août...	9, 10, 17, 18, 19, 22, 27, 31, m.	100 »	Juillet...	17	»	70 »
Septembre	1, 2, 18, 22, 23, 24, 26, 27, 29, 30, midi	100 »	Août...	7	»	77 »
Octobre..	2, 6, 7, 8, 9. 12, 14, midi	100 »	Septembre	4	»	78 »
Novembre.	9, 11, 13, 16, 17, 18, 19, 20, 22, 23, 24, 26, 27, 30, midi.	100 »	Octobre..	25	»	87 »
			Novembre.	12	»	75 »
Décembre.	3, 5, 11, 13, 14, 15, 17, 18, 20, 22, 25, 26, 27, 30, midi.	100 »	Décembre.	28	»	82 »
			Moyenne..			69 »
Moyenne....		99 deg.				

Direction diurne du vent dominant (*courant inférieur*).

Dans le tableau suivant, les vents *très-forts*, la *tempête*, et le nombre de fois qu'ils ont soufflé, seront représentés par les lettres F, T, suivies d'un chiffre et placées en exposant à côté de ceux qui indiquent le vent dominant de la journée; l'intensité des autres est considérée comme modérée.

Mois.	N.	N.-E.	N.-O.	S.	S.-E.	S.-O.	E.	O.
Janv.	2	1	3F3	6	5	5F1	4F1	5F2
Fév..	»	5F1	4F2	5	2	4F1	4	5F3
Mars.	4	6F2	4	1	3F1	»	11F7	2F1
Avril	2F2T1	7F2	1	»	4	7F4	3F2	6F2
Mai..	7F5	6F1	3F1	3F1	1	3F1	»	8F4
Juin.	5	3F1	2F1	2	»	5	2F1	11F10
Juill.	4	3	2	1	1	8F4T2	»	12F3
Août.	2	6F5	1	»	1	6F1	6F1	9F5
Sept.	5F1	2	3	2	2	4	4	8F3
Oct..	3	5	2F1	5	5	2F1	8	1
Nov..	4F4T1	2F2	8F3	4	1	1	4	6
Déc..	2	2	5F3T1	5F2	3	9F7	1	4
Année..	40	48	38	34	28	54	47	77

Total. . . . . 366 jours.

Météores aqueux.

N'ayant pas de pluviomètre, parce qu'il ne se trouve pas, dans notre cour, d'endroit assez favorable pour le placer, nous nous bornerons à noter, pour chaque mois, le nombre de jours pendant lesquels la pluie est tombée, et les différents vents *(courant inférieur)* qui l'ont accompagnée.

Pluie tombée pendant le jour par les différents vents *(courant inférieur).*

Mois.	Nombre de jours de pluie.	N.	N.-E	N.-O	S.	S.-E.	S.-O.	E.	O.
Janvier..	14	1	.		3	3	4		3
Février..	14	»	2	2	4		2	1	3
Mars...	11	2	4		1	2			2
Avril...	14	2		1		1	4		6
Mai....	16	4	1	3	2		3		3
Juin...	9			1	1		3		4
Juillet..	11		1				4		6
Août...	14	1	2	1		1	4	2	3
Septemb..	15	2		1	1	2	3	1	5
Octobre .	9			2	1	1	2	2	1
Novembre	11	2	2	2			1	2	2
Décembre	13	1		2	5		4		1
Total...	151	14	13	15	18	10	34	8	39

Total 151

Pluie tombée, nuit et jour, pendant le croissant et le déclin de la lune.

		Nombre de fois.	
		Déclin.	Croissant.
N. L. le 7 Janvier	D.	5	
	C.		14
P. L. le 22 Janvier	D.	14	
N. L. le 6 Février	C.		15
P. L. le 20 Février	D.	16	
N. L. le 6 Mars	C.		7
P. L. le 21 Mars	D.	5	
N. L. le 5 Avril	C.		19
P. L. le 20 Avril	D.	10	
N. L. le 4 Mai	C.		16
P. L. le 20 Mai	D.	13	
N. L. le 2 Juin	C.		6
P. L. le 18 Juin	D.	9	
N. L. le 2 Juillet	C.		10
P. L. le 17 Juillet	D.	7	
N. L. le 31 Juillet	C.		5
P. L. le 16 Août	D.	17	
N. L. le 30 Août	C.		8
P. L. le 14 Septembre	D.	20	
N. L. le 29 Septembre	C.		18
P. L. le 13 Octobre	D.	6	
N. L. le 28 Octobre	C.		6
P. L. le 12 Novembre	D.	14	
N. L. le 27 Novembre	C.		11
P. L. le 11 Décembre	D.	14	
N. L. le 27 Décembre			
		150	**135**

Ce total indique non-seulement le nombre de fois qu'il a plu pendant le jour, mais encore pendant la nuit. Cette année, il est donc tombé plus de pluie pendant le déclin de la lune que pendant le croissant.

Les deux tableaux suivants indiquent le nombre de fois qu'il est tombé de la neige et de la grêle (nuit et jour).

Neige.

Mois.	Dates	Direction des vents.	Hauteur barométrique.	Température atmosphérique.
Janvier.	12	E.	0,771	1,2
Février.	18	E.	0,757	1,3
»	20	E.	0,760	1,0
»	21	N.-E.	0,762	0,1
Mai...	2	N.	0,756	6,0
Novemb	10	N.-O.	0,749	2,0
»	Nuit du 25 au 26	E.	0,760	0,2
»	26	E.	0,760	0,6
»	30	N.	0,756,5	1,7
Décemb	Nuit du 30 nov. au 1er décembre.	N.-O.	0,759	—0,3
»	3	O.	0,760	0,9
»	27	N.-O	0,743	1,7

Grêle.

Mois.	Dates.	Direction des vents.	Hauteur barométrique.	Température atmosphérique.
Mai...	15 mat.	S.	0,756	9,0
»	16 mat.	N.-O.	0,757	10,0
Septem.	20 mat.	N.	0,763	11,6
»	22 soir.	S.-O.	0,749	12,0
»	23 soir.	S.-O.	0,748	9,5
»	26 mat.	S.-O.	0,756	11,5
Novemb	Nuit du 11 au 12.	N.	0,752	1,0
»	12	N.	0,753,5	3,0
»	Nuit du 12 au 13.	N.-E.	0,758	2,0
»	13	N.-E.	0,760	5,0
»	Nuit du 13 au 14.	N.	0,758	2,8
»	25 mat.	N.-O.	0,760	5,0
»	25 soir.	N.-O.	0,766	4,0
»	30 mat.	N.	0,756,5	2,6
Décem .	15 mat.	N.-O.	0,768	7,0
»	24 soir.	S.	0,740	3,2
»	27 mat.	N.-O.	0,751	3,0

Brouillards.

Mois.	Dates.
Janvier . .	1, 2, 3, 4, 5, 7, 8, 9, 13, 14, 15, 16, 21, 27, 28.
Février . .	1, 2, 3, 4, 9, 10, 14, 15, 16, 17, 18, 19, 25, 26, 28, 29.
Mars . . .	1, 2, 5, 6, 7, 8, 9, 10, 11, 19, 20, 21, 23, 24, 25, 26, 27.
Avril . . .	3, 5, 13.
Mai. . . .	12, 29, 31.
Juin. . . .	1, 2, 3, 27, 28, 29.
Juillet. . .	29, 30, 31.
Août . . .	1, 2.
Septembre	3, 4, 11, 12, 14, 16.
Octobre. .	1, 2, 3, 5, 6, 7, 9, 10, 11, 12, 13, 14, 17, 18, 19, 20, 21, 22, 23, 24, 25, 26, 27, 28, 29, 30, 31.
Novembre.	1, 2, 3, 4, 5, 7, 8, 15, 16, 17, 18, 19, 21, 28, 29.
Décembre.	2, 4, 16, 17, 18, 20, 21, 22, 24, 25, 26, 28, 29, 30, 31.

Orages.

Mois.	Dates.	Heures.	Direction des vents	Hauteur barométrique.	Température atmosphérique
Février.	13	9 h. 1/2 s.	S.-O.	0,759	10,5
Mai. . .	15	8 h. mat.	S.	0,756	8,8
»	23	5 h. soir.	S.	0,756	13,0
Juin . .	25	3 h. soir.	O.	0,770	19,0
Juillet. .	16	4 h. mat.	S.-O.	0,761	16,5
»	23	10 h. soir.	S.-E.	0,759	22,5
»	24	4 h. mat.	S.-O.	0,757	17,8
Août . .	11	9 h. mat.	O.	0,763	22,0
»	»	4 h. soir.	O.	0,763	19,0
»	12	Tout le jour par intervalle.	O.	0,766	18,0
»	13	9 h. soir.	E.	0,764	21,0
»	14	La nuit.	O.	0,762	18,5
»	17	1 h. la nuit.	N.-O.	0,756	16,6
»	21	6 h. soir.	S.-O.	0,752	15,8
Septem.	19	5 h. mat.	O.	0,761	10,1
»	23	2 h. soir.	S.-O.	0,748	10,0
»	1	Le soir.	O.	0,759	12,5

Etat du Ciel.

Mois.	Serein.	Couvert.	Nuageux.	Nombre de jours du mois
Janvier	6	23	2	31
Février	9	18	2	29
Mars	9	17	5	31
Avril	12	10	8	30
Mai	7	17	7	31
Juin	15	11	4	30
Juillet	18	8	5	31
Août	12	9	10	31
Septembre	9	14	7	30
Octobre	14	16	1	31
Novembre	4	23	3	30
Décembre	4	24	3	31
Total des jours de l'année				366

Ozonométrie.

MOIS.	MOYENNE du matin.	MOYENNE du soir.	MOYENNE du mois.
Juillet	2,55	2,00	2,27
Août	3,21	3,00	3,10
Septembre	2,23	1,66	2,44
Octobre	2.40	0.93	1,66
Novembre	3,01	0,73	1,91
Décembre	2,74	0,30	1,52
Moyenne	2,87	1,43	2,15

ANNÉE 1857.

Température atmosphérique. Thermomètre.

1857. Mois.	Matin 7 heures.	Midi.	Soir 9 heures.	Moyenne des mois.
Janvier . . .	+0,5	+3,2	+1,6	+1,8
Février . . .	−1,2	+6,0	+1,6	+2,1
Mars . . .	+3,0	+8,1	+5,6	+5,6
Avril . . .	6,9	10,0	7,7	8,5
Mai. . . .	11,8	16,8	12,4	13,6
Juin . . .	15,6	20,4	16,2	17,4
Juillet . . .	17,3	21,0	17,5	18,6
Août . . .	17,7	21,4	18,9	19,0
Septembre . .	14,6	15,3	12,3	14,0
Octobre . . .	11,0	14,7	12,0	12,5
Novembre. . .	6,5	9,6	7,4	7,5
Décembre. . .	3,4	7,7	4,9	5,0
Température moyenne des heures de l'année.	8,6	12,9	9,8	10,4 Moyenne de l'ann.

Année météorologique.

HIVER.	PRINTEMPS.	ÉTÉ.	AUTOMNE.
Décembre 1856 Janvier... 1857 } 3,3 Février............	Mars... Avril.... } 9,2 Mai......	Juin.... Juillet .. } 18,3 Août....	Septembre Octobre ... } 11,3 Novembre

Pleine campagne. — A 1 kilomètre de Dunkerque.

Mois.	Matin 7 heures.	Soir 9 heures.	Moyenne des mois.
Janvier	+0,4	+1,3	+0,8
Février	−1,3	+0,9	−0,4
Mars	+2,0	+3,2	+2,6
Avril	6,4	6,8	6,6
Mai	10,7	12,1	11,4
Juin	14,6	15,4	15,0
Juillet	16,6	16,8	16,7
Août	16,9	18,5	17,7
Septembre	14,0	11,7	12,8
Octobre	10,3	11,5	10,9
Novembre	6,1	6,3	6,2
Décembre	1,2	4,4	2,8
Température moyenne des heures de l'année	7,7	9,0	8,3 Moyenne de l'année.

A partir du 1ᵉʳ Janvier 1857, le thermomètre horizontal *maximâ* à aiguille d'acier a été remplacé par le thermomètre *maximâ à bulle d'air* de M. Walferdin.

MAXIMA EN 24 HEURES.			MINIMA EN 24 HEURES.			DIFFÉRENCE.
Mois.	Dates.	Degrés c.	Mois.	Dates.	Degrés c.	
Janvier	2	11,0	Janvier	7	6,0	5,0
Février	19	6,8	Février	3	−9,2	16,0
Mars	18	15,7	Mars	11	−3,8	19,5
Avril	19	20,2	Avril	25	−0,7	20,7
Mai	18	25,3	Mai	6	3,0	22,3
Juin	28	33,2	Juin	14	6,0	27,2
Juillet	13	30,8	Juillet	7	10,4	20,4
Août	23	31,0	Août	9 et 10	11,0	20,0
Septemb.	1	23,0	Septemb.	30	8,4	14,6
Octobre	4	19,0	Octobre	23	4,5	15,5
Novemb.	4	16,6	Novemb.	30	0,9	15,7
Décemb.	23	12,8	Décemb.	31	−4,0	16,8
Moyenne		20,4	Moyenne		3,8	16,6

Pression atmosphérique. — Baromètre.
Hauteur absolue.

Mois.	Dates.	Maximà en 24 h.	Mois.	Dates.	Minimà en 24 h	Différence.
Janvier .	8, midi.	0,773	Janvier . .	24,mat. et midi.	0,742	0,031
Février. .	28, soir.	0,778				
Mars . . .	1, midi.	0,778	Février . .	3,matin.	0,755	0,023
Avril . . .	21, soir.	0,772	Mars . . .	14,mat.	0,745	0,033
Mai. . . .	5, soir; 6, midi et soir.	0,770	Avril . . .	13,mat.	0,738,6	0,033,4
			Mai. . . .	25,soir.	0,753	0,017
Juin. . . .	25, soir.	0,776	Juin . . .	10,midi	0,756	0,020
Juillet. . .	13, matin.	0,774,2	Juillet. . .	1,matin.	0,757	0,017,2
Août . . .	26,soir; 27tout le jour; 28 midi et soir.	0,773	Août . . .	16,mat.	0,757	0,016
			Septembre	11,mat.	0,751,5	0,030,5
Septembre	1, soir.	0,782	Octobre. .	8,soir.	0,740,4	0,031,6
Octobre. .	12, soir; 13, tout le jour.	0,772	Novembre	24, midi	0,742	0,040
			Décembre	1, matin et midi.	0,761	0,020
Novembre.	12, midi.	0,782				
Décembre.	8, midi et soir; 12, soir.	0,781	Moyenne. . . .		0,749,8	0,027,4
Moyenne.		0,775,9				

Année météorologique.

HIVER.		PRINTEMPS.		ÉTÉ.		AUTOMNE.	
Décemb. 1856 Janvier.. 1857 Février.........	0,748,6	Mars. Avril. Mai...	0,762	Juin... Juillet. Août..	0,764,7	Septemb. Octobre.. Novemb..	0,766

Hygromètre de Saussure.

Mois.	Dates.	Maximum d'humidité	Mois.	Dates.	Minimum d'humidité
Janvier . .	1,2,3,5,8,10, 11,14,18,19	100 deg.	Janvier . .	29	70 deg.
Février . .	2,3,6,7,19.	100 »	Février . .	4, 14	80 »
Mars . . .	1,2,3,14,25, 30.	100 »	Mars . . .	11	54 »
Avril . . .	6,9,13,22.	100 »			
Mai	22, 30.	100 »	Avril . . .	25	70 »
Juin . . .	7, 17, 22, 23.	100 »			
Juillet . .	5, 16, 22, 25, 28.	100 »	Mai. . . .	25	60 »
Août . . .	5,8,9,12,14, 17, 19, 20, 21, 26, 27, 29.	100 »	Juin. . . .	2	55 »
			Juillet. . .	21	73 »
Septembre	2,5,8,11,14, 28.	100 »	Août . . .	23	72 »
Octobre. .	3,6,8,12,15. 18, 19, 21, 22, 24, 25. 26, 27, 28, 29, 30.	100 »	Septembre	20	68 »
			Octobre . .	10	92 »
Novembre.	3, 4, 6, 7, 8, 10, 12, 13, 20, 21, 22, 23, 24, 25, 26.	100 »	Novembre.	28	86 »
			Décembre.	24	84 »
Décembre.	1, 2, 7, 8, 9, 12, 13, 16, 17, 19, 20, 21, 22, 23, 25, 27, 28.	100 »	Moyenne. .		72 »
Moyenne. . . .		100 deg.			

Direction diurne du vent dominant (*courant inférieur*).

Dans le tableau suivant, les vents *très-forts*, la *tempête*, et le nombre de fois qu'ils ont soufflé, seront représentés par les lettres F, T, suivies d'un chiffre et placées en exposant à côté de ceux qui indiquent le vent dominant de la journée; l'intensité des autres est considérée comme modérée.

Mois.	N.	N.-E.	N.-O.	S.	S.-E.	S.-O.	E.	O.
Janv.	2^{F1}	2^{F1}	2	2^{F1}	2	6^{F2}	5	10^{F1}
Fév..	1	1	2	7	5	5	5	2
Mars.	2^{F1}	3	2^{F2}	1^{F1}	6^{F1}	8^{F4T1}	3^{F2}	6^{F1}
Avril	4^{F2}	3^{F2}	2^{F1}	1	4^{F1}	6	1	9^{F4}
Mai..	5	12^{F7}	»	»	3	1^{F1}	4^{F2}	6^{F1}
Juin.	1^{F1}	10^{F4}	1	2	4^{F1}	5^{F2}	2	5^{F4}
Juill.	2	4	7^{F3}	1	»	7^{F5}	»	10^{F6}
Août.	4^{F1}	6^{F1}	4^{F1}	»	2	2	5^{F2}	8^{F1}
Sept.	»	3^{F1}	4^{F1}	8	3	5^{F1}	3^{F2}	4^{F1}
Oct..	»	2	2	6^{F3}	5	3	5	8
Nov..	»	6	1	3	7^{F1}	2	8^{F1}	3
Déc..	2	»	1	10^{F1}	3	9^{F1}	»	6^{F1}
Année..	23	52	28	41	44	59	41	77

Total . . . . . 365 jours.

Météores aqueux.

Pluie tombée pendant le jour par les différents vents *(courant inférieur).*

Mois.	Nombre de jours de pluie.	N.	N.-E	N.-O	S.	S.-E.	S.-O.	E.	O.
Janvier. .	16	»	1	2	1	1	5	»	6
Février. .	3	»	»	»	3	»	»	»	»
Mars . . .	11	»	»	2	1	1	4	1	2
Avril. . .	18	3	2	1	»	2	2	»	8
Mai. . . .	10	2	1	»	»	3	»	2	2
Juin . . .	7	»	1	»	»	2	1	1	2
Juillet . .	8	1	»	2	1	»	1	»	3
Août . . .	14	3	4	»	»	1	2	»	5
Septemb..	13	»	»	»	6	1	2	»	4
Octobre .	13	»	1	1	4	»	1	»	6
Novembre	8	»	2	1	»	2	1	»	2
Décembre	7	1	»	1	1	»	1	»	3
Total . .	128	10	12	10	17	12	20	4	43

Total 128

Pluie tombée, nuit et jour, pendant le croissant et le déclin de la lune.

		Nombre de fois.	
		Croissant	Déclin
P. L. le 10 Janvier	C.	5	
N. L. le 25 Janvier	D.		11
P. L. le 9 Février	C.	1	
N. L. le 24 Février	D.		2
P. L. le 10 Mars	C.	1	
N. L. le 25 Mars	D.		4
P. L. le 9 Avril	C.	10	
N. L. le 24 Avril	D.		10
P. L. le 9 Mai	C.	5	
N. L. le 23 Mai	D.		4
P. L. le 7 Juin	C.	5	
N. L. le 21 Juin	D.		4
P. L. le 7 Juillet	C.	6	
N. L. le 21 Juillet	D.		3
P. L. le 5 Août	C.	3	
N. L. le 19 Août	D.		9
P. L. le 4 Septembre	C.	7	
N. L. le 18 Septembre	D.		8
P. L. le 3 Octobre	C.	2	
N. L. le 17 Octobre	D.		7
P. L. le 2 Novembre	C.	6	
N. L. le 16 Novembre	D.		5
P. L. le 1 Décembre	C.	3	
N. L. le 16 Décembre	D.		1
P. L. le 30 Décembre	C.	6	
		60	**68**
		Croissant.	Déclin.

Ce total indique non-seulement le nombre de fois qu'il a plu pendant le jour, mais encore pendant la nuit. Cette année, il est donc tombé plus de pluie pendant le déclin de la lune que pendant le croissant.

Quantité de pluie tombée par mois.

Elle a été recueillie et mesurée au moyen du pluviomètre de Pixii.

MOIS.	HAUTEUR des eaux tombées.
Janvier	030,92
Février	001,90
Mars	012,13
Avril	036,39
Mai	031,40
Juin	018,60
Juillet	009,34
Août	034,37
Septembre	088,27
Octobre	009,00
Novembre	005,03
Décembre	005,15
TOTAL de l'année.	282,50

Les deux tableaux suivants indiquent le nombre de fois qu'il est tombé de la neige et de la grêle (nuit et jour).

Neige.

Mois.	Dates	Direction des vents.	Hauteur barométrique.	Température atmosphérique.
Janvier .	5	N.-E.	0,761	—0,5
»	6	E.	0,764	—2,8
»	27	N.-E.	0,760	0,0
»	29	N.	0,760	0,6
»	30	O.	0,761	0,0
»	31	S.	0,758	0,0
Février .	1	N.-O.	0,760	—3,0
»	6	S.-O.	0,763	—2,0
Mars . .	8	N.-O.	0,754	3,0
»	10	E.	0,762	1,0
»	22	O.	0,760	—2,0
»	23	S.-O.	0,758	0,0
»	24	S.-E.	0,757	1,0

Grêle.

Mois.	Dates.	Direction des vents.	Hauteur barométrique.	Température atmosphérique.
Janvier.	13 midi	N.-O.	0,749	5,4
Mars ..	9	N.	0,753	3,0
»	10 mat.	E.	0,762	2,0
»	22 nuit.	O.	0,760	—2,0
Avril ..	14 soir.	O.	0,749	4,0
»	17 matin et soir.	S.-E.	0,765	11,0
»	18 soir.	S.-E.	0,764	12,0
»	23 soir.	N.	0,764	6,0
»	24 nuit.	N.-E.	0,762	3,0
»	27 mat.	N.-E.	0,763,8	5,2
»	29 nuit.	N.	0,764,3	2,0
Mai. ..	22 soir.	N.	0,761	12,0
Juillet .	16 mat.	O.	0,763	18,0
Décem.	20 soir.	S.-O.	0,768	6,0

Brouillards.

Mois.	Dates.
Janvier ..	7, 8, 9, 11, 12, 13, 15, 16, 17, 18, 19, 20, 21, 22, 23, 24, 26, 27, 28, 29, 30, 31.
Février ..	1, 2, 3, 4, 5, 6, 7, 8, 9, 10, 12, 13, 14, 15, 16, 17, 18, 19, 20, 21, 23, 24, 25, 26, 27, 28.
Mars ...	1, 2, 3, 4, 6, 11, 12, 16, 18, 25, 29.
Avril ...	1, 4, 7, 8, 10, 17, 19, 21, 28.
Mai. ...	13, 16.
Juin. ...	22, 23, 24.
Août ...	5, 11, 12, 13, 22, 23, 24, 25, 26, 27, 28, 30, 31.
Septembre	7, 13, 15, 16, 17, 18, 20, 21, 22, 23, 25, 26, 27, 29, 30.
Octobre..	1, 2, 3, 4, 5, 10, 11, 12, 13, 14, 15, 16, 17, 18, 20, 21, 24, 25, 36, 27, 28, 29, 31.
Novembre.	1, 2, 3, 4, 5, 6, 7, 8, 9, 10, 12, 14, 15, 17, 18, 20, 21, 22, 23, 25, 29.
Décembre.	1, 2, 3, 5, 6, 7, 8, 10, 11, 12, 13, 14, 15, 16, 19, 24, 26, 28, 29, 30, 31.

Orages.

Mois.	Dates.	Heures.	Direction des vents	Hauteur barométrique.	Température atmosphérique
Février	9	9 h. mat.	N.	0,753	4,5
Mai...	10	8 h. soir.	E.	0,756	13,0
»	11	Matin.	S. E.	0,756	15,0
»	20	1 h. soir.	N.	0,762	22,0
»	21	Midi 1/2.	O.	0,759	23,8
»	22	9 h. soir.	N.	0,761	12,5
»	25	6 h. soir.	E.	0,753	14,8
Juin.	20	Nuit et soir.	E.	0,765	17,0
»	28	8 h. 1/2 s.	S.-E.	0,762	23,0
»	29	8 h. soir.	S.-O.	0,759	16,2
»	30	La nuit.	O.	0,757	16,0
Juillet..	5	De 4 à 10 h. s.	S.	0,757	17,0
»	16	La nuit.	O.	0,764	16,0
Août...	4	De 4 à 7 h. s.	O.	0,766	20,0
»	5	9 h. 1/2 s.	O.	0,759	17,8
Septem.	2	Midi 1/2.	O.	0,756	11,2
»	9	9 h. soir.	S.	0,757	16,1
»	10	8 h. 1/2 s	S.	0,757	16,3
»	11	2 h. soir.	S.-O.	0,752	14,1
»	12	7 h. soir.	S.	0,759	16,0
Octobre.	9	1 h. soir.	O.	0,759	15,3
»	22	7 h. soir.	S.	0,755	10,0

Etat du Ciel.

Mois.	Serein.	Couvert.	Nuageux.	Nombre de jours du mois
Janvier...	8	22	1	31
Février..	21	6	1	28
Mars....	10	16	5	31
Avril....	5	11	14	30
Mai.....	20	4	7	31
Juin.....	20	7	3	30
Juillet....	16	2	13	31
Août....	16	9	6	31
Septembre.	13	13	4	30
Octobre...	14	13	4	31
Novembre..	13	16	1	30
Décembre..	5	24	2	31
Total des jours de l'année......				365

Ozonomètrie.

MOIS.	MOYENNE du matin.	MOYENNE du soir.	MOYENNE du mois.
Janvier	3	0	1
Février	2	0	1
Mars	3	1	2
Avril	3	1	2
Mai	3	2	2
Juin	4	2	3
Juillet	3	4	3
Août	4	4	4
Septembre	3	2	2
Octobre	2	1	1
Novembre	3	1	2
Décembre	1	0	0
Moyenne	2	1	1

ANNÉE 1858.

Température atmosphérique. Thermomètre.

1858. Mois.	Matin 7 heures.	Midi.	Soir 9 heures.	Moyenne des mois.
Janvier . . .	—1,1	+3,2	—0,9	2,2
Février . . .	—1,5	2,2	+2,6	0,9
Mars	+1,4	6,6	3,8	3,9
Avril	6,2	7,1	4,2	5,8
Mai.	10,4	14,2	10,7	11,7
Juin	21,6	23,0	17,9	20,8
Juillet	16,0	18,7	16,0	16,9
Août	16,5	20,0	16,8	17,7
Septembre . .	15,6	19,7	15,8	17,0
Octobre . . .	10,2	13,7	11,1	11,6
Novembre. . .	0,7	6,7	3,3	3,5
Décembre. . .	4,2	5,2	5,0	4,8
Température moyenne des heures de l'année.	8,9	11,6	8,8	9,7 Moyenne de l'ann.

Année météorologique.

HIVER.	PRINTEMPS.	ÉTÉ.	AUTOMNE.
Décembre 1857 Janvier... 1858 } 2,9 Février............	Mars.... Avril.... } 7,1 Mai......	Juin .... Juillet .. } 18,1 Août....	Septembre Octobre ... } 10,7 Novembre

Pleine campagne. — A 1 kilomètre de Dunkerque.

Mois.	Matin 7 heures.	Soir 9 heures.	Moyenne des mois.
Janvier	—2,0	—1,4	—1,7
Février	—3,8	—0,8	—2,3
Mars	+0,7	+2,2	+1,4
Avril	5,2	6,1	5,6
Mai	9,2	9,4	9,3
Juin	16,5	16,9	16,7
Juillet	15,1	14,8	14,9
Août	15,1	15,7	15,4
Septembre	13,8	14,4	14,1
Octobre	8,4	9,4	8,9
Novembre	2,7	2,7	2,7
Décembre	1,7	2,7	2,2
Température moyenne des heures de l'année.	5,9	8,3	7,1 Moyenne de l'année.

MAXIMA EN 24 HEURES.			MINIMA EN 24 HEURES.			DIFFÉRENCE
Mois.	Dates.	Degrés c.	Mois.	Dates.	Degrés c.	
Janvier	17 et 20	9,8	Janvier	5	—11,0	20,8
Février	4	12,0	Février	19 et 25	—8,5	20,5
Mars	24 et 30	15,5	Mars	4	—5,5	21,0
Avril	16	20,2	Avril	14	—2,0	22,5
Mai	31	29,2	Mai	1	3,4	25,8
Juin	16	34,0	Juin	30	11,0	23,0
Juillet	15	34,0	Juillet	7	9,2	24,8
Août	17	29,2	Août	31	9,2	20,0
Septemb.	22	24,1	Septemb.	6	10,2	13,9
Octobre	4	18,8	Octobre	10, 12, 31	4,0	14,8
Novemb.	28	10,8	Novemb.	23	—9,0	19,8
Décemb.	2	11,2	Décemb.	17	—2,3	14,1
Moyenne		20,7	Moyenne		+1,5	19,2

Pression atmosphérique. — Baromètre. Hauteur absolue.

Mois.	Dates.	Maximà en 24 h.	Mois.	Dates.	Minimà en 24 h.	Différence.
Janvier . .	12, m. et midi, 17, midi et s. 24, midi et s.	0,778	Janvier . .	20. soir, 31, soir.	0,760	0,018
Février. .	7, midi.	0,776	Février . .	28, soir.	0,754	0,022
Mars . . .	21, soir ; 22, tout le jour.	0,778	Mars . . .	6, à midi.	0,738	0,040
Avril . . .	22, soir.	0,775	Avril . . .	1, matin, 3, midi et soir.	0,745	0,030
Mai. . . .	26, midi et soir.	0,778	Mai. . . .	2, midi.	0,743	0,035
Juin	22, matin, 23 midi.	0,773,5	Juin . . .	17, mat.	0,761	0,012,5
			Juillet. . .	25, midi	0,754	0,016
Juillet. . .	18, soir, 19 matin.	0,770	Août . . .	18, soir, 19, mat. et midi, 21, soir	0,758	0,017
Août . . .	7, soir, 8 matin et soir.	0,775				
Septembre	25, soir.	0,778	Septembre	30, midi	0,758	0,020
Octobre. .	30, soir, 31 matin et midi.	0,779	Octobre. .	7, soir, 8, mat. 10, soir.	0,752	0,027
Novembre.	1, matin.	0,777				
Décembre.	10 soir, 11 midi et soir.	0,773	Novembre	27, soir.	0,741	0,036
			Décembre	26, soir.	0,748	0,025
Moyenne.		0,775,8	Moyenne. . .		0,751	0,024,8

Année météorologique.

HIVER.	PRINTEMPS.	ÉTÉ.	AUTOMNE.
Décemb. 1857 Janvier.. 1858 0,770,8 Février.........	Mars. Avril . 0,762,7 Mai ...	Juin... Juillet. 0,766,3 Août..	Septemb. Octobre.. 0,763,6 Novemb..

Hygromètre de Saussure.

Mois.	Dates.	Maximum d'humidité	Mois.	Dates.	Minimum d'humidité
Janvier . .	8, 10, 11, 12, 13, 15, 16, 19, 20, 21.	100 deg.	Janvier . .	5	76 deg.
Février . .	3, 4, 5, 6, 13, 14, 15.	100 »	Février . .	26	55 »
Mars . . .	11, 13, 15, 28, 31.	100 »	Mars . . .	21	60 »
Avril . . .	1, 3, 17, 27.	100 »	Avril . . .	5	61 »
Mai	12, 15, 18, 25.	100 »	Mai	21	52 »
Juin . . .	11.	100 »	Juin. . . .	16	62 »
Juillet . .	5, 8, 9, 10, 19, 26, 28.	100 »	Juillet. . .	15	65 »
Août . . .	9, 18, 19, 20, 21, 23, 25, 30.	100 »	Août . . .	17	62 »
Septembre	3, 5, 8, 10, 14, 20, 28, 30.	100 »	Septembre	25	78 »
Octobre. .	7, 11, 13, 14, 15, 18, 19, 20, 22, 23, 24, 25, 28, 29.	100 »	Octobre. .	5	72 »
Novembre.	5, 6, 8, 10, 17, 18, 22, 23, 24, 25, 26, 27.	100 »	Novembre.	4	82 »
Décembre.	1, 6, 7, 8, 12, 13, 16, 18, 19, 20, 23, 26.	100 »	Décembre.	17	90 »
Moyenne. . . .		100 deg.	Moyenne. .		67 »

Direction diurne du vent dominant (*courant inférieur*).

Dans le tableau suivant, les vents *très-forts*, la *tempête*, et le nombre de fois qu'ils ont soufflé, seront représentés par les lettres F, T, suivies d'un chiffre et placées en exposant à côté de ceux qui indiquent le vent dominant de la journée; l'intensité des autres est considérée comme modérée.

Mois.	N.	N.-E.	N.-O.	S.	S.-E.	S.-O.	E.	O.
Janv.	1	3	T27F4	8F1	3	1T1	4	4F1
Fév..	»	4	»	2F	3	2F1	16F4	T11F1
Mars.	1	11F1	T7F	1	1	3F1	2	5
Avril	3F1	10F1	T1F	2	5F2	2F1	4F1	3F2
Mai..	1F	7F5	5F2	3F1	»	9F5	1	5F1
Juin.	1F	16F6	2	1	1	1	2F1	6F2
Juill.	4F3	1	5F2	1	3F1	T14F1	2	11F2
Août.	3F1	7	6F4	»	»	3	3	9F2
Sept.	»	6	»	1	3F2	8F1	5F1	7
Oct..	2F1	3	4F1	1	1	9F2	4	7F2
Nov..	»	8F2	1	4	2	1	14	»
Déc..	1	1	5F2	2F1	6	9F7	7F1	»
Année..	17	77	43	26	28	52	64	58

Total. . . . . 365 jours.

Météores aqueux.
Pluie tombée pendant le jour par les différents vents *(courant inférieur)*.

Mois.	Nombre de jours de pluie.	N.	N.-E	N.-O	S.	S.-E.	S.-O.	E.	O.
Janvier. .	12	1	»	4	3	»	1	»	3
Février. .	5	»	2	»	1	»	1	»	1
Mars . . .	5*	»	1	»	1	»	1	»	2
Avril. . .	9	1	2	1	»	1	2	»	2
Mai. . . .	9	1	»	1	1	»	6	»	»
Juin . . .	3**	»	1	»	»	»	»	»	2
Juillet . .	11	2	1	2	1	»	1	1	3
Août . . .	11	1	2	3	»	»	1	»	4
Septemb..	10	»	»	»	»	3	4	1	2
Octobre .	6	1	»	»	»	»	3	»	2
Novembre	8	»	4	»	1	1	1	1	»
Décembre	11	1	»	3	1	2	4	»	»
Total. . .	100	8	13	14	9	7	25	3	21

Total 100

* Deux fois ont coïncidé avec la neige fondue et en ont été le produit.
** Chaque fois quelques gouttes de pluie inappréciable.

Pluie tombée, nuit et jour, pendant le croissant et le déclin de la lune.

		Nombre de fois.	
		Croissant	Déclin
N. L. le 15 Janvier	D.		5
P. L. le 29 Janvier	C.	4	
N. L. le 13 Février	D.		5
P. L. le 27 Février	C.	2	
N. L. le 15 Mars	D.		4
P. L. le 29 Mars	C.	»	
N. L. le 13 Avril	D.		5
P. L. le 28 Avril	C.	2	
N. L. le 13 Mai	D.		9
P. L. le 27 Mai	C.	6	
N. L. le 11 Juin	D.		1
P. L. le 26 Juin	C.	»	
N. L. le 10 Juillet	D.		5
P. L. le 26 Juillet	C.	3	
N. L. le 9 Août	D.		4
P. L. le 24 Août	C.	7	
N. L. le 7 Septembre	D.		8
P. L. le 23 Septembre	C.	4	
N. L. le 7 Octobre	D.		4
P. L. le 22 Octobre	C.	5	
N. L. le 5 Novembre	D.		3
P. L. le 21 Novembre	C.	5	
N. L. le 5 Décembre	D.		4
P. L. le 20 Décembre	C.	4	
		42	65

Ce total indique non-seulement le nombre de fois qu'il a plu pendant le jour, mais encore pendant la nuit. Cette année, il est donc tombé plus de pluie pendant le déclin de la lune que pendant le croissant.

Quantité de pluie tombée par mois.

Elle a été recueillie et mesurée au moyen du pluviomètre de Pixii.

MOIS.	HAUTEUR des eaux tombées.
Janvier	025,50
Février	002,70
Mars	011,40
Avril	019,70
Mai	027,17
Juin	001,00
Juillet	023,23
Août	048,58
Septembre	012,00
Octobre	033,80
Novembre	027,60
Décembre	044,50
Total de l'année.	277,18

Les deux tableaux suivants indiquent le nombre de fois qu'il est tombé de la neige et de la grêle (nuit et jour).

Neige.

Mois.	Dates	Direction des vents.	Hauteur barométrique.	Température atmosphérique.
Janvier	6	S.-E.	0,769	—1,0
»	21	N.-O.	0,765	+4,0
»	22	N.-O.	0,773	+6,0
Février	2	S.-O.	0,762	+2,9
»	3	S.	0,761	—2,0
Mars	1	N.-E.	0,753	—3,0
»	2	N.-E.	0,754	—5,3
»	3	N.-E.	0,754	—5,0
»	5	N.-E.	0,753	+1,8
»	6	N.-O.	0,738	+2,0
»	9	O.	0,754	+3,0
»	10	O.	0,760	+4,0
»	11	N.-E.	0,762	+5,0
»	13	S.-O.	0,751	5,0

Grêle.

Mois.	Dates.	Direction des vents.	Hauteur barométrique.	Température atmosphérique.
Janvier.	21	N.-O.	0,765	+4,0
»	22	N.-O.	0,773	6,0
Février	1	O.	0,758	2,0
»	4	S.-O.	0,758	10,0
»	15	N.-E.	0,762	4,8
Mars . .	3	N. E.	0,754	—2,5
»	6	N.-O.	0,738	+2,0
Avril . .	25	S.-O.	0,767	14,5
»	29	O.	0,755	8,8
»	30	S.-O.	0,747	9,5
Mai. . .	1	S.	0,745	7,5
Novemb	3	E.	0,773	4,5
»	4	E.	0,772	3,0
»	6	N.-E.	0,768	7,0
»	16	N.-E.	0,749,5	0,7
»	17	N.-E.	0,753	1,8
»	18	N. E.	0,754	0,0
Décem .	29	N.-O.	0,764	6,0

Brouillards.

Mois.	Dates.
Janvier . .	1, 2, 3, 6, 10, 12, 13, 14, 15, 16, 23, 24, 25, 27.
Février . .	6, 11, 12, 13, 14, 15, 16, 17.
Mars . . .	10, 11, 20, 21, 24, 27, 28, 29.
Avril . . .	13, 15, 17, 18, 26, 27.
Mai. . . .	10, 11, 13, 14.
Juin. . . .	2, 4, 24.
Août . . .	3, 24.
Septembre	12, 13, 14, 15, 16, 17, 19, 20, 21, 25, 26, 27, 28, 29.
Octobre . .	3, 4, 9, 11, 12, 13, 14, 15, 16, 17, 18, 20, 21, 22, 23, 24, 25, 26, 27, 30, 31.
Novembre.	1, 2, 3, 5, 7, 10, 11, 12, 13, 14, 18, 19, 20, 21, 22, 23, 24, 25, 26, 28, 29.
Décembre.	3, 5, 7, 8, 9, 10, 11, 12, 13, 14, 15, 16, 18, 21, 30, 31.

Orages.

Mois.	Dates.	Heures.	Direction des vents	Hauteur barométrique.	Température atmosphérique
Mars ..	31	7 h. soir.	S.	0,745	9,2
Avril ..	29	10 h. 1/2 matin	O.	0,756	8,0
Juin ..	3	8 h. soir.	E.	0,764	24,0
»	4	La nuit.	N.-E.	0,768	16,0
Juillet..	8	9 h. mat.	O.	0,757,7	14,5
»	9	2 h. soir.	E.	0,758	13,0
»	15	5 h. soir.	S.-E.	0,763	23,5
Août ..	10	Le soir.	N.-E.	0,766	19,1
»	12	8 h. soir.	N.-E.	0,767	22,2
»	18	7 h. soir.	O.	0,758	18,5
»	20	7 h. soir.	N.-O.	0,762	16,0
»	27	7 h. soir.	N.-O.	0,765	15,2
Septem.	5	10 h. matin.	S.-O.	0,761	17,5
»	19	7 h. 1/2 s.	E.	0,768	15,0
»	22	5 h. 1/2 s.	S.-E.	0,760	19,0
Décemb.	27	10 h. soir.	N.-O.	0,750	7,5

Etat du Ciel.

Mois.	Serein.	Couvert.	Nuageux.	Nombre de jours du mois
Janvier ...	16	13	2	31
Février ...	17	6	5	28
Mars	15	10	6	31
Avril	14	12	4	30
Mai	14	6	11	31
Juin.....	25	3	2	30
Juillet....	10	8	13	31
Août	16	5	10	31
Septembre .	15	10	5	30
Octobre ...	19	8	4	31
Novembre..	11	11	8	30
Décembre..	1	22	8	31
Total des jours de l'année				365

Ozonométrie.

MOIS.	MOYENNE du matin.	MOYENNE du soir.	MOYENNE du mois.
Janvier	2,0	0,6	1,3
Février	3,3	1,3	2,3
Mars	3,4	1,0	2,2
Avril	5,0	2,3	3,6
Mai	3,0	0,8	1,9
Juin	2,0	0,9	1,4
Juillet	3,0	1,1	2,0
Août	2,0	1,2	1,6
Septembre	2,3	0,9	1,6
Octobre	3,4	0,9	2,1
Novembre	3,9	1,2	2,5
Décembre	2,6	1,0	1,8
Moyenne	2,9	1,1	2

ANNÉE 1859.

Température atmosphérique. Thermomètre.

1859. Mois.	Matin 7 heures.	Midi.	Soir 9 heures.	Moyenne des mois.
Janvier . . .	3,2	5,6	3,5	4,1
Février . . .	4,8	7,7	6,2	6,2
Mars	7,4	9,8	8,6	8,6
Avril	7,4	11,2	8,7	9,1
Mai.	11,3	15,6	11,8	12,9
Juin	16,0	18,7	15,9	16,8
Juillet . . .	19,0	23,6	18,8	20,4
Août	17,0	21,4	13,3	17,2
Septembre . .	13,6	17,7	14,5	15,2
Octobre . . .	10,1	14,4	11,6	12,0
Novembre. . .	4,1	6,7	4,0	4,9
Décembre. . .	—1,8	—0,7	+0,3	—0,9
Température moyenne des heures de l'année.	+8,5	13,1	9,7	10,4 Moyenne de l'ann.

Année météorologique.

HIVER.		PRINTEMPS.		ÉTÉ.		AUTOMNE.	
Décembre 1858		Mars....		Juin....		Septembre	
Janvier... 1859	5,0	Avril....	6,8	Juillet ..	18,1	Octobre ...	10,7
Février............		Mai......		Août....		Novembre	

Pleine campagne. — A 1 kilomètre de Dunkerque.

Mois.	Matin 7 heures.	Soir 9 heures.	Moyenne des mois.
Janvier	0,0	1,5	0,7
Février	0,3	4,9	2,6
Mars	1,0	6,0	3,5
Avril	6,0	7,2	6,6
Mai	9,7	11,8	10,7
Juin	14,8	14,7	14,7
Juillet	15,0	17,4	16,2
Août	15,5	15,4	15,4
Septembre	12,2	15,9	14,0
Octobre	8,8	10,1	9,4
Novembre	2,1	2,4	2,2
Décembre	—2,0	—0,2	—1,1
Température moyenne des heures de l'année	+5,7	9,5	7,6 Moyenne de l'année.

MAXIMA EN 24 HEURES.			MINIMA EN 24 HEURES.			DIFFÉRENCE.
Mois.	Dates.	Degrés c.	Mois.	Dates.	Degrés c.	
Janvier	18	10,5	Janvier	9	—4,5	15,0
Février	17	11,5	Février	8	—1,0	12,5
Mars	15	19,0	Mars	10	—1,2	20,2
Avril	7	23,0	Avril	1	0,0	23,0
Mai	30	25,2	Mai	6	4,3	20,9
Juin	26	30,0	Juin	15	8,6	21,4
Juillet	12	34,0	Juillet	26	12,1	21,9
Août	8	29,0	Août	31	8,8	20,2
Septemb.	24	24,2	Septemb.	6	7,3	16,9
Octobre	5	22,7	Octobre	24	—0,7	23,4
Novemb.	6,7	14,5	Novemb.	12	—6,0	20,5
Décemb.	31	12,0	Décemb.	20	—15,6	27,6
Moyenne		+21,3	Moyenne		+2,0	19,3

Pression atmosphérique. — Baromètre.
Hauteur absolue.

Mois.	Dates.	Maximà en 24 h.	Mois.	Dates.	Minimà en 24 h.	Différence.
Janvier .	11, midi.	0,787	Janvier . .	30, midi	0,753,5	0,033,5
Février. .	23, midi.	0,779	Février . .	6, midi.	0,748	0,031
Mars . . .	9, soir, 10 matin et midi.	0,776	Mars . . .	30, mat.	0,744	0,032
Avril . . .	1, midi et soir.	0,772	Avril . . .	15, mat.	0,739	0,033
Mai. . . .	8, soir, 9 matin et midi, 11 s.	0,770	Mai. . . .	19, mat.	0,756	0,014
Juin. . . .	27, midi.	0,770	Juin . . .	11, mat.	0,755,5	0,014,5
Juillet. .	5, soir, 6 matin et midi.	0,774	Juillet. . .	31, mat. et midi.	0,759	0,015
Août . . .	22, midi et soir.	0,773	Août . . .	30, mid, 31, midi.	0,756,5	0,016,5
Septembre	11, soir.	0,773	Septembre	16, soir, 21 m.et s.	0,751	0,022
Octobre. .	2 midi et soir.	0,771	Octobre. .	30, soir, 31 m. et s.	0,743	0,028
Novembre.	10, soir, 11 matin et midi.	0,782	Novembre	1er, matin	0,738,4	0,043,6
Décembre.	10, midi et soir.	0,782	Décembre	26, mat.	0,732	0,050
Moyenne. . . .		0,775	Moyenne. . . .		0,748,2	0,026,8

Année météorologique.

HIVER.	PRINTEMPS.	ÉTÉ.	AUTOMNE.
Décemb. 1858 ⎫ Janvier.. 1859 ⎬ 0,764,8 Février......... ⎭	Mars. ⎫ Avril. ⎬ 0.764,3 Mai... ⎭	Juin... ⎫ Juillet. ⎬ 0,765,7 Août.. ⎭	Septemb. ⎫ Octobre. ⎬ 0,761.7 Novemb.. ⎭

Hygromètre de Saussure.

Mois.	Dates.	Maximum d'humidité	Mois.	Dates.	Minimum d'humidité
Janvier	4,7,9,10,11, 18,19,25,28, 29,30 et 31.	100 deg.	Janvier	24	82 deg.
			Février	27 et 28	70 »
			Mars	27	60 »
Février	1, 2, 3, 5, 7, 10,13,16,21.	100 »	Avril	1	50 »
			Mai	1 et 27	60 »
Mars	13, 21, 30.	100 »	Juin	6	63 »
Avril	2, 25.	100 »	Juillet	13	52 »
Mai	8.	100 »	Août	7	42 »
Juin	10.	100 »	Septembre	1 et 6	52 »
Juillet	31.	100 »	Octobre	23	55 »
Août	14.	92 »	Novembre	25	87 »
Septembre	19, 21, 23.	100 »	Décembre	3	60 »
Octobre	11,17,19,30.	100 »			
Novembre	1, 3, 4, 7, 10, 15, 22, 30.	100 »	Moyenne		61 »
Décembre	1,6,14,22,23, 24, 25, 26.	100 »			
Moyenne		100 deg.			

Direction diurne du vent dominant (*courant inférieur*).

Dans le tableau suivant, les vents *très-forts*, la *tempête*, et le nombre de fois qu'ils ont soufflé, seront représentés par les lettres F, T, suivies d'un chiffre et placées en exposant à côté de ceux qui indiquent le vent dominant de la journée; l'intensité des autres est considérée comme modérée.

MOIS.	N	NNE	NE	ENE	E.	ESE	SE	SSE	S	SSO	SO	OSO	O	ONO	NO	NNO
Janvier..	1 F 1	» F T	F² 2	»	5	»	2	»	F¹ 2	»	F⁴ 11 F²	» F¹	F⁴ 7 F²	» F²	F 1	» F³
Février..		F T 1	1 F¹	»	»	»	»	»	1	5 F² 2	4 F³ 3	4 F²T² F⁴	3 F²	3 F²	» F⁴ 2	5 1 F²
Mars...	2	»	2	» F²	» F¹	»	»	»	»	»	3	8 F²	7 F⁵	4 F	»	1 5
Avril...	1	»	»	3 F⁶	3 F¹	1 F	3	»	»	2	1	3	7	1	»	1
Mai....	2	2	3	15	3	1	3	»	»	»	»	»	1	»	»	1
Juin...	3	2	2	4	1	»	1	2	2	4	»	2 F²	4 F⁴	»	»	3
Juillet...	2	3	6 F⁴	3	1	»	»	3	1 F¹	2	» F⁴	6 F¹	3 F⁴	1 F⁴	»	»
Août...	»	2	2 F¹	3	3	»	2	» F¹	3	» F⁴	3 F⁴	3 F²	5 F²	4 F	1 F²	»
Septembre.	2 T¹	»	4	»	» F¹	1	»	2 F¹	1	2	3	6	2 F⁴	1	2	4 F⁴
Octobre..	2	»	»	»	2	1	7	4	2	2	»	» F⁴	3 F¹T⁴	2	»	2 F²
Novembre.	» F¹	1	1	1	4	2	2	3	4	2 F¹	»	2 F⁴	5 F⁴	»	1	2 F⁴
Décembre.	2	»	»	»	5	2	1	3	3	6	1	3	3	1	»	1
Total...	18	11	23	29	27	8	21	17	19	27	26	37	50	21	7	24

Total... 365 jours.

Météores aqueux. Pluie tombée pendant le jour par les différents vents (courant inférieur).

MOIS.	Nombre de jours de pluie.	N	NNE	NE	ENE	E	ESE	SE	SSE	S	SSO	SO	OSO	O	ONO	NO	NNO
Janvier ..	14	»	»	2	»	»	»	»	»	1	»	7	»	4	»	»	»
Février ..	7	»	»	»	»	»	»	»	»	»	1	2	3	»	1	»	»
Mars....	9	1	1	1	»	»	»	»	»	»	»	2	2	1	1	»	»
Avril....	13	1	»	»	»	»	1	1	»	»	1	»	2	2	1	»	4
Mai	8	1	»	2	3	»	»	2	»	»	»	»	»	»	»	»	»
Juin	7	2	»	»	1	1	»	1	1	»	1	»	»	»	»	»	»
Juillet ...	4	»	»	»	»	»	»	»	1	»	1	»	2	»	»	»	»
Août....	8	»	»	»	1	2	»	»	1	»	»	1	2	1	»	»	»
Septembre .	17	1	»	1	2	»	»	»	1	1	1	2	5	1	»	»	2
Octobre ..	13	1	»	»	»	1	1	»	»	1	2	3	»	2	1	»	1
Novembre .	12	»	1	1	»	»	1	»	»	1	»	»	1	5	1	»	1
Décembre .	15	2	»	»	1	»	1	»	»	2	3	1	2	1	1	»	1
Total. . .	127	9	2	7	8	4	4	4	4	6	10	18	19	17	6	»	9

Total. . . . . 127 jours.

Pluie tombée, nuit et jour, pendant le croissant et le déclin de la lune.

		Nombre de fois.	
		Croissant	Déclin
N. L. le 4 Janvier	D.	3	0
P. L. le 18 Janvier	C.		13
N. L. le 3 Février	D.	4	
P. L. le 17 Février	C.		1
N. L. le 4 Mars	D.	4	
P. L. le 18 Mars	C.		6
N. L. le 3 Avril	D.	8	
P. L. le 17 Avril	C.		4
N. L. le 2 Mai	D.	2	
P. L. le 16 Mai	C.		7
N. L. le 1 Juin	D.	4	
P. L. le 15 Juin	C.		2
N. L. le 30 Juin	D.	0	
P. L. le 15 Juillet	C.		2
N. L. le 29 Juillet	D.	4	
P. L. le 13 Août	C.		4
N. L. le 28 Août	D.	4	
P. L. le 12 Septembre	C.		12
N. L. le 26 Septembre	D.	5	
P. L. le 12 Octobre	C.		8
N. L. le 26 Octobre	D.	9	
P. L. le 10 Novembre	C.		1
N. L. le 24 Novembre	D.	7	
P. L. le 10 Décembre	C.		7
N. L. le 24 Décembre	D.		
		54	67
		Croissant.	Déclin.

Ce total indique non-seulement le nombre de fois qu'il a plu pendant le jour, mais encore pendant la nuit. Cette année, il est donc tombé plus de pluie pendant le déclin de la lune que pendant le croissant.

Quantité de pluie tombée par mois.

Elle a été recueillie et mesurée au moyen du pluviomètre de Pixii.

MOIS.	HAUTEUR des eaux tombées.
Janvier	023,0
Février	014,4
Mars	034,6
Avril	049,5
Mai	023,1
Juin	052,4
Juillet	011,6
Août	023,7
Septembre	072,8
Octobre	062,5
Novembre	055,6
Décembre	063,4
TOTAL de l'année. . . .	486,6

Les deux tableaux suivants indiquent le nombre de fois qu'il est tombé de la neige et de la grêle (nuit et jour).

Neige.

Mois.	Dates	Direction des vents.	Hauteur barométrique.	Température atmosphérique.
Mars . .	31	N.	0,759,5	4,4
Avril . .	16	N.-N.-E.	0,754	6,0
Décemb	4	S.	0,763	—0,7
»	13	N.	0,767	1,2
»	14	N.	0,758	0,5
»	15	S.-E.	0,762	—1,0
»	20	S.-O.	0,762	—2,2

Grêle.

Mois.	Dates.	Direction des vents.	Hauteur barométrique.	Température atmosphérique.
Janvier.	7	N.-E.	0,774,6	3,2
Février.	26	O-.S.-O.	0,759	7,5
»	27	N.-N.-O.	0,769	7,5
Mars . .	22	N.-N.-E.	0,769	5,0
»	30	N.-E.	0,747	5,3
»	31	N.	0,759	4,4
Avril . .	15	O.-N.-O.	0,746,5	7,4
Octobre.	23	S.-O.	0,749	4,8
Novemb	1	O.	0,738,4	11,4
»	2	O.	0,755	9,4
»	9	N.-N.-O.	0,776	8,0
»	30	N.-N.-E.	0,751	2,0
Décem .	1	N.-N.-O.	0,753,2	4,5
»	5	S.-O.	0,754	4.0
»	13	N.	0,771	—1,0
»	14	N.	0,758	+0,5

Brouillards.

Mois.	Dates.
Janvier . .	1, 2, 3, 4, 5, 6, 8, 9, 10, 11, 12, 14, 15, 16, 17, 19, 20.
Février . .	4, 6, 7, 8, 9, 11, 12, 13, 15, 19, 20, 21, 22, 23, 24, 25, 26.
Mars . . .	2, 3, 4, 5, 6, 19, 20, 23, 24, 25, 26, 27.
Avril . . .	5, 6, 11, 18, 19, 22, 23.
Mai. . . .	6, 7, 10, 12, 13, 18, 21, 29, 30.
Juin. . . .	3, 4, 6, 7, 8, 9, 11, 12, 14, 15, 16, 17, 19, 20, 22, 23, 25.
Juillet. . .	1, 6, 21, 22.
Août . . .	7, 8, 10, 11, 12, 16, 20, 21, 22, 23, 24, 25, 26, 28, 29.
Septembre	2, 3, 4, 6, 10, 11, 12, 20.
Octobre . .	3, 4, 5, 6, 7, 8, 12, 13, 14, 15, 17, 18, 19, 27, 29, 30.
Novembre.	10, 11, 12, 13, 14, 15, 16, 17, 18, 19, 20, 21, 22, 23, 24, 25, 26, 27, 28, 29.
Décembre.	2, 3, 4, 6, 7, 8, 9, 10, 11, 12, 16, 17, 18, 19, 20, 22, 24, 25, 27, 28.

Orages.

Mois.	Dates.	Heures.	Direction des vents	Hauteur barométrique.	Température atmosphérique
Avril..	16	8 h. soir.	NNO	0,756	3,5
»	25	3 h. et 8 h. soir.	S.-E.	0,762,5	12,0
Mai...	28	Tout le jour	S.-E.	0,758	20,8
»	31	3 h. soir.	S.-E.	0,758	22,2
Juin..	1	7 h. soir.	E.	0,763	15,5
»	2	3 h. soir.	S.-E.	0,756	23,0
»	9	9 h. soir.	N.	0,758	18,2
»	10	7 h. soir.	SSE	0,756	17,2
»	27	9 h. soir.	S.	0,768	19,5
»	28	9 h. soir et toute la nuit.	SSO	0,764	17,5
Juillet..	20	9 h. mat.	SSO	0,766	23,0
Août..	8	7 h. soir.	O.	0,763	19,9
Septem.	17	5 h. matin.	N.-E.	0,753,5	14,0
»	25	8 h. soir.	S.-O.	0,765,2	17,0
Décemb.	14	De 4 à 6 h. soir.	N.	0,758	0,5

Etat du Ciel.

Mois.	Serein.	Couvert.	Nuageux.	Nombre de jours du mois
Janvier...	4	21	6	31
Février...	14	4	10	28
Mars....	10	10	11	31
Avril....	9	7	14	30
Mai.....	22	5	4	31
Juin.....	18	8	4	30
Juillet....	22	5	4	31
Août....	18	4	9	31
Septembre.	10	5	15	30
Octobre...	14	8	9	31
Novembre..	8	16	6	30
Décembre..	9	20	2	31
Total des jours de l'année				365

Ozonomètrie.

MOIS.	MOYENNE du matin.	MOYENNE du soir.	MOYENNE du mois.
Janvier	3	1	2
Février	4	1	2
Mars	4	1	2
Avril	6	3	4
Mai	2	2	2
Juin	4	1	2
Juillet	3	2	2
Août	3	1	2
Septembre	3	2	2
Octobre	3	2	2
Novembre	3	1	2
Décembre	4	1	2
Moyenne	3	1	2

ERRATA.

PAGES	LIGNES	AU LIEU DE :	LISEZ :
40	13	Neiges	Neige.
44	30	69,07	95
44	31	37,07	46,
44	32	37,07	46.
79	25	L'équinoxe d'automne	Le solstice d'automne.
85	24	Départemente	Départements.
87	7	De cas	Des cas.
90	24	Graves	Grave.
97	13	Variole	Varioloïde.
117	21	Les voiles	Le voile.
211	1er tableau	1850. Heures	1850. Mois.
218	1er tableau	1851. Heures	1851. Mois.
257	2e tableau dernière colonne	Maximum d'humidité	Minimum d'humidité.

TABLE DES MATIÈRES.

	PAGES
Introduction	5
Première partie. — I. Géographie de Dunkerque	13
II. Vents régnants	24
III. Orages	29
IV. Brouillards. — Eaux tombées. — Pluies. — Neige. — Grêle	34
V. Hygromètre	43
VI. Thermomètre. — Température	45
VII. Baromètre	56
VIII. Ozone	59
IX. Temps d'observations	67
X. Phénomènes Météorologiques divers	69
Deuxième partie. — I. Constitution des maladies	75
II. Maladies des saisons	77
Fièvres. — Fièvres intermittentes	80
Fièvres typhoïdes	81
Affections éruptives. — Variole	95
Erysipèles	100
Angines	108
Affections du tube digestif. — Diarrhées. — Dyssenteries	129
Cholérines	135
Choléra	137
III. Maladies endémiques ou stationnaires	142
IV. Maladies épidémiques et contagieuses	146

1850-1851. Epidémie de rougeole	147
1854. Epidémie de rougeole.	152
1858. Epidémie de rougeole.	153
1854-1855. Epidémie de fièvre puerpérale. . .	168
1857-1858. Epidémie de fièvre intermittente . ¯ .	180
Résumé du rapport du docteur Lemaire, sur la fièvre intermittente épidémique de 1857-1858	191
Résumé du rapport au Conseil de Santé d'une épidémie de fièvre intermittente observée en 1858 sur les garnisons de Dunkerque, Bergues et Gravelines, par le docteur Villette, Médecin en chef de l'hôpital militaire	194
1858. Epidémie de grippe	199
1858. Epidémie de coqueluche	202
V. Fréquence des maladies selon les âges, les sexes, les saisons, les conditions de fortune, l'acuité .	204
VI. Mortalité	209
Tableaux météorologiques	211
Errata	294

FIN DE LA TABLE.

Dunkerque. — Typographie Benjamin KIEN, rue Nationale.

www.ingramcontent.com/pod-product-compliance
Lightning Source LLC
Chambersburg PA
CBHW070744170426
43200CB00007B/643